L'âme de Margarita

Les souvenirs romantiques d'un homme de cinquante ans

Joséphine Daskam Bacon

Writat

Cette édition parue en 2024

ISBN : 9789359946900

Publié par
Writat
email : info@writat.com

Contenu

PREMIÈRE PARTIE
DANS LAQUELLE VOUS VOYEZ UN PRINTEMPS SECRET

J'ai vu une belle sirène,
Qui chantait au bord d'une mer solitaire,
Et maintenant elle tressera ses longs cheveux noirs,
Et sera pour moi ma bonne épouse.

Ô malheur au jour où tu as vu la servante,
Et malheur à la chanson qu'elle a chantée à la mer,
En enfer elle tressera ses longs cheveux noirs,
Car aucune âme ne l'a !

Sir Hugh et les sirènes.

CHAPITRE I

LE DESTIN MARCHE À BROADWAY

Roger Bradley marchait sur Broadway. Ce fait appelle vivement des commentaires, car il ne l'avait pas fait depuis des années ; la rue lui était intolérable. Mais l'un de ses empiètements sur une avenue moins flagrante l'avait surpris en train de faire une sieste et il s'était retrouvé empêtré dans un entrelacs de dribbles de théâtre, de transats de billard, de vendeurs de vin et de femmes repliées sur elles-mêmes, de classe moyenne et commerçante. Là, il dédaignait de profiter des rues transversales régulièrement récurrentes, mais marchait à grands pas, sa silhouette droite et soignée, son profil vif et judiciaire - un profil qui en disait long sur les meilleures traditions du sang américain - le marquant pour ce qu'il était. parmi une foule sans égal, à sa manière, sur le continent occidental.

Au deuxième virage de la grande ruelle sordide, il se pencha et rencontra soudain un petit groupe de femmes agitées qui venaient de descendre de la voie surélevée qui doublait le vacarme et le hurlement de la ville hurlante. Ils étaient bourrés de paquets, volubiles, habillés selon tous les standards sauf ceux de leur ville natale, bien au-dessus de leurs moyens probables et de leur position incontestable. Alors qu'ils s'arrêtaient inopinément et hésitaient, endiguant le flot de citoyens pressés, Roger s'arrêta par nécessité et recula, mais en les évitant, il heurta lourdement la personne derrière lui. Un halètement surpris, quelque chose de doux contre son épaule, le bord pointu d'un chapeau en saillie, lui apprirent que cette personne était une femme, et s'avançant de côté dans l'abri d'un kiosque à journaux voisin, il leva son chapeau avec une courtoisie étrangère au monde. lieu et heure.

"Je vous demande pardon, madame," dit-il, "j'espère que je ne vous ai pas fait de mal ?"

"Non", dit la femme, qui portait un épais voile gris, et comme c'est littéralement tout ce qu'elle a dit et comme sa méthode de le dire était aussi convaincante que simple, on pourrait supposer que l'incident est clos et regarder Roger terminer. son voyage vers son club sans autre aventure.

Est-ce que j'aurais aimé qu'il l'ait fait ? Dieu seul sait. Ce fut sans doute le tournant de sa vie et il avait quarante ans. S'il était allé au club où je l'attendais ; si nous avions dîné, joué notre caoutchouc, assisté occasionnellement à un concert de chambre qui était notre habituelle et presque notre seule distraction à l'époque, je n'aurais pas maintenant à fouiller de vieilles lettres et de vieux journaux à partir desquels faire ce livre, pas plus que la photo de Margarita. — sa plus belle, comme *Juliette* — penche-toi vers moi depuis le mur. Elle sourit; non pas comme on sourit sur les photographies, mais comme une femme en chair et en os se penche sur l'homme qu'elle aime et sourit avec son cœur dans ses lèvres, en passant par-dessus son épaule. Tout glisse derrière vous sauf vous deux, elle et vous, quand vous le regardez. Sarony, qui l'a pris, m'a dit qu'il n'avait jamais posé un tel sujet, et je le crois.

Eh bien, c'est fait maintenant. Il y a vingt ans, Roger a rencontré son destin dans ce tourbillon de Broadway et j'étais aussi impuissant que vous l'êtes maintenant à le démêler et à le garder pour moi, ce que, assez égoïstement, bien sûr, je voulais terriblement faire. Vous voyez, il était tout ce que j'avais, Roger, et j'espérais que nous jouerions le jeu ensemble. Mais… ne pas avoir connu Margarita ? Ne jamais avoir vu cet affaissement courbé de son cou, cette coloration extraordinaire de sa peau, une vraie peau de Henner ! Je me souviens que Maurice Grau m'a dit qu'il avait toujours pensé que Henner était daltonien jusqu'à ce qu'il voie le cou de Margarita dans son nom dans *Faust*.

Les choses que cette fille me disait, avant d'avoir une âme, bien sûr, et à l'époque où j'étais le troisième homme à qui elle avait dit plus de dix mots dans sa vie, étaient presque suffisantes pour payer tout ce que j'avais à dire. la douleur qu'elle m'a apprise. De tels discours ! Je peux fermer les yeux et sentir les algues et le sable humide et entendre le bruit des gros peigneurs. Elle avait l'habitude de s'asseoir à l'abri des rochers, toute blottie dans sa lourde et souple cape d'officier bleu militaire avec ses fermoirs en argent terni, et elle parlait comme Miranda avait dû parler au vieil ami célibataire de Ferdinand, qui appréciait probablement l'occasion : trop bien, le pauvre vieux chien !

J'avais atteint, je pense, lorsque j'ai abandonné mon récit simple et sans fard et que je me suis mis à pleurnicher, ce point précis qui montre Roger en train de replacer son chapeau sur sa tête, alors légèrement grisâtre, et de continuer son chemin. Il me semble qu'il n'aurait pas ralenti son rythme si la femme avait répondu selon la manière tautologique habituelle de son sexe (nous les blâmons, sans penser à quel point il est tout à fait naturel qu'elles le soient, comme les répétitions répétées). notes d'oiseaux, la persistance des gouttes de pluie, le scintillement continuel du soleil à travers les feuilles toujours flottantes,) avec une phrase telle que : « Non, en effet, pas du tout, je vous l'assure ! ou "Pas du tout, vraiment, n'en parlez pas !" ou même « Non, en effet », avec un salut timide ou posé, selon le cas. Mais cette femme prononça simplement la syllabe « Non », sans modification ni variation, sans inclinaison de la tête, sans mouvement en avant ou en arrière. Sa parole était d'ailleurs grave et précise ; son ton visiblement plein et profond. Roger, s'arrêtant un moment à l'abri du kiosque à journaux, reprit la parole sous l'impulsion d'une impulsion inexplicable.

"J'avais peur d'avoir marché directement sur ton pied, c'était comme ça", a-t-il déclaré.

Encore une fois, elle répondit simplement : « Non », et c'était sa deuxième chance. Face à ces faits, il est insensé de prétendre que la femme l'a « abordé », comme me l'a dit son cousin, qui était l'un des Boston Thayers. Elle n'a rien fait de tel ; elle répondit deux fois, à ses questions distinctes, dans le monosyllabe le plus froid et il n'aurait même pas pu le dire si elle le regardait, tant son voile était épais. Que cela soit bien compris, une fois pour toutes. Les chances étaient même en faveur qu'elle soit violemment rongée par la variole, puisqu'il y a vingt ans déjà, lorsque la ville était moins cosmopolite (et à mon avis plus intéressante) les femmes de New York de la classe qui voyage seules et ceux qui se promenaient au crépuscule n'étaient pas habitués à se voiler lourdement s'ils avaient une bonne excuse pour agir autrement.

C'est pourtant à cette femme voilée que Roger s'adressa, inutilement, remarquez-le, pour la troisième fois. Pourquoi l'a-t-il fait ? Il a eu sa chance ; deux chances en fait. Mais c'est une folie, car bien sûr il n'avait aucune chance. Le destin se tenait près de ce kiosque à journaux, avec la femme aux yeux troubles et froissée qui s'en occupait, le regardant d'un air absent ; Le destin, voilé aussi, et même pas monosyllabique en sa faveur. J'aurais dû le savoir, je pense, même si je n'avais pas vécu ces curieux et longs huit mois en Algérie et dormi ces nuits sans rêves sous les étoiles algériennes qui sont entrées dans mon sang et me rappellent de temps en temps ; impérieusement et jamais en vain, même si je me sens plus vieux que les étoiles, et qu'Alif et les autres soient morts ou s'exhibent dans les grandes foires commémoratives américaines qui ont commencé à fleurir à l'époque où commence cette histoire. Non, il n'y a eu aucune aide : c'était écrit.

"Je suis content de ne pas vous avoir fait de mal", dit-il en s'avançant vraiment de temps en temps en levant son chapeau, "ces foules sont dangereuses pour les femmes à cette heure."

Il fit deux pas et s'arrêta brusquement, car une main se glissa sous son bras. (Vous auriez dû voir le visage de sa cousine, celle de Boston, quand, de cette manière implacable connue uniquement des femmes et des artistes éminents lors du contre-interrogatoire, elle m'a fait comprendre ce fait.)

"Voulez-vous me dire le chemin le plus rapide pour rejoindre Broadway ?" dit la femme à qui il venait de parler.

« À Broadway ? répéta-t-il bêtement, immobile, conscient de la poigne sur son bras, un curieux sentiment de l'importance de cette expérience apparemment bon marché l'envahissant, même s'il en ressentait la banalité. "C'est Broadway. Qu'est-ce que tu en veux ?"

"Je veux m'y montrer", dit la femme, une jeune femme, d'après la voix.

Roger recula contre le kiosque à journaux, l'entraînant avec lui, puisque sa main ne quittait pas son bras.

"Pour vous montrer dessus ?" répéta-t-il sévèrement, "et pourquoi veux-tu faire ça ?"

"Pour me trouver des amis. Je n'en ai pas", dit-elle sereinement.

Maintenant, vous ne devez pas considérer Roger comme un imbécile, car il ne l'était pas. Vous voyez, vous n'avez jamais entendu la voix qui lui parlait. Si vous aviez possédé une quelconque expérience ou connaissance du monde, vous auriez réalisé que la propriétaire de cette voix ne possédait ni l'une ni l'autre, ou alors qu'elle était une très grande et convaincante actrice. De simples imprimés ne peuvent peut-être pas l'excuser, mais je vous donne ma parole qu'il était en fait excusable, puisqu'il était célibataire. La plupart des hommes sont très sensibles à la voix humaine, en particulier à la voix humaine féminine, et cela a toujours été pour moi un sujet de profond émerveillement que les hommes qui n'en entendent pas une belle une fois par an soient le plus souvent sous la domination de leurs femelles. Je veux dire, bien sûr, les Américains. C'est une des plus grandes preuves du pouvoir de ces *belles américaines* qu'elles l'exercent malgré la rouille de cette arme nationale principale.

Les sons de la cloche, la richesse grave et pleine de cette voix de femme voilée touchèrent profondément Roger et, d'un mouvement brusque, il sortit de sa poche un billet de banque et le pressa dans la main sous son bras.

"Prends ça et rentre chez toi", dit-il sévèrement. "Si vous me promettez d'appeler à une adresse que je vous donnerai, je vous garantirai un moyen de subsistance décent. Me le promettez-vous ?"

Elle plongea sans rien dire dans un sac qui pendait *en châtelaine* à sa taille et en sortit à son tour quelque chose.

"J'en ai un grand nombre", dit-elle placidement, "et bien plus encore à la maison. Voyez-les !"

Et sous son visage, elle lui fourra une double poignée de papier timbré, tout vert.

"Chacun d'entre eux s'appelle vingt dollars", l'informa-t-elle, "et certains d'entre eux s'appellent cinquante dollars. Ils sont au fond du sac. Je ne pense pas en avoir besoin de plus."

Roger la regarda.

" Range ça directement ", dit-il, " et lève ton voile pour que je puisse voir qui tu es. Il y a quelque chose qui ne va pas ici. "

Ils se tenaient sous le vent de l'étal flamboyant, un couple si évident dans leur relation l'un avec l'autre, dirait-on, qu'il n'appelait aucun commentaire au-delà de l'indifférence cynique de la femme aux yeux rouges qui s'en occupait. Sans doute avait-elle depuis longtemps cessé de compter les hommes sportifs et bien habillés qui attiraient à l'abri de son stand des jeunes femmes vêtues de manière indifférente. Et pourtant, aucun de ses ancêtres puritains n'aurait pu être plus éloigné en esprit de ses tristes conclusions que ce Roger. Je ne crois pas non plus qu'il soit assez exceptionnel en cela pour susciter des remarques. Nous ne sommes pas tous des oiseaux de proie, chères dames, croyez-moi. En effet, depuis que vous avez assumé de manière si approfondie et croissante les responsabilités de la salle de dissection littéraire ; puisque vous nous avez, pour ainsi dire, enfin libéré votre esprit dans l'étonnante franchise de vos pages innombrables et impitoyables, je suis très tenté de me demander si vous n'êtes pas essentiellement moins honnête que nous. On n'aurait jamais osé s'en douter si vous n'aviez pas ouvert la porte...

La femme rejeta son voile pour qu'il encadre son visage comme un nuage et Roger la regarda droit dans les yeux. Et ainsi le rideau s'est levé, l'orchestre a cessé ses cornemuses inutiles et la pièce a commencé.

CHAPITRE II

LE DESTIN VA À LA PÊCHE

Roger m'a dit par la suite qu'il ne pouvait littéralement pas dire si cela avait duré cinq secondes ou cinq minutes pendant qu'il regardait la jeune fille dans les yeux. Depuis, il a penché pour l'opinion que cinq minutes étaient plus proches, parce que même la journaliste le regardait fixement et que les gamins des rues qui passaient avaient déjà commencé à se rassembler. Une prise de conscience subconsciente de cela lui a finalement permis de détourner les yeux, un peu comme on se réveille quand il le faut, et de réaliser l'image qu'il présentait : un homme hébété confronté à une fille extraordinairement charmante avec son poing plein de billets de banque dans un théâtre de Broadway. bordure. Un chauffeur de taxi intéressé attira son attention, agita magistralement son fouet, se dirigea vers eux et, avec une compréhension apparemment complète de la situation, les fit tourbillonner dans une rue latérale sans même un « Où aller, monsieur ?

Et ainsi il se retrouva seul avec une beauté inconnue dans un fiacre, comme un mystérieux héros de mélodrame, et Roger détestait le mélodrame et ne fut jamais mystérieux de toute sa vie, sans parler du fait qu'il n'aimait pas le mystère chez tous ceux qui lui étaient liés. . Il dit qu'il était extrêmement en colère à ce stade et je le crois.

"Quel est ton nom?" » demanda-t-il brièvement. "N'as-tu ni parents ni amis pour te protéger des conséquences de cette folle performance ? Où habites-tu ?"

"Je m'appelle Margarita", répondit-elle directement et agréablement, "Je n'ai jamais eu qu'un seul parent et il est décédé il y a quelques jours. J'habite au bord de la mer."

Un horrible frisson lui parcourut le dos. Aucune personne en bonne santé n'aime être seule avec une folle, et sous une lumière brillante et passagère, il l'étudia curieusement pour finalement acquérir la certitude que, quelle que soit sa compagne, elle n'était pas folle. Ses yeux bleu ardoise étaient calmes et brillants, ses lèvres plutôt fermes malgré toutes leurs courbes — et la bouche de la folle la trahit inévitablement sous un examen minutieux. Elle n'était pas non plus droguée par une quelconque vacance passagère de l'esprit : toute son atmosphère respirait un contrôle parfaitement conscient de ses mouvements, aussi erronés que l'événement puisse les prouver. Devant cette conviction, il hésita légèrement.

« Mais vous avez un autre nom, dit-il doucement, et qu'entendez-vous par mer ? Quelle mer ?

Car il lui vint à l'esprit que même si son anglais était parfait, elle pourrait être une parfaite étrangère au pays, impensablement abandonnée, avec suffisamment de moyens pour apaiser la conscience de son traître.

« Y a-t-il donc plus d'une mer ? » lui demanda-t-elle avec intérêt. "Je pensais qu'il n'y avait que le mien. C'est un très grand bateau avec de hautes vagues et du froid", a-t-elle ajouté après coup.

Roger haleta. "Vous ne m'avez pas dit votre autre nom", dit-il.

« Joséphine », répondit-elle volontiers, en prononçant le nom à la française.

"Mais tu en as encore un autre ?"

"Oui. Dolores", dit-elle avec un accent espagnol visiblement familier.

"Et le nom de famille ?" il persistait dans le désespoir, remarquant avec un coin occupé de son esprit qu'ils dérivaient sur la Cinquième Avenue.

"C'est tout ce qu'il y a", lui assura-t-elle, "trois noms différents suffiront sûrement pour une personne ? Je n'utilise pas les deux derniers, seulement Margarita."

Roger redressa les épaules, prit les billets de sa main sans résistance et les plia gravement dans son sac avant de reprendre la parole.

"Écoutez-moi, Miss Margarita", dit-il lentement et avec une articulation exagérée, comme on parle à un enfant, "comment s'appelait votre père ? Comment l'appelaient les gens de la ville où vous habitez ?"

"Je t'ai dit que nous vivions au bord de la mer, tu as oublié ?" » répondit-elle avec une nuance de reproche. "Il n'y a pas de ville du tout. Et il n'y a personne. Nous vivons seuls."

"Mais vos serviteurs ont dû l'appeler quelque chose ?" il a persisté.

"Hester a appelé mon père 'monsieur' et le garçon ne peut pas parler, bien sûr", a-t-elle déclaré.

"Pourquoi pas?"

"Parce qu'il est bête. Il s'appelle Caliban", ajouta-t-elle précipitamment, "et il n'en a pas d'autre, que celui-là."

"Comment s'appelle Hester ?" » demanda Roger avec obstination.

"Hester Prynne", dit Margarita Joséphine Dolores, "et je n'ai rien mangé depuis que l'homme aux boutons brillants m'a donné de la viande entre du pain il y a de nombreuses heures. J'aimerais pouvoir voir un autre homme comme celui-là. Il serait peut-être disposé à donnez-m'en plus. Voulez-vous faire attention et me dire si vous en voyez un ? »

« Pour l'amour du ciel, s'écria Roger, vous avez faim ! Vous auriez dû le dire avant, pourquoi ne l'avez-vous pas fait ?

Il appela le cocher qui les conduisit rapidement à un endroit maintenant appelé « l'ancien », parce que le nouveau est rempli de gens qui s'efforcent constamment de paraître plus neufs qu'ils ne le sont, je suppose. Le vin est plus récent certes, ainsi que les manières. C'est donc à cet endroit, dans un vieux coin pittoresque, qu'ils se trouvèrent, et Roger prépara un repas calculé pour plaire à une jeune femme bien plus exigeante que ne l'était probablement cet habitant solitaire du bord de la mer. La soupe la plus claire, le xérès le plus sec dans un petit verre, ce que le serveur respectueux et compréhensif appelait « *sole frite* », qui était en tout cas aussi bonne que si c'eût été ça, un *poulet rôti chaud et savoureux* — et Roger, qui avait été trop occupé pour déjeuner, regardait autour de lui, bien nourri, reposait ses yeux sur le linge propre et grossier, le vin rouge dans son panier de paille qui accompagnait le poulet, *les* accessoires tranquilles et usés du le petit endroit d'antan, et réalisa avec un choc de surprise que son compagnon n'avait pas prononcé un mot depuis le début du repas.

Ce n'était évidemment pas parce qu'elle était affamée, même si elle avait la faim saine de la créature qui n'a pas encore fini de grandir, mais simplement parce qu'elle ne ressentait pas le besoin de parler. Elle réfléchissait évidemment, car ses yeux avaient la concentration fixe de ceux d'un enfant qui rêve de son pain et de son lait, mais elle n'avait aucune conversation. Il l'étudia, en partie amusé, en partie perdu dans sa beauté, car en effet elle était belle. Elle avait une peau olive pure, blanche jusqu'au cou – oh, la nuque de Margarita ! Cette nuque tendre avec ses mèches douces, presque blondes, qui s'enroulaient sous les lourdes vagues de ce qu'elle appelait ses « vrais cheveux ». C'était marron, brun foncé la nuit. La nature lui avait donné, avec une vraisemblance parfaite, de longs cils noirs, mais elle s'était capricieusement décidée au dernier moment contre la paix de l'homme et, cachée derrière eux, au fond de ses sourcils italiens flexibles, ces curieux yeux bleu ardoise qui fixaient inaltérablement son visage dans votre esprit. . Vous ne pouviez pas l'oublier. Je le sais, parce que j'essaie depuis vingt ans.

"Je suppose que vous n'êtes pas habituée à dîner au restaurant, Miss Margarita ?" dit Roger amusé, content, ignorant la cause de son soudain sentiment de *bien-être absolu* , ou l'attribuant, comme un homme, à son bon dîner.

"Oh, oui," répondit-elle, "je dîne très souvent au restaurant. Je préfère ça."

Il se mordit la lèvre avec un vif mécontentement ; elle était donc simplement excentrique, pas naïve. Car comme tout autre homme, Roger détestait les femmes excentriques. Cela a toujours été une merveille pour moi que les femmes dotées de capacités cérébrales distinctes ne réalisent presque jamais que nous vous préférons à la mode, même à l'excentrique. Vous ne comprenez pas pourquoi, mesdames : vous pensez qu'il faut que nous préférions la mode aux cerveaux, mais en effet il n'en est rien. C'est parce qu'être à la mode, c'est au moins être normal, que nous tolérons vos marches et contre-marches moutonnières à travers la plaine de la société.

"Où dînez-vous quand vous dînez au restaurant ?" » s'enquit-il froidement, pour enfin la piéger dans une explication.

"Sur les rochers", répondit-elle sereinement, "ou sous les arbres. Parfois sur le sable près de l'eau. J'aime mieux ça que dans la maison."

Roger éprouva un ridicule sentiment de soulagement.

"Est-ce que tu dînes seul ?" il a demandé et elle a répondu doucement,

"Bien sûr. Mon père mangeait toujours tout seul, et Hester aussi. Caliban ne se laissera jamais voir manger : j'ai souvent essayé, mais il se cache."

Le serveur leur apporta alors une salade d' *endives blanc ivoire* sertie de pointes de betterave rubis, trempées dans de l'huile d'olive pure, et de ce luxe apaisant Margarita consomma deux grandes assiettes dans un silence rêveur.

"J'aime cette nourriture", remarqua-t-elle enfin, "je l'aime mieux que celle d'Hester."

Roger se réchauffa littéralement de satisfaction. Il souriait encore lorsqu'elle lui versa une grande gorgée de glace délicate devant elle et, sous ses yeux étonnés, y mordit les dents.

L'horreur de cette scène humiliante le réveilla, des années plus tard, pendant plus d'une nuit moite. En une seconde, la paisible salle à manger fut un règne de terreur bavard et hurlant. Car Marguerite, avec un cri étouffant de rage et d'angoisse, jeta la glace avec une précision terrible au visage fade du garçon qui l'avait apportée ; jeta son verre d'eau avec la même précision dans les yeux grands ouverts du maître d'hôtel, qui apparut aussitôt ; se jeta le verre de vin plein à la face horrifiée de Roger alors qu'il se levait pour attraper sa main mortelle, et soulevant avec le magnifique mouvement d'un seul bras d'une déesse de la guerre grecque sa chaise derrière elle, se tenait face à eux, les regardant silencieusement, un Pallas aux yeux d'ardoise glorieusement aux abois !

Le vin rouge coulait sur le visage de Roger comme du sang ; la force du coup faillit l'étourdir, mais par un effort suprême il se mordit furieusement la langue et la douleur le stabilisa. Alors qu'il renversait la table avec fracas et lui arrachait la chaise des mains (et il y prit sa force), il se rendit compte que l'excitation colérique derrière son dos, le babel menaçant, s'était apaisée en de longs soupirs de pitié. et comprit avec une sorte de soulagement dégoûté que le coup qu'il avait lui-même reçu de cette ménade haletante et tordue avait en quelque sorte changé la situation et qu'il était l'objet d'une sympathie horrifiée. Heureusement, la salle était peu remplie, car il était tôt, et son explication brève fut acceptée dans un silence respectueux.

"Mademoiselle n'est... n'est pas responsable de son acte, je vous prie de le croire", dit-il sombrement, blanc d'humiliation et de douleur. "Je vous en supplie, acceptez..."

Les deux serveurs ont empoché le salaire d'une semaine dans une dépréciation volubile, le propriétaire a haussé les épaules pour se transformer en un admirable regret, les convives ont détourné leurs yeux du visage de Margarita et ont fait semblant de ne rien voir tandis que Roger boutonnait autour d'elle sa veste bon marché de couleur vague et lui ordonnait sévèrement. pour redresser son chapeau. Ses doigts tremblaient littéralement de rage, ses seins doux et ronds, aux contours étrangement distincts de ceux de ses doigts alors qu'il tendait la veste serrée sur eux, montaient et descendaient orageusement ; dans un éclair de mémoire troublé, il semblait manipuler un oiseau abattu et palpitant. Il attribuait sa propre maladresse et son exaltation étrange et enivrante au choc du vin sur son visage.

En un temps incroyablement court, la table fut redressée, les débris enlevés, la pièce, à l'exception du sentiment électrique et indéfinissable de tragédie récente qui plane sur de telles scènes, tout comme elle l'avait été. Roger avait porté, heureusement pour lui, un pardessus léger au bras, qui cacherait avec un peu de gestion son triangle de gilet blanc et taché. Saisissant Margarita par le bras, il la fit sortir de la pièce et l'interrogea pour la première fois.

"Es-tu fou?" il murmura. « Qu'entendez-vous par une telle performance ?

"Cet homme," répondit-elle, sa voix vibrant comme un violoncelle balayé, "est un diable. N'as-tu pas vu ce qu'il m'a donné ? Ce n'était pas du tout de la nourriture, mais de la neige glacée. La neige ne devrait pas être dans un verre, mais par terre. Il est clair qu'il veut me tuer.

Sa voix résonnante remplissait tous les coins de la pièce ; il était impossible à quiconque de s'apercevoir de la situation, et avec une inspiration soudaine, Roger parla avec une particularité particulière au propriétaire, remarquant que la douzaine de personnes autour des tables étaient visiblement françaises et parlaient cette langue.

« Mademoiselle vient de sortir du couvent, dit-il. "Elle a toujours vécu en province et n'a jamais eu l'honneur de goûter des desserts aussi admirables que ceux que Monsieur propose à ses clients."

Le propriétaire s'inclina ; un extraordinaire mélange d'expressions jouait sur son visage.

"Cela se voit, Monsieur", répondit-il. " L'affaire est déjà oubliée. J'ai appelé une voiture fermée pour Monsieur. "

C'est ainsi que Roger se retrouva pour la deuxième fois en calèche avec Margarita Joséphine Dolores, mais avec une attitude très différente à l'égard de cette jeune personne. C'est un fait peut-être curieux, mais certainement indéniable, que lorsque l'on reçoit un verre de vin plein la figure de la part d'une connaissance, si récente soit-elle, cette connaissance est immédiatement placée dans les termes d'une certaine intimité avec soi-même ; la glace, au moins, est brisée. Une conviction inconsciente de cela colorait le ton de Roger et brillait dans ses yeux.

"Tu ne dois jamais faire une chose pareille, Margarita," dit-il, "c'était une chose terrible à faire."

"C'est une chose terrible qu'il m'a fait", répondit calmement Margarita.

"C'est absurde", dit Roger, "une absurdité parfaite ! Cet homme ne vous voulait aucun mal. Il ne vous a apporté que ce que j'avais commandé pour vous."

"Toi ! Tu lui as dit d'essayer de me tuer ?" s'écria cette incroyable Margarita, et se retournant sur son siège avec la rapidité d'une panthère, elle le gifla, d'un coup cuisant et mordant, à plat sur sa joue. Une tornade de rage en réponse le fit sortir de lui-même et, saisissant ses poignets, il les plia derrière son dos.

Si je semble connaître de manière injustifiée les émotions de Roger lors de cette crise, c'est uniquement parce que je les comprends par expérience, et non parce qu'il les a longuement analysées pour moi. Moi aussi, j'ai été en conflit, un véritable conflit physique, avec Margarita. J'ai ressenti moi aussi cette vieille frénésie impitoyable, cette joie déraisonnable de vaincre sa force furieuse. Quelque chose chez Roger – je sais à quel point c'est soudain, à quel point c'est étonnant – se tendit et se brisa ; les vieux liens de la civilisation (qui, chez les Anglo-Saxons, ont toujours été la féminisation) ont éclaté et se sont effondrés, et la soif de l'ascendant physique l'a attrapé et a balayé les jolies légendes du contrôle moral et de la patience chevaleresque dans les poubelles et les détritus de la cuisine de la nature. grande économie nationale. Qu'y avait-il chez Marguerite qui a tiré cette vieille passion primitive, cette vieille chose du monde de sa tombe décorée, toute plantée d'orchidées et de cheveux de vierge, qui l'a réveillée en nous avec un cri rauque et nous a offert en même temps son une gratification naturelle – un combat acharné et une certaine victoire ? Dieu sait et sait peut-être mieux que le Diable que les ancêtres de Roger n'auraient pas tardé à attribuer le savoir exclusif.

La civilisation et sa mystérieuse fille que nous appelons aujourd'hui Culture ont essayé de nous apprendre que le golf et le tennis sur gazon et, pour les plus vigoureux, l'escrime ou le contrôle d'un cheval fougueux, doivent le

mieux traduire chez votre citoyen brisé de quarante ans la chaleur qui surgit
alors chez Roger ; mais pour la plupart d'entre nous, il apparaît une ou deux
fois au cours de notre carrière sur les trottoirs, de notre délicat voyage des
buffets en acajou aux lits en acajou, que cet enseignement est idiot au dernier
degré, aussi strictement que la police l'ait appliqué ; et nous savons que seul
l'homme qui a forgé les dents serrées après Atalante, tendrement affamé de
toute sa blancheur non capturée, poussant brutalement le pas jusqu'à ce que
son cœur éclate dans son côté s'il le fallait, a goûté à l'extase suprême du
combat qui nous élève celui-là. un pas alléchant au-dessus du sauvage : le
combat pour la joie. Je suis convaincu que c'est après un de ces aperçus
rouges qu'une certaine partie d'entre nous, chaque année dans la vie
mondiale, jette son poids par la fenêtre, règle sa note de tailleur et s'en va
pour l'Afrique ou le Groenland avec une hache et un couteau. cartouchière.
Nous devenons ainsi impénétrables pour nos jeunes tantes et cela l'est peut-
être un peu pour nous-mêmes, lorsque nous découvrons que ce n'était pas
exactement la lutte pour la nourriture et un abri, la lutte contre les falaises,
les éléments et les animaux que nous sommes allés dans le désert. chercher.
Mais nous sommes en tout cas moins déraisonnables que ceux d'entre nous
qui ont les yeux bandés et qui traduisent trop littéralement le désir implacable
et perdent complètement son sens dans le texte brouillé des rues de minuit.

Roger tomba littéralement sur cette belle et méchante créature avec
l'intention bien définie de la secouer jusqu'à ce que ses dents claquent dans
sa tête, mais il n'obtint pas ce résultat, car Margarita se battait comme un
démon ; se battait, les mains liées, avec son dos souple, ses épaules fortes et
ses genoux rigides. C'était comme lutter contre une petite fille malveillante
de six ans et un garçon têtu de seize ans réunis en un seul. Elle ne pleurait ni
ne bavardait, mais serrait les dents et dirigeait toute sa superbe énergie vers
l'affaire en cours. Son idée de saisir ses deux poignets d'une seule main était
hors de question ; pendant deux ou trois instants délicieux et colériques, il
essaya cela, enragé, amusé, respirant difficilement, tandis qu'elle se tendait et
se courbait contre lui de toute sa magnifique jeunesse, et que les années et la
rouille des années tombaient de lui dans un combat sincère. avec une victoire
certaine mais pas facile, sa soumission sûre – mais pas encore ! Quelque
source souterraine jaillissait en lui, quelque ruissellement des grottes
éternelles qui ne seront complètement rasées que lorsque l'humanité,
décadente, s'y effondrera et reviendra à l'argile primitive, et il savait que
pendant ces quelques secondes rutilantes, arrachées au reste des heures et des
semaines grisâtres, il avait été créé et destiné.

Vous vous apercevrez bien entendu que tout cela est ce que j'ai ressenti
lorsque mon petit tour est venu ; Roger n'a jamais parlé de ce genre de choses
de sa vie. Mais, à moins que je ne me trompe énormément, il l'a vécu, au
cours de ces minutes de galop et de respiration rapide, avant de coincer

Margarita, les mains derrière le dos, d'un bras, et de la maintenir fermement par les genoux de l'autre. Écrasée contre lui, poids mort, elle gisait, ses yeux invaincus d'un noir d'eau désormais, à plat contre les siens, son cœur battant lourdement, sous son bras implacable et bandant.

"Veux-tu être sage, espèce de petit chat sauvage absurde ? Vraiment ?" » demanda-t-il, sa voix tremblante de rire et de triomphe. (Et il ne faut pas être trop prêt, ô représentant de la chevalerie tolérante de Hearthstone, à sourire du triomphe ! V—l, que Margarita détestait, refusait pratiquement de chanter *Siegfried* à sa *Brünhilde* , parce que, disait-il, elle le rendait ridicule avec elle. luttes virginales et en plus, il était essoufflé ! Et il pouvait soulever et porter Lilli Lehmann.)

"Veux-tu?" répéta Roger, sans relâcher son étreinte, car il sentait ses muscles se tendre comme un fil sous la chair douce.

"Non, je ne le ferai pas", a déclaré Margarita. "Je te déteste. Je mourrai avant de t'obéir."

Et à cette remarque stupide et mélodramatique, Roger Bradley, descendant de tous les puritains (Whistler disait qu'il était de Plymouth Rock à Mayflower - hélas, cher Jimmie !), célibataire respecté, aux habitudes exemplaires et sans enchevêtrements, délibérément , et avec un serment joyeux et sincère, j'ai embrassé Margarita, longuement et quelque peu brutalement, je le crains, dans un quatre-roues de location à la jonction de la Trente-Quatrième Rue et de la Cinquième Avenue. Et de ses sensations à ce stade, je ne peux pas parler, car je ne les ai jamais ressenties. Je n'ai embrassé Margarita qu'une seule fois, puis très rapidement, car j'étais convaincu que de ma rapidité ultérieure dépendait ma possibilité de la revoir un jour vivante. Et elle n'a pas lutté du tout, car, en fait, peu lui importait que je l'embrasse ou non. Mais ce n'était pas le cas du baiser de Roger.

CHAPITRE III

COMME LES RAMEAUX ÉTAIENT PLIÉS

Le jour où Roger et moi nous sommes rencontrés pour la première fois est aussi clair dans mon esprit que si, selon l'expression actuelle, c'était hier. J'étais un petit garçon mince de dix ans et lui un grand et costaud de quinze ans. Je traînais mon cerceau dans la partie de la cour d'école habituellement réservée aux petits bonshommes, bleue comme l'indigo, nostalgique de ma maman-O, et secrètement honteux de la cape d'écolier français que j'avais portée à Vevay et que toutes mes ses amis se moquaient, mais elle, dans son esprit d'économie de femme, avait pensé que c'était trop beau pour être mis de côté. Sans doute avait-elle raison, mais oh ! que vous nous faites souffrir, douces mères veuves ! Vous nous donneriez le cœur de vos corps fervents pour des ballons de football, vous soigneriez sans repos nos lits de malades et vous refuseriez le confort de l'existence, s'il le faut, pour nous lancer équitablement dans le monde avec une éducation douce et des écoles du c'est le meilleur, mais vous ne pouvez pas comprendre que nous préférons de loin nous passer d'un repas en privé plutôt que d'être la moquerie de nos camarades de classe en public. J'aurais vécu de pain et d'eau pendant une semaine si j'avais enterré ce manteau français au bout.

Le sport même auquel je m'adonnais n'était pas pratiqué par les autres garçons de mon âge, mais de manière assez incohérente, même si j'étais désireux de me conformer en ce qui concerne le manteau, les chevaux sauvages n'auraient pas pu m'arracher de mon cerceau de bois. et je le parcourais d'un air boudeur sur les sentiers dallés.

Pour moi, une figure assez étrange aux yeux des jeunes Américains, s'avançait et parlait Monsieur Duval, pour qui j'étais la figure la plus chaleureuse et la plus naturelle du paysage, je n'en doute pas. C'est avec une vraie gentillesse qu'il criait des rien joyeux, des « *Ah ! Ah ! ça va bien—vous vous amuserez, n'est-ce pas ?* » ou autres, et avec une amabilité égale et inconsciente que je répondis de la même manière. La langue m'était parfaitement familière, surtout dans son contexte courant actuel, et j'ai ôté ma casquette instinctivement, comme j'aurais dû le faire à Vevay, et j'ai probablement dit quelque chose sur mon être *joliment bien amusé* , ce qui était bien sûr purement superficiel, car Je ne l'étais pas. Il est passé par là et j'ai traîné mon cerceau, mais seulement pendant le temps nécessaire à sa sortie complète de la scène, car à la fin précise de ce temps, j'ai été violemment agressé par trois ou quatre garçons, traînés, protestataires et effrayés. , dans une retraite privée, et là je m'informai que ma familiarité nauséabonde avec la langue française et le "montrer" qui en résulte devaient cesser incontinent, et que l'événement de mon refus de cet ultimatum serait périlleux et difficile à oublier pour un petit moment comme moi.

Or notre école de Vevay avait été entièrement sous l'influence, dans sa vie secrète et réellement importante, d'un cercle de garçons anglais, cruellement bannis de leurs établissements d'enseignement naturels, qui compensaient cet bannissement par une insistance minutieuse et systématique sur autant de choses que possible. possible de l'atmosphère de leur école natale, et nous, les petits, avons été élevés dans cette atmosphère très stricte. Le mot « se faufiler » était trop fort pour moi et je me suis précipité vers le délinquant, ce qui était, je suppose, ce qu'il voulait.

Cela aurait vraiment été dur pour moi si un garçon grand, aux larges épaules, magnifique dans un maillot enrichi des initiales de l'école, ne s'était précipité sur nous et ne m'avait fait sortir de la bande de bandits par le col de mon manteau.

"Qu'est-ce que c'est ? Que fais-tu ?" » demanda-t-il vivement.

Il avait avec lui une batte de baseball – je considérais le baseball à cette époque comme une sorte de grillon devenu fou – et une casquette ronde à visière sur ses épais cheveux blonds. Son menton était profondément fendu, ses yeux gris-bleu, sa peau très claire. Pour moi, il était un demi-dieu de niveau supérieur et, ne voyant rien d'étrange dans ses actions, car il était ce que j'appelais le coq de l'école, j'exprimai mon plaidoyer tremblant.

"S'il vous plaît, monsieur", ai-je commencé, ce à quoi il a rougi et mes ravisseurs ont poussé des cris moqueurs et ont gambadé autour de nous, et complètement embarrassés et effrayés, j'ai commencé à pleurnicher dans mon coude.

"Nous ne parlons pas de cette façon ici", m'a-t-il brièvement réprimandé, "allez-y sans messieurs, n'est-ce pas ?"

Eh bien, tout s'est finalement révélé et il a réglé le problème très facilement, mais pas, j'en suis sûr, de la manière dont il avait initialement prévu de le faire. J'ai vu ses doigts se serrer autour de la batte, je l'ai vu mesurer avec prudence ses chances contre quatre enfants de douze ans, et j'ai réalisé soudain que ce n'était pas Albion que certains d'entre nous à Vevay désiraient depuis longtemps, mais l'Amérique libre, et que c'était pas vraiment le préfet en chef et il n'avait aucun droit en particulier au-delà de celui de tout chevalier qui choisit de monter à cheval pour sauver. Néanmoins, je l'étais et je suis sûr qu'il aurait pu tous les punir et cela sans la batte. Soudain, cependant, un air réfléchi apparut sur son visage, il caressa pensivement la fente de son menton – un tour qu'il ne perdit jamais – et dit d'un ton calme et convaincant :

"Tu as toujours été un imbécile, Judson", dit l'intimidateur. "Si vous aviez le sens d'un chat, vous ne brouilleriez pas ce petit bonhomme pour ce qu'il ne peut pas aider, mais vous l'utiliseriez plutôt. Eh bien, si *je* l'avais dans *mon* cours de français, je lui ferais faire la plupart des récitations et occupent le vieux Duval - il n'y parviendrait jamais. Réfléchissez-y. Allez, rasoir !

C'est ce qu'il m'a dit et j'ai chassé son esclave — son pédé, je l'espérais, mais en vain, comme cela s'est avéré.

Je raconte cela longuement parce que cela illustre si parfaitement le personnage de Roger. Non pas qu'il ne puisse pas se battre, mais il préférait ne pas le faire si un petit arbitrage pratique pouvait être fait pour accomplir le travail de bataille. Et pourtant, il manquait de tact sur le plan social : c'était son attitude professionnelle, n'est-ce pas.

"Tu es le petit garçon français", dit-il alors que je le suivais. "Au fait, quel est ton nom ? Je m'appelle Roger Bradley." Comme si je ne le savais pas !

"Si vous voulez bien, je veux dire, le mien est Winfred Jerrolds," dis-je timidement.

"Tu n'es pas vraiment français, n'est-ce pas ?"

C'était la première fois que j'étais fier de mon sang américain. Je lui ai parlé de ma mère américaine et de mon père anglais, de sa mort tragique et de son retour dans son pays après douze ans d'absence ; de l'acquisition de mon merveilleux français, qui n'a été que le travail de deux ans, de mes leçons de violon, strictement cachées aux autres garçons, de ma vieille nourrice suisse, aujourd'hui notre cuisinière, de mon caniche français, et d'une vingtaine d'autres secrets. jamais respiré auparavant.

Il fut profondément intéressé, s'enquit des courageux détails de la mort de mon père, me serra chaleureusement la main et exprima son intention de m'inviter chez lui pendant les vacances. Nous nous sommes séparés en meilleurs amis et nous le serons, j'espère, jusqu'à ce que nous nous séparions pour de bon et pour tous.

Cependant, je ne lui ai pas rendu visite pendant ces vacances. Une légère blessure, reçue lors d'un match de son baseball préféré, lui a affecté les yeux, et pendant six mois il n'a pas pu les utiliser du tout, de sorte qu'il n'est retourné à l'école qu'à l'automne suivant. Lorsque nous nous sommes revus, c'était sur une base différente, car j'avais bien utilisé mon temps et j'avais progressé rapidement dans mes cours. Que ce soit parce que je gardais l'habitude d'étudier pendant les vacances (la liberté paresseuse des écoliers américains pendant les longues vacances choquait beaucoup ma mère) ou si mon habitude d'application et de concentration, le fait qu'on m'avait vraiment appris à étudier , non seulement lâché avec un livre à la main, m'a donné un avantage sur mes camarades, je ne sais pas, mais quand Roger est revenu, il ne m'a trouvé que trois classes en dessous de lui et a été diplômé pour toujours de la cour de récréation des petits garçons.

Cet été-là, il m'a emmené chez lui et j'ai regardé avec un profond respect les portraits de ses ancêtres, s'estompant sur les lambris sombres du respectable manoir de Boston ; il jouait docilement mon violon pour sa mère, qui me présenta un volume d'essais d'Emerson ; accroché aux lèvres de son oncle soldat, manchot depuis Gettysburg, qui à son tour écoutait gravement mes récits sur mon père ; et j'évitais assidûment sa cousine Sarah, qui, déjà alors, une jeune fille de dix-huit ans au visage frais, avait commencé à ressentir ces responsabilités envers le genre humain qui l'ont si constamment distinguée depuis, et me poursuivait avec d'affreux bouts de papier ressemblant à une moquerie. aux chèques en blanc, qu'elle appelait « gages », au moyen desquels elle m'incitait à commencer dès ma jeunesse la pratique de l'abstinence totale, de sorte qu'elle s'est retrouvée désespérément impliquée dans mon esprit dans cette pratique révoltante. C'étaient des Unitariens, une doctrine alors à la mode dans ces régions, assez curieusement et à la grande perplexité de ma chère mère, qui ne comprenait pas comment une dissidence pouvait jamais exister, et qui était fermement convaincue que « vos Bradley », comme elle les appelait , étaient accros aux prières déclamées en toutes occasions. En vain j'ai décrit à sa vieille Madame Bradley avec un morceau de dentelle givrée sur ses cheveux blancs, un trompette d'oreille terrifiant et des manières de comtesse ; en vain je lui ai assuré que l'oncle Winthrop ne serait pas plus coupable d'une prière déclamée que mon père ne l'aurait été : elle secoua doucement la tête et me pressa de rappeler mes vœux de confirmation !

Ma chère mère! Ecrire sur elle, même si légèrement, c'est la voir dans sa jolie robe noire avec ses bandes de gazon en forme de toile d'araignée au cou et aux poignets, dirigeant la vieille Jeanne, *bonne à tout-faire* maintenant dans notre petit établissement, arrosant nos géraniums de fenêtre. dans une marmite en cuivre pittoresque au long nez, forant M. Boffin, le caniche, dans ses manières, et, une fois le dîner matinal terminé, assis en toute simplicité avec Jeanne au travail sur mes chemises - le seul exemple de institutions vraiment démocratiques que j'ai jamais vues dans cette démocratie irascible. J'aurais aimé voir Madame Bradley coudre avec le cuisinier et bavarder innocemment sur le bon vieux temps !

Eh bien, même avoir inventé un idéal aussi inhumainement possible que la démocratie est un grand exploit et une merveilleuse démonstration des pouvoirs de notre esprit sur cette planète, je suppose. Et je ne suis pas sûr que ce soit une plus grande preuve de sincérité que de la pratiquer tout en la niant en théorie, comme on le fait dans les anciens pays, que d'inverser le processus dans les nouveaux. Les Américains sont des idéalistes incurables ! Et si Platon a raison et que l'idée est la partie vraiment importante du problème, alors l'idée de soixante-dix – ou est-ce quatre-vingts, maintenant ? – millions de seigneurs égaux de la création est en réalité plus pertinente que le fait qu'ils n'en ont pas. ça n'existe pas. Mais pourquoi, oh pourquoi, l'égalité doit-elle produire de si mauvaises manières ? Ils devaient être bien méchants pour faire une telle impression sur un petit garçon de dix ans. Et qui peut expliquer son effet extraordinaire sur la voix ? Pourquoi tue-t-il également toute modulation, toute couleur de ton, toutes les nuances délicates de pensée et de passion, et résout-il ce grand cadeau, qui, parfois, je considère comme la plus grande différence entre moi et mon chien, en un grognement sourd et haché ?

C'était la gloire de la voix de Marguerite : dès qu'elle vous disait qu'elle aimerait avoir plus de pain, votre oreille savourait cette série de syllabes sans importance exactement comme la langue savoure un plat copieux ; chez elle, implorer, commander, refuser, admirer, étaient quatre processus tonal parfaitement différents ; un aveugle, un Esquimau ou un insulaire des mers du Sud aurait parfaitement compris cette voix. Et même aujourd'hui, ce n'est plus qu'une ombre de ce qu'elle était autrefois, c'est une leçon pour tout le monde à son sujet.

Quand Roger avait dix-sept ans et moi douze, il a perdu deux années de sa vie scolaire, ce qui nous a finalement rapprochés, comme nous le verrons. Dans un match plus violent que d'habitude de son baseball préféré à cette époque, il réussit à tomber si lourdement sur la poitrine qu'il blessa légèrement le poumon, et une toux taquine qui en résulta terrifia sa mère, sur qui, comme tant d'entre elle. compatriotes de sang pur, le Fléau Blanc planait de manière menaçante, jamais très loin. La chance leur envoya à ce moment-là une invitation d'un cousin éloigné, skipper d'une grande goélette qui naviguait dans les eaux du Sud, et elle envoya heureusement Roger faire une longue croisière avec lui. C'était une belle expérience, et oh ! comme j'avais amèrement envie de la partager, comme me le pressait le cousin patron ! Mais j'étais le fils unique de ma mère et elle était veuve, alors j'ai ravalé mon chagrin et je me suis contenté d'écrire. Cela avait longtemps été pour moi un grand chagrin de devoir le suivre si loin derrière à l'université - il m'avait bien sûr choisi dans sa propre université - et l'une de mes satisfactions à cette époque était l'espoir de gagner un an d'avance et de ne quitter que deux entre nous. Cela me permettrait d'entrer à Yale alors qu'il n'était qu'à mi-chemin de son cours, ce que j'accomplis en fait, à la grande fierté de ma mère. Elle aimait Roger, mais le trouvait toujours un peu lourd et lent, et chérissait secrètement ma plus grande facilité et mon développement mental plus rapide avec une myopie affectueuse et toute féminine.

Notre correspondance était très caractéristique à cette époque : j'en ai des spécimens des deux côtés. Mes lettres sont longues et détaillées, presque des journaux scolaires. Les Roger sont peu nombreux, courts et extrêmement impressionnants. Il avait un style simple et totalement dénué d'imagination qui frappe le cœur comme celui de Defoe. Il a donné le sentiment le plus fort de grands événements qui se produisent toujours, de haute mer, de côtes lumineuses et étranges, de discours racés et vitaux - et tout cela en quelques mots courts.

" Cela fait maintenant trois jours que nous roulons fort ", dit-il dans une lettre, " et le chien du navire est mort de coliques, ce qui est à peu près le pire signe qui soit, dit-on. Il se peut que nous fassions naufrage. Je vous souhaite " Si j'étais là, Jerry, ça te plairait. Ils ont arrêté d'essayer de me dorloter maintenant et je vis dans la dure, comme les autres. La nourriture n'est pas très bonne, mais nous mangeons tous fort. Je ne tousse presque plus du tout maintenant. Le le capitaine dit que je suis aussi bricoleur que n'importe qui d'autre."

Aîné d'une famille de quatre enfants, il était admiré et respecté depuis la crèche. Forte influence à l'école, prince régent à la maison, riche de son propre chef, il risquait d'être gâté, je suppose. Mais le cousin du skipper bluff, représentant de cet étrange *esprit d'aventure* de la Nouvelle-Angleterre, si peu exploité dans la fiction anémique qui caricature si ridiculement la vie de la Nouvelle-Angleterre, a marqué Roger à cet âge des plus impressionnables avec la simplicité pure et nette, l'humilité virile si caractéristique de des hommes qui doivent toujours être prêts à périr dans les éléments ; la capacité de tenir sa langue et d'attendre. Peu de familles sont vraiment enracinées dans cette Vieille Angleterre qui a fait la Nouvelle mais qui peuvent compter dans certaines générations leur cousin skipper ; dans ceux-ci, les crêtes blanches, les grands mâts, les épices et les nuits chaudes, les tropiques écarlates et les indigènes sombres et effrayés inclinent de flammes les chroniques tranquilles des sœurs restées à la maison ; et de magnifiques éventails de paons, des coquillages roses émaillés, des chapelets de perles de bois de santal, des broderies déchaînées et fleuries et des plis souples de mousseline exotique tissent leurs senteurs et leurs suggestions à travers les étoffes aux couleurs sobres du quotidien. En effet, la Nouvelle-Angleterre telle que je l'ai connue, à la fois en tant qu'enfant dans sa ville principale et représentative, et en tant qu'homme dans ses hameaux les plus éloignés et les moins gâtés, m'a toujours semblé bien plus compliquée et mystérieuse, bien plus vitale et suggestive que ses chroniqueuses trop exclusivement célibataires peuvent comprendre.

J'attends de voir le pays revenir à la Nouvelle-Angleterre, non seulement avec une fierté historique, mais avec une riche appréciation de sa patrie artistique – sans la prendre pour sa jeune tante sombre et inquiète !

Je suis loin d'elle maintenant, ce vieux vivier de grands fils incisifs, ce nid de passions si fortes que seule une poigne de granit, comme sa ligne de mer, pourrait les maîtriser (imaginez-vous, ô Sud langoureux et fané, faire tu cries, ô Occident strident et agité, que parce qu'elle ne les soupirait ni ne les claironnait, elle n'avait pas de passions ? *Allez, allez !*) mais je peux à tout moment fermer les yeux et sentir le défi de ses vents atlantiques ici sur la Méditerranée ou ressentez la langueur enivrante de son miraculeux « Indian Summer » là-bas sous une bruine londonienne. Il est étrange que moi, qui ai dit beaucoup de choses désagréables sur son pays dans son ensemble, me précipite ainsi pour m'excuser du lieu de naissance de ma mère. Et pourtant, penser que je n'ai jamais connu Margarita !

Mais bien sûr, j'aurais dû la rencontrer. Elle serait venue vers moi en sortant légèrement de la pénombre soirée algérienne ou m'aurait croisé un matin à Piccadilly ou aurait regardé curieusement à travers ma vitre plombée à Oxford, où j'aurais sans doute dû retourner, un jour, pour méditer sur mon âge mûr. J'y ai passé une bonne année, il y a une vingtaine d'années, pendant que Roger s'acharnait sur cette matière fantastique qu'il appelait la Loi et qu'il aimait bien. Mais le destin ne m'avait pas destiné à être un Anglais conventionnel, ce que j'aurais sans doute dû être, car étant un garçon, j'étais malléable jusqu'à un certain point, mais il m'avait réservé au bout du monde – et à Margarita.

CHAPITRE IV

LE DESTIN ARRIVE

Il n'y a rien de plus certain que les simples faits de la vie sont extrêmement trompeurs. C'est sans doute la raison pour laquelle la nature cache le squelette humain ; c'est indéniablement nécessaire, mais peu d'entre nous le prennent en considération quotidiennement, et seuls quelques anthropologues négligeables songeraient à l'avancer comme preuve de quelque chose en particulier. Et pourtant, ceux qui aiment se décrire comme pratiques croisent obstinément leurs mains sur leur ventre, haussent les épaules et répètent d'une manière monotone : « Mais, mon cher, les faits sont là ! Il suffit de considérer les faits de l'affaire ! " ou "Je suis désolé, mais j'ai bien peur que les faits soient contre vous!" Je suppose que c'est la raison pour laquelle on les qualifie si souvent de nus, parce que si peu d'éléments importants, informatifs ou attrayants sont enveloppés autour d'eux.

Considérez par exemple les faits bruts de l'aventure de Roger. Voici un homme qui, rencontrant au crépuscule dans une localité douteuse une jeune femme parfaitement inconnue et d'une singulière beauté, engage la conversation avec elle, l'emmène dîner dans un restaurant français, puis se retrouve mêlé à une altercation honteuse au cours de laquelle des verres à vin sont jetées et les chaises agitées, et finit par s'échapper avec elle dans une voiture fermée, qui devient bientôt le théâtre d'une violente lutte aboutissant à un baiser féroce ! Le cas est vraiment trop clair ; c'est presque trop conventionnel pour un étudiant en art de toute initiative et originalité. Quiconque possédant la moindre connaissance de la fiction ou des quotidiens pourrait vous dire instantanément qu'il s'agissait d'un clubman dissipé et d'une créature trop malheureusement stéréotypée qui non seulement n'exigeait aucune description, mais qu'il était préférable, dans l'intérêt de la moralité, de ne pas décrire. Et pourtant, Roger n'était absolument pas dissipé, ni même un clubman, au sens dans lequel le mot semble être utilisé en Amérique, et Margarita n'était pas du tout malheureuse et si loin d'être stéréotypée qu'elle poussait l'inhabituel vers l'absolument unique. .

« Eh bien, eh bien, » j'entends l'homme pratique, « mais c'est un cas sur un… cinq… dix mille, sûrement ! Nous savons tous… »

Mon brave homme, il n'y a absolument rien que nous sachions tous, sauf que nous mourrons certainement un jour, et de ce simple fait ont été tirées des conclusions plus complètement contradictoires que je ne peux me permettre d'énumérer. Rien ne pourrait être plus certain que ce simple fait, et pouvez-vous me montrer quelque chose de plus productif d'incertitude humaine ? Je ne le pense pas. Que savez-vous de la vie privée de l'homme de la maison voisine ? Avez-vous un ami qui ne peut pas vous raconter une à trois histoires mélodramatiques, tout à fait dans le cadre de son expérience, au cours desquelles vous haleterez : « Eh bien, c'est aussi excitant qu'un roman ! Les meilleurs romans ne sont jamais imprimés et les drames les plus effrayants et les plus effrayants sont joués par les détenteurs des boîtes. Plus je vis longtemps, plus je suis convaincu que la vie vraiment tranquille est relativement rare.

En effet, pour Roger, après son apogée dans le véhicule à quatre roues, il semblait impossible que la vie puisse un jour être à nouveau tranquille. Si je ne vous ai pas impressionné par l'idée qu'il était un homme honnête, j'ai perdu un chapitre entier et démontré la folie de tenter d'en devenir un auteur à mon âge, et vous ne serez que mal préparé à apprendre que lorsque le chauffeur de taxi a frappé à la porte, le verre, après Dieu sait combien de minutes d'observation intéressée, Roger découvrit à nouveau son identité – et la détesta. Sa conduite lui paraissait indescriptiblement méprisable, sa situation déplorable. Margarita, qui sanglotait doucement dans son coin, semblait peu susceptible de lui remonter le moral ou de lui remonter le moral.

Ouvrant la portière de la voiture, il répéta ses instructions au chauffeur trop confidentiel et parla avec raideur à son compagnon.

"Je n'essaierai pas de m'excuser auprès de vous", dit-il, "car cela serait inutile. Si vous pouvez me croire, je ferai de mon mieux pour vous aider auprès de vos amis. Ne pouvez-vous pas me dire le nom de l'un d'entre eux ? "

"Quel est ton nom?" demanda-t-elle, la voix à peine secouée par ses sanglots, qui s'étaient arrêtés dès qu'il avait commencé à parler.

"Je m'appelle Roger Bradley", répondit-il promptement.

"Alors c'est le nom de ma première amie", dit Margarita Joséphine Dolores, "mais j'espère en trouver d'autres".

La répulsion de Roger était si grande, son état d'esprit si perturbé et si confus qu'il les écrasa dans un rire court et rauque. S'il avait été le héros d'un roman, il se serait sans doute lancé dans un discours acerbe, mais il ne le fit pas.

"D'autres comme moi ?" » dit-il brièvement, et toute l'amertume du héros de roman était là si Margarita avait pu le lire. Mais elle se contenta de sourire, un peu incertaine il est vrai, et de répondre :

"Oui, je les aimerais comme vous, mais pas si forts", ajouta-t-elle doucement, en jetant un timide coup d'œil à ses poignets.

Il m'a été tout à fait inutile de consulter des lettres ou des journaux intimes pour me donner à ce stade un aperçu très clair des sentiments de Roger, car je les ai moi-même éprouvés. C'est lorsque j'ai emmené Margarita dans une barque et qu'elle a commencé à se bercer dedans.

"Ne fais pas ça, Margarita!" J'ai pleuré. "C'est un truc idiot."

Elle a continué à le bercer.

"Tu m'entends, Margarita ?" » ai-je demandé en lui tapotant le pied avec une certaine irritation, car elle était vraiment irritante. En fait, elle a complètement bouleversé la théorie selon laquelle le tact et l'adaptabilité constituent le principal charme de son sexe.

"Bien sûr que je vous entends. Si vous me donnez un coup de pied, je ne ferai que me balancer encore plus fort", répondit-elle calmement - et ce qu'elle fit.

En envoyant les rames avec précaution, je me levai, m'avançai vers Margarita et lui frappai les oreilles avec détermination. J'aurais dû le faire au milieu de l'océan. Je doute que les requins en vue m'auraient dissuadé. Pendant que je lui frappais les oreilles, belles et fortes, ce n'étaient pas de minuscules morceaux de porcelaine égoïstes et haut placés : W-r M-l (qui aurait été *Sir* W-r M-l en Angleterre aujourd'hui).) a dit des oreilles de Margarita qu'elles étaient fixées d'une manière convaincante et qu'il se tournait vers elle pour démontrer l'un de ses tests de longévité préférés - dans l'acte même de cette boxe. Je le répète, j'ai été cruellement mordu aux poignets, et, reniflant de rage, de rage pure, primitive et peu chevaleresque, je me suis jeté sur cette petite païenne sans vergogne et je l'ai secouée violemment, jusqu'à ce que les dents claquent dans sa tête. Nous sommes allés tous les deux, luttant comme des démons, dans l'eau froide et rationnelle, et comme Margarita, comme tant de gens qui vivent au bord de la mer, ignorait complètement l'art de la natation et comme tant de personnes de son tempérament , violemment opposé au choc soudain de l'eau froide, c'est une jeune femme maîtrisée et dégoulinante que j'ai traînée jusqu'au bateau renversé et finalement remorquée jusqu'au rivage. J'ai travaillé dur pour l'amener là-bas et je n'ai pas eu le temps d'avoir des remords, mais alors que je la poussais sur la plage, cela m'a submergé.

« Que dois-tu penser de moi ? Lui ai-je demandé en claquant des dents. « Vous n'aurez plus envie de rencontrer d'autres amis de Roger, j'en ai peur.

"Oh, oui," répondit-elle doucement, semblant d'une beauté incompréhensible - ah, moi, cette ligne longue et lisse de sa hanche, cette tête ronde et lisse, brillant comme le bronze au soleil ! Je peux le voir maintenant : « Oh, oui, j'espère qu'il en a beaucoup d'autres comme toi, Jerry, mais pas si forts : tu m'as blessé au bras !

Inutile de me demander pourquoi cela lui aurait fait cent fois plaisir à moi, qui aurais donné un an de ma vie pour l'embrasser, mais qui ne l'aurais peut-être pas fait. Cependant, cela lui a fait aimer, et je sais donc quel espoir brûlant et insensé a fait sortir Roger de ses bases de conventions et de convictions et l'a emporté dans une mer chaude et séduisante, où les îles tropicales de Fata Morgana étaient les seuls rivages. . Moi aussi, j'ai aperçu ces rivages ; la chaleur de cette mer n'était que le sang qui battait dans mes veines, et je le savais, mais j'ai fermé les yeux et j'ai laissé les vagues me lécher un instant. Roger, chien porte-bonheur, ne savait pas et n'avait pas besoin de savoir ce qui lui arrivait, et ce ne fut pas un instant, mais pour toujours, à sa connaissance, qu'il se glissa dans le courant et dérivé avec lui.

C'était très caractéristique de lui que ses paroles suivantes n'aient apparemment aucune incidence sur son état d'esprit.

"Nous sommes maintenant", dit-il, "à la gare. Si vous me dites le nom de la ville d'où vous êtes venu ici, je veillerai à ce que vous y retourniez. Croyez-moi, c'est la seule chose possible à faire. . Vous ne pouvez pas rester ici. Maintenant, d'où venez-vous ?

Il a fallu quelques minutes pour convaincre Roger que la jeune fille ne connaissait littéralement pas le nom de la gare où elle avait acheté son billet pour New York. Elle savait qu'elle avait voyagé toute la journée, et c'était tout. Elle s'était éclipsée de chez elle à l'aube ou avant, avait laissé la mystérieuse Hester Prynne endormie, avait marché cinq miles (Hester avait dit que c'était cinq miles jusqu'à la voie ferrée) jusqu'à une petite ville où une fille lui avait vendu les vêtements qu'elle portait pour un de ses billets de banque et lui conseilla d'aller à New York si elle souhaitait voir le monde, "ce que je souhaitais", a déclaré Margarita.

Un jeune homme derrière des bars lui avait donné le billet et un peu d'argent en retour d'un autre billet et un gentil vieil homme aux cheveux blancs et avec un grand chapeau noir s'était assis à côté d'elle au bout d'un moment et se pressait si fort contre elle qu'elle n'avait plus aucune sensation. de la place pour ses genoux. Elle lui avait fait part de cet inconvénient, mais en vain. Il avait passé son bras autour de ses épaules et lui avait demandé pourquoi elle n'avait pas changé ses projets et n'était pas venue à Boston. Puis elle lui avait dit que même si elle voulait des amis, elle n'aimait pas les si vieux, et comme il se pressait encore contre elle, elle avait demandé à l'homme aux boutons brillants qui regardait son billet s'il ne voulait pas faire sortir le vieil homme, parce que elle n'aimait pas s'asseoir si près de qui que ce soit, et elle était sûre que le vieil homme était toujours assis plus près. Puis celui des boutons l'emmena ailleurs et lui fit asseoir à côté d'une femme, aux cheveux gris également, qui ne voulait pas parler du tout, et il la quitta peu à peu. Après cela, l'homme boutonné lui donna de la viande entre du pain. Plus tard encore, un jeune homme aux beaux et grands yeux lui demanda s'il pouvait s'asseoir à côté d'elle et elle accepta volontiers. Il sentait très bon. Il lui a demandé où elle allait et elle lui a dit de trouver des amis. Il a dit qu'elle en trouverait beaucoup à Broadway et cela facilement ; elle n'avait qu'à s'y montrer. Il proposa de lui indiquer le chemin et comme tout semblait se passer de la meilleure façon possible, l'homme boutonné revint, fronça les sourcils vers le jeune homme qui sentait bon et s'assit. Il parlait beaucoup avec Margarita, tellement qu'elle ne pouvait pas vraiment s'en occuper. Finalement, il lui donna un grand voile gris et lui ordonna de s'en envelopper la tête, et il s'occuperait d'elle lorsqu'ils arriveraient à New York. Mais quand ils arrivèrent à New York, elle lui échappa et demanda le chemin de Broadway, puis elle rencontra Roger. Ainsi, comme l'avait dit le jeune homme, il y avait des amis à Broadway. Mais il n'y en avait pas dans la ville d'où elle avait pris le billet et elle n'avait aucune idée de son nom. Hester n'en a jamais parlé. Elle ne croyait pas que cela avait un nom.

Tout cela alors que la cabine reposait près du trottoir. Il était parfaitement évident qu'elle disait la vérité. De toute façon, ils avaient assez longtemps fréquenté ce chauffeur en particulier, et Roger le paya généreusement et conduisit Margarita dans la gare délabrée et poussiéreuse ; le nouveau n'a pas alors été construit. Assis à côté d'elle dans un coin relativement sombre, il essaya de formuler un plan, mais le vide absurde de la situation déconcerta même son bon sens pratique. Comment avait-il pu emmener cette fille dans une ville dont ni lui ni elle ne connaissaient le nom ? Comment, en revanche, pouvait-il lancer un projectile tel que Margarita dans un hôtel respectable ? Que ferait-elle ou dirait-elle ? Certes, il aurait pu la présenter comme sa sœur et la garder sévèrement sous les yeux à chaque instant possible, mais elle n'était pas assez bien habillée pour être sa sœur. Et son pardessus était boutonné d'une manière suspecte. Allait-il sortir de la salle d'attente et la laisser abandonnée, comme un chaton indésirable, dans un coin ? L'idée était ridicule : il fallait s'occuper d'elle. S'était-elle imposée sur lui, l'avait-elle séduit, l'avait-elle défié ? Assurément non ; mû par quelque influence tout à fait inexplicable, totalement étrangère à lui-même, à sa naissance, à sa formation, il l'avait délibérément et obstinément interrogée, prolongé de manière injustifiable une rencontre insignifiante, l'avait littéralement entraînée au loin ; et maintenant qu'il n'avait trouvé aucun lieu de dépôt convenable, il était incroyable qu'il remette cette charge extraordinaire et auto-assumée à l'autorité civile. Il aurait été presque aussi bien de la ramener à Broadway, se dit-il sévèrement. L'étranger le plus exotique se serait trouvé dans une meilleure situation, pensa-t-il, car on peut toujours trouver des interprètes d'une sorte ou d'une autre. Mais Margarita semblait presque étrangère à cette planète. Que dire d'une personne qui vivait sur une côte sans nom, servie par Hester Prynne et Caliban ? Qui en a sorti des centaines, voire des milliers, d'un coffre pour fuir à l'aube une ville dont elle n'avait jamais entendu prononcer le nom, alors qu'elle avait vécu à quelques pas de là toute sa vie ?

DES CENTAINES, PEUT-ÊTRE DES MILLIERS, SONT RÉCUPÉRÉES DANS UN COFFRE, POUR FUIR À L'AUBE

C'était absurde, mais il fallait faire quelque chose. Margarita était assise, contente et amusée, dévorant l'agitation minable qui l'entourait de ses grands yeux enfoncés, prête, apparemment, à rester assise là indéfiniment.

"Voulez-vous me laisser examiner votre sac ?" » dit enfin Roger, et elle lui tendit l'affaire grossière en simili cuir. Il contenait un mouchoir sale et bon marché, environ quatre cents dollars en billets de banque et une enveloppe déchirée sur laquelle était clairement écrite une ville et un État.

J'ai essayé d'écrire le nom de cette ville, et comme j'ai trouvé cela impossible, j'ai essayé d'en inventer un pour le remplacer, mais je n'y suis pas parvenu. Ce n'est sûrement rien pour aucun d'entre vous qui lira cette pauvre tentative de ma part pour passer mon temps, rien, et moins que rien, quel peut être le nom du petit marigot tout à fait sans importance d'un village d'où, si vous Si vous connaissez le chemin, vous pouvez marcher environ six kilomètres jusqu'à la maison de Margarita. Sans aucun doute, beaucoup d'entre vous y naviguent souvent, mais il vous est caché par la montée du terrain, les hauts rochers et le grand mur d'aspect ancien que j'ai aidé à construire. Ceux-ci et les récifs le protègent tout à fait suffisamment. Et je ne veux pas que tu sois là. Ce serait un endroit bien trop intéressant pour les excursionnistes et les trotteurs blasés – et il est étonnant de constater à quelle vitesse vos nouveaux pays se lassent ; plus avide de scènes fraîches que le vieux Japon lui-même, Nippon le riz béni, l'impérissable, d'où j'envoie ces mots.

Soyez donc satisfait de savoir que, dans la direction de cette enveloppe déchirée, Roger tenait le fil d'écoute de la maison sans nom de Margarita. Oui, la jeune femme lui avait vendu le sac contenant les vêtements et lui avait conseillé d'y mettre les billets. Non, elle ne connaissait pas son nom. Elle sentait bon, comme le jeune homme qui conseillait Broadway.

" Viens, Marguerite, " dit gravement Roger, " voyons quand tu pourras partir " et elle le suivit docilement jusqu'au guichet, adapta son pas au sien lorsqu'il découvrit qu'un train qui les emmènerait à mi-chemin était sur le point d'arriver. démarra et courut à ses côtés jusqu'aux marches de la voiture. Il lui fit signe de monter à cheval et elle le fit, se tournant en haut des marches avec un visage de terreur soudaine.

"Tu ne vas pas me quitter, Roger Bradley ?" elle a crié, "où vais-je?"

"Certainement, je ne vous quitterai pas. Vous rentrez chez vous", dit-il doucement, et il monta après elle. Le gardien les regarda, la cloche sonna tristement et le train quitta la gare. La pièce, voyez-vous, était bien avancée.

DEUXIÈME PARTIE

DANS LEQUEL LE PRINTEMPS COULE EN UN PETIT RUISSEAU

Ô père, mère, laisse-moi tranquille,
je n'aurai plus jamais de repos.
Car pendant que j'étais étendu au bord de la mer,
Une femme marchait vers moi sur les vagues,
Et m'arrachait le cœur de la poitrine.

Sir Hugh et les sirènes.

CHAPITRE V

ROGER TROUVE L'ÎLE

Il va sans dire que j'ai une mémoire rémanente. Bien sûr, je m'en remets en grande partie à lui pour tous les petits détails que Roger m'a de temps à autre confiés au sujet de ses relations avec Margarita, ou je ne pourrais pas très bien écrire ces vains souvenirs, mais Roger a toujours été un mauvais écrivain... c'est-à-dire dans la mesure où le commentaire, l'amplification et la variété des manières peuvent être censés en faire un bon. En témoigne la lettre suivante, que j'ai reçue en réponse à ma demande de détails sur cet étrange voyage nocturne de New York à la ville de Margarita. Cela a laissé dans mon récit une lacune dont je n'ai jamais eu connaissance, et cela m'a semblé une lacune assez importante, même si vous verrez que ce n'était pas le point de vue de Roger.

Cher Jerry :

Il est un peu tard pour me poser des questions sur ce voyage à ——. Nous n'avons pratiquement pas parlé pendant un long moment, comme je suis sûr de vous l'avoir déjà dit, ni l'un ni l'autre. Il n'y avait pas de couchette disponible pour elle et pas de voiture-salon, nous avons donc roulé toute la nuit dans l'autocar de jour avec un groupe plutôt mélangé. Je me souviens qu'ils ronflaient et cela l'amusait. Elle voulait les réveiller et j'ai dû parler brusquement pour l'en empêcher. L'air est devenu très mauvais et je l'ai emmenée sur la plate-forme pendant un moment. Je me souviens qu'il y avait un grand nombre d'étoiles et la lune aussi. Tu sais qu'elle n'a jamais beaucoup parlé. Vers une heure, nous sommes arrivés à S... et avons changé de voiture pour attendre quelques minutes... Je crois que c'est alors qu'elle m'a demandé brusquement ce que j'entendais par « couvent ». Elle l'a dit en français et j'ai vu qu'elle parlait et comprenait la langue, mais seulement d'une manière simple et enfantine. Je lui ai dit que c'était une grande école. "Qu'est-ce que c'est?" dit-elle... Il y avait plusieurs Italiens dans le train et ils bavardaient comme des pies, mais elle n'y prêtait aucune attention et j'étais sûr qu'elle ne les comprenait pas. A... nous descendîmes et je lui demandai s'il y aurait une écurie ouverte à cette heure-là, car il n'était pas plus de quatre heures. Elle ne savait bien sûr pas ce qu'était une écurie de pension et m'a dit qu'il fallait soit aller en bateau, soit marcher. Alors nous avons marché. Le soleil s'est levé pendant que nous marchions. Je pense que c'est tout ce que tu voulais.

Voilà! Quelque chose pourrait-il être plus simple ? "Je me souviens qu'il y avait un certain nombre d'étoiles... Vous savez qu'elle ne parlait jamais beaucoup." - Oh, Roger, Roger ! Dois-tu toujours faire et moi dire ? Même aujourd'hui, même si je te couperais cette main, je suis jaloux de toi. "Le soleil s'est levé pendant que nous marchions" ! Ah moi, marcher avec Margarita jusqu'à l'aube ! Elle était elle-même l'aube de la vie, sans tache, sans fatigue, sans honte. Pour moi qui l'ai connue, les autres femmes sont comme des images dans une galerie – de belles images, pour la plupart, mais un peu décolorées et marquées par les doigts, d'une manière ou d'une autre.

Nous devrons prendre cette marche pour acquis. Je sais qu'il s'agissait d'un quart de mile de village endormi, de trois quarts de mile de maisons dispersées, de deux miles de fermes largement séparées, puis de deux derniers miles de bayberry, de prés salés, d'herbes grossières, de sable rocheux et de mer bleue et ondulée. . Je sais comment l'air salé et fortifiant a nettoyé les poumons de Roger de l'effroyable obscurité de la voiture, comment les étranges arbres rabougris et rabougris donnaient un air étrange et irréel du Japon à ce rivage sombre ; Je peux maintenant fermer à moitié les yeux et voilà, Atami et sa plage tonitruante et balayée par les vagues s'élargissent devant moi, et les brisants qui arrivent en fracas, poursuivent - pas le vieux prêtre flétri, semblable à un singe, qui cherche sans fin quelque chose dans la mer. - de l'herbe, ceignant sa robe propre et décolorée au-dessus de ses jambes nues - mais Margarita et moi. Les camphriers perdent leur vert laqué et se transforment en châtaigniers lointains ; le lys écarlate se transforme en une fleur rose terne des marais ; les lignes du temple ne sont que des rochers et des rebords aux avant-toits étranges, et je suis de nouveau au-dessus des mers. Je me demande si c'est la raison pour laquelle j'aime cet endroit ? Mais il n'y avait pas de bains de geyser là-bas et je n'avais alors aucun rhumatisme ! *Tout lasse, tout casse, tout passe* — même le nerf sciatique, espérons-le.

LA FEMME GRANDE, DÉMAGNÉE ET SILENCIEUSE...
TRAVERSANT LES PÂTURAGES

Eh bien, après avoir fait ce que Roger, avec sa précision habituelle en pareille matière, avait parcouru près de cinq milles, il lui vint à l'esprit de demander à Margarita comment se faisait-il qu'elle connaisse si bien son chemin, car elle traversait des pâturages, des murs brisés, ici et là un peu de route de campagne, avec des airs de longue pratique. Au début, elle ne voulait pas le lui dire. J'imagine ce regard oblique d'écolier, ce dessin doucement malicieux des coins de la bouche : l'obstination la plus enchanteresse qu'on puisse imaginer. Ils suivaient alors un étroit sentier battu, peut-être un chemin de bétail, mais ce n'était pas son guide, car souvent un tel chemin se courbait et revenait sans but sur lui-même ou s'écartait assez largement de la direction qu'elle prenait. Au début, comme je l'ai dit, elle était sourde à sa question, mais quand il la répéta patiemment, je n'ai aucun doute, mais évidemment déterminé à répondre, elle céda, comme nous finissons tous par céder à Roger, et avoua que elle avait autrefois suivi Hester jusqu'au village et en revenir par cette route. Hester ne l'avait jamais deviné, ne lui avait jamais tourné le dos une fois qu'elle avait commencé, et il avait été facile de la garder en vue. À la lisière de la ville, Margarita s'était sentie un peu timide et inquiète de son sort si elle était découverte, alors elle était restée assise au bord du bois jusqu'à ce qu'Hester réapparaisse et la suive docilement chez elle.

Depuis lors, j'ai pu me faire une idée de l'apparence d'Hester à partir de diverses sources, et j'avoue que la situation m'a toujours paru extrêmement pittoresque : la femme grande, maigre et silencieuse, dans sa robe sévère et terne, arpentant les pâturages. , et derrière elle, furtivement comme un Indien – ou un vengeur italien – l'enfant sombre et adorable, tantôt accroupie parmi les baies, tantôt dressée d'un air de défi, mais toujours gracieuse comme une panthère, ses cheveux dénoués sur ses fines épaules. Je ne peux m'empêcher d'ajouter que sur mon tableau, une grande lettre très vivante brûle sur la poitrine de la femme, inséparable de son nom, bien sûr. Mais cela ne fait qu'ajouter à la sombre puissance du tableau. C'est une chose pour Vedder de peindre, dans des bruns et des gris sorciers.

Margarita n'avait fait ce voyage qu'une seule fois, mais elle suivait son ancienne trace avec la précision d'une sauvage. Moi-même, je n'ai parcouru ce chemin qu'une seule fois : et puis seulement la moitié du chemin, ou un peu moins. Ce n'était pas au temps des baies, mais à travers une terre lisse et bleu-blanc avec de la neige et avec une terreur qui m'arrachait le cœur que je suis sûr que je ne pourrais plus jamais endurer. Comme nous avons survolé la neige ! C'était tout un éclat épouvantable, un soleil dansant dans un ciel turquoise... Non, non, on ne vit pas deux fois de telles choses et j'en déteste même le souvenir. Même avec le geyser bouillant qui gronde derrière moi, remplissant les bains de confort et d'oubli, je frissonne jusqu'aux moelles.

Après avoir suivi sur plusieurs longueurs de pâturage une certaine bande marécageuse d'un vert vif, Margarita secoua légèrement la tête, revint sur ses pas et s'arrêta à un endroit où trois ou quatre grosses pierres plates formaient une sorte de chaussée à travers la bande luisante et boueuse. et Roger, la suivant tandis qu'elle sautait légèrement, vit qu'ils se tenaient sur un petit promontoire rocheux relié seulement par cet étrange morceau de marais au continent. La bande n'avait ici pas cent pieds de large, et s'enroulant de part et d'autre de cette bande, deux petites anses se glissaient lentement et se perdaient dans le marais. Le promontoire était là très aride et il semblait à Roger que la jeune fille allait le conduire dans la crique peu profonde qui leur faisait face, mais quelques pas supplémentaires lui montrèrent que juste ici la pointe de terre s'incurvait autour de cette crique, qui balayait au loin. à l'intérieur des terres, et s'élargissait merveilleusement en plusieurs acres de foin de prairie parsemés de cèdres clairsemés et rabougris.

Juste devant lui s'étendait une plage humide et brillante, car la marée était à moitié descendue, et à cent mètres plus loin, les sommets de ce qui aurait presque été un mur construit de méchants rochers pointus formaient un lagon parfait sur la face du promontoire. A marée haute, on ne les voyait pas, mais ils étaient là, toujours en garde, toujours dents nues, et tout au-delà d'eux, une bouée-cloche montée sur une corniche similaire semblait indiquer l'existence d'une double barrière. C'était une grande baie solitaire de l'Atlantique qu'il regardait, ses bras de chaque côté désolés, broussailleux et inhospitaliers, sans la moindre trace de vie. Soudain, alors qu'il le regardait, perplexe, et que Margarita se tenait silencieuse à côté de lui, un long hurlement tremblant vint de derrière lui.

"C'est la vache", dit Margarita d'un ton rassurant tandis qu'il se retournait, "elle appelle Caliban pour la traire, je suppose."

De nouveau, un petit mugissement impatient s'éleva dans l'air, et Roger s'aperçut que ce qu'il avait négligemment passé pour une grande dune de sable était en réalité une maison carrée construite en sable, apparemment, car c'était précisément la couleur et la texture du sable, en pente. dans une succession de dépendances, au moment même où les falaises et les dunes s'inclinent, presque sans fenêtre, de ce côté du moins, et n'offrant que la vache anxieuse, scrutant de la dépendance la plus éloignée, comme preuve de vie. Près d'elle, d'un côté, à droite, un grand éperon rocheux semblable à une falaise s'élevait et s'étendait comme un mur sur cinquante pieds, puis retombait peu à peu dans le sable de la plage qui courait à sa rencontre ; la maison elle-même était perchée au bord de la plage, et au-delà, sur le côté gauche, commençait l'herbe éparse. Ils se dirigèrent alors vers cette maison, et alors qu'ils s'en approchaient, un long hurlement mélancolique faisait écho à la plainte de la vache, un hurlement avec une nuance douce et aboyante qui persistait dans l'air du matin. Car c'était maintenant une matinée honnête, un matin de septembre, soufflant des raisins sauvages, du sable marin et des baies de laurier dans les narines de Roger. Alors qu'il regardait la maison, un grand chien se glissa au coin de la maison en aboyant de façon monotone, mais lorsqu'il aperçut Margarita, il s'arrêta et courut vers elle en cambrant sa tête bringée. C'était un chien courant danois, magnifiquement bringé et très massif. Elle le caressa doucement, souriant alors qu'il jetait maladroitement ses grosses pattes autour de sa taille et le poussait vers le bas.

"J'ai très faim," dit brusquement Margarita, "Je pense que je vais demander à Caliban de m'apporter du lait chaud."

Elle tourna légèrement sa direction et se dirigea vers l'étable à vaches, et alors qu'il se tenait près de la porte, Roger vit que quelle que soit la structure interne du bâtiment, elle était certainement recouverte de sable rugueux.

"Voici Caliban maintenant", ajouta-t-elle, et un type à l'air rustre, aux petits yeux, aux lèvres lourdes et aux cheveux choqués, apparut surgir de terre devant eux, balançant un seau de lait à son bras. A la vue de Margarita, sa mâchoire tomba, il frissonna violemment et parut prêt à s'évanouir, mais alors qu'elle l'appelait pour l'encourager, il rassembla son courage pour s'approcher et palper timidement sa jupe. Il était visiblement débile et muet, car avec une sorte de coassement il laissa tomber le seau et se mit à danser maladroitement de haut en bas, en claquant des doigts. De toute évidence, il pensait qu'elle était partie pour de bon et c'était son action de grâce.

"Traite la vache, Caliban, j'ai soif", dit Margarita avec impatience après un moment, "et apporte-moi du pain. Dépêche-toi."

Il se mit à courir vers la porte la plus éloignée de l'étable et apparut presque immédiatement avec une grande tasse en argent et un énorme morceau arraché d'un pain. Accroupi à côté de la vache, il tenait la tasse entre ses genoux et la traitait adroitement. Elle s'en saisit, l'vida avec soif et se mit à grignoter son pain, lui tendant à nouveau la tasse pour qu'elle la remplisse une seconde fois. Elle mordait dans le pain à grandes bouchées, comme une enfant de quatre ans, et Roger la regardait, moitié amusé, moitié irrité.

"Vous n'êtes pas habitué à l'exercice de l'hospitalité, je vois," dit-il finalement, et alors qu'elle le regardait d'un air interrogateur par-dessus la tasse en argent, il expliqua.

"J'ai marché pendant plus d'une heure et j'ai faim aussi, Miss Margarita", dit-il. "Tu ne m'offriras rien à manger et à boire ?"

Elle secoua la tête, dubitative.

"J'ai moi-même besoin de ce pain," dit-elle, "et personne d'autre que moi ne boit dans cette tasse. Cela ne me plairait pas. Si Caliban t'en apporte un autre..."

"Il le fera sûrement si vous le lui dites," suggéra doucement Roger.

" Très bien, " répondit-elle avec indifférence, " quand il aura fini de traire, je le ferai. " Et elle continua son repas en ajoutant : " Je ne pense pas qu'il vous aime, car il montre les dents. Il l'a fait quand le médecin est venu. voir mon père."

Un an ou deux plus tard, j'ai demandé à Margarita de me décrire comment elle avait pour la première fois reçu Roger : j'avais déjà une bonne idée de l'hospitalité qu'il lui avait réservée au début dans le restaurant français. Voici sa lettre.

Très cher Jerry :

Quelle chose étrange de me demander de vous dire : ma première hospitalité auprès de Roger ! Mais je m'en souviens très bien. Seulement, ce n'était pas très hospitalier, car, bien entendu, je ne connaissais rien à ce genre de choses. Il faut apprendre cela, comme jouer aux jeux de doigts et demander aux gens s'ils ont bien dormi. Vous savez, j'ai demandé du pain et du lait et je les ai mangés avec beaucoup de gourmandise, me tenant à côté de la vache pour pouvoir en avoir davantage quand j'en aurais besoin. Au moment où j'ai fini, Caliban avait fini de traire et Roger m'a alors demandé très poliment si je pensais qu'il pourrait avoir quelque chose à manger maintenant. Tu sais, cher Jerry, je n'avais jamais eu l'habitude de manger avec des gens. Tous les gens que je connaissais prenaient leurs repas séparément et il ne m'est jamais venu à l'esprit que je devrais être là quand il mangeait. Et puis, j'avais tellement sommeil – oh, tellement sommeil ! Vous savez, je me suis toujours senti somnolent, affamé et en colère et des choses comme ça bien plus que les autres ne le semblent . Je dois dormir et manger quand j'ai envie de dormir et de manger. Alors j'ai seulement dit : « Tu ferais mieux de demander à Hester de te préparer un petit-déjeuner. Je dois aller dormir maintenant », et je me suis jeté sur du foin frais juste à côté de l'étable des vaches, au soleil, et je me suis endormi ! N'était-ce pas une chose épouvantable à faire ? Mais je l'ai fait. Je ne sais pas combien de temps j'ai dormi, ni à quoi ressemblait Roger lorsque je lui tournais le dos, mais lorsque j'ai ouvert les yeux, il était assis à côté de moi, fumant un cigare et me regardant. Il avait été là tout le temps.

"Est-ce que Hester t'a apporté un petit-déjeuner ?" Lui ai-je demandé en m'étirant comme un gros bébé.

« Je ne lui ai pas demandé, » dit-il très doucement, « et si nous entrions maintenant et voyons, si vous êtes reposé.

Nous sommes donc entrés, mais Hester n'était pas dans la cuisine, et quand je suis monté dans sa chambre et que j'ai frappé, il n'y avait pas de réponse, alors j'ai supposé qu'elle était sortie chercher les racines et les herbes qu'elle chassait tant.

"Tu devras l'obtenir toi-même", lui dis-je, "à moins que Caliban ne le fasse."

"Tu n'es pas prêt à faire autant pour moi, alors ?" dit-il, et je me sentais très étrange, même si je ne pouvais pas expliquer pourquoi. Je pense que c'est maintenant parce que j'ai commencé à comprendre que j'aurais dû faire quelque chose que je n'avais pas fait.

"Je te l'apporterais si je pouvais," dis-je, "mais *je* ne sais pas comment préparer un petit-déjeuner, ni où Hester range ses affaires. Pourquoi ne demandes-tu pas à Caliban ?"

Alors il a demandé à Caliban s'il pouvait lui préparer un petit-déjeuner, mais Caliban s'est contenté de le regarder et s'est éloigné.

"Est-ce qu'il comprend?" Roger m'a demandé, et j'ai senti que sa voix n'était plus la même qu'avant.

"Je suis sûr que oui", dis-je. « Ne feras-tu pas ce que cet homme te demande, Caliban ? Mais il se contenta de froncer les sourcils et de se détourner.

"Vous voyez," dis-je, "il n'y a rien à faire jusqu'à l'arrivée d'Hester." Mais Roger secoua la tête et se dirigea vers Caliban.

Je suis sûr qu'il savait que ce n'était pas que je lui en voulais de la nourriture, mais que je n'avais aucune idée de la façon de la préparer. Les gens ont toujours su que ce que je dis était vrai, même si une grande partie de ce que je dis semble les surprendre.

"Si vous voulez bien m'excuser", a-t-il dit, "je vais essayer une méthode légèrement différente", et je savais qu'il était très en colère. Il souleva Caliban en l'air par le col de son manteau et lui donna plusieurs coups violents sur chaque oreille et le secoua. Puis il l'a jeté par terre. Caliban pleurait comme un jeune chien et s'assit sur ses genoux et se couvrit le visage. Il voulait que Roger l'excuse. J'étais surpris, car j'avais toujours eu un peu peur de Caliban.

"Lève-toi," dit Roger très doucement, "et prépare-moi du café et tout ce que tu as d'autre. Et veille à ce que tu m'obéisses à l'avenir."

Caliban se précipitait et regardait ici et là, préparait du café, cassait des œufs dans une poêle noire et coupait des morceaux de bacon. Il installa une place à la table de la cuisine et prépara quelques biscuits au four. Roger mangea cinq œufs et beaucoup de morceaux de bacon et six biscuits. Il m'a donné du café. Quand il eut fini, il inspira longuement et donna à Caliban une pièce d'argent en argent et Caliban l'embrassa. Puis Roger a pris un autre cigare et a dit à Caliban d'aller chercher une allumette puis il m'a demandé si j'aimerais marcher un peu au bord de la mer.

"Je devrais retrouver ton Hester," dit-il, "mais je ne le ferai pas tout de suite. Je suis trop à l'aise. Veux-tu sortir avec moi ?"

Alors j'ai dit que je le ferais, et c'était toute mon hospitalité, cher Jerry. J'avais mieux appris quand tu es venu, n'est-ce pas ? Cette lettre a été si longue que je ne peux plus écrire.

Votre MARGARITA.

Ma Marguerite ! Les mots eux-mêmes ne ressemblent à aucun autre mot. Je pense qu'aucun nom de femme n'est aussi doux à l'oreille, aussi reconnaissant sur la langue. Ma Marguerite ! Hélas, hélas....

Quant à cette promenade au bord de la mer, je n'ai jamais pu en obtenir un récit satisfaisant. N'importe lequel, bien sûr, qui pouvait espérer donner satisfaction à celui qui ne connaissait pas Roger. Une telle personne pourrait être incrédule, face à tout ce qui s'était passé auparavant, lorsqu'on lui assure que Roger allait et venait sur le sable ferme, remplissant ses poumons d'air pur de la mer, fumant son cigare dans un silence parfait, Margarita sur ses talons. silencieux comme lui, et le gros chien danois devant le sien, plus silencieux que l'un ou l'autre. Mais c'était ainsi. Pour moi qui les connais tous les deux, rien de plus naturel. C'étaient des animaux en bonne santé, bien équilibrés, bien nourris, bénéficiant de beaucoup d'air frais (une nécessité primordiale pour eux deux) et en bonne compagnie. Ni l'un ni l'autre ne s'occupaient de considérer le passé ou de pronostiquer l'avenir ; tous deux étaient contents. Roger a toujours eu cette faculté inestimable de réserver les processus mentaux, apparemment, jusqu'à ce qu'ils soient nécessaires. Quand ce n'est pas le cas, il les laisse de côté, comme un sportif devant son arme, et les diablotins taquins et implacables qui nous empoisonnent de futiles regrets pour le passé et de vains espoirs pour l'avenir l'évitent complètement. C'est la pure pierre angulaire anglo-saxonne de ce grand et lent mur qui, je crois fermement, est destiné à encercler le monde, un jour. Vos peuples minces et bruns, avec leur cerveau palpitant et agité et leurs doigts curieux et tremblants, peuvent – et construiront sans aucun doute – les cathédrales, y peindront les fresques et y écriront les chansons qui y seront chantées ; mais ils doivent garder leurs terres loin de Roger et de ses semblables et compter sur lui pour les y garder en sécurité et sans être inquiétés. C'est du moins ce qu'il me semble.

Après environ une heure de marche, Caliban s'approcha d'eux et, se penchant humblement devant Roger, leur fit comprendre qu'il désirait grandement leur présence à la chaumière. Ils se sont lancés à sa poursuite, Margarita indifférente parce qu'elle était totalement indifférente, Roger ne gaspillant aucune énergie, bien sûr, sans aucun fait sur lequel avancer. À la cuisine, il s'efforça de les faire monter l'escalier étroit, puis Margarita lui demanda si quelque chose n'allait pas avec Hester et si c'était elle qui l'avait envoyé.

Il hocha violemment la tête et la fit monter les escaliers. Au bout de quelques instants, elle revint.

« Hester, dit-elle calmement, est morte.

"Mort?" Roger répéta avec consternation, "en es-tu certain ?"

"Oh oui," répondit-elle, "elle a froid, tout comme mon père. Elle est assise sur sa chaise. Ses yeux sont ouverts et elle est morte."

Roger regarda pensivement devant lui. Il n'a jamais douté d'elle un seul instant. Il était toujours impossible de douter de Margarita.

« Je me demande si Caliban va préparer mon petit-déjeuner, maintenant ? » ajouta-t-elle avec une ombre d'inquiétude dans la voix. "Je pense qu'il met plus de café dans la cafetière : j'en serai heureux."

"Pour l'amour du ciel", s'écria vivement Roger, "es-tu humain, mon enfant ? Cette femme, si je te comprends, a pris soin de toi depuis l'enfance !"

"Bien sûr", dit Margarita, "mais je ne l'aime pas et elle ne m'aime pas. Elle aimait mon père."

Cela peut vous paraître étrange que Roger n'ait pas immédiatement monté l'escalier et confirmé le rapport de Margarita, mais il ne l'a pas fait. Au lieu de cela, il parla à Caliban.

« Est-ce que la femme est morte ? » demanda-t-il brièvement.

Le jeune maladroit et lent d'esprit hocha la tête et sanglota bruyamment, avec d'étranges grognements et gorgées d'animaux.

"Est-ce qu'elle est morte depuis longtemps, tu crois ?" » demanda Roger.

Caliban leva la main et cocha lentement les cinq doigts. Il était entendu qu'il indiquait autant d'heures. Il posa la main sur son cœur, puis secoua la tête d'un côté à l'autre. Soudain, il changea incroyablement ses traits et Roger regarda avec horreur un véritable masque de mort : il n'y avait aucun doute sur ce que Caliban avait vu.

Ceci étant, Roger réfléchit un instant puis parla.

« J'ai très sommeil, Margarita, » dit-il, « et je n'ai pas envie de retourner directement au village à pied, car cela ne servirait à rien. Je pense que je vais faire une petite sieste sur la plage, si tu ne le fais pas. Cela ne me dérange pas, et ensuite j'irai au village chercher de l'aide pour... pour faire les différentes choses qui doivent être faites. Plus tard, j'aurai une conversation avec vous. Répétez-moi encore une fois, vous ne connaissez pas d'amis ou d'amis. des parents de ton père ou de Hester ?

Elle secoua la tête, négligemment mais définitivement.

"Est-ce que Caliban ?"

Mais cette question dépassait l'intelligence du pauvre vaurien ; il ne pouvait que pleurer et repousser un éventuel châtiment.

"Fais une autre sieste, si tu peux, Margarita," dit Roger, "et j'irai à la plage. Appelle-moi si tu veux de moi."

Elle s'en alla vers sa paille chaude, s'y jeta comme une enfant fatiguée, et tomba rapidement dans un profond sommeil ; il marcha un moment sur la plage, puis s'étendit sous le vent d'un rocher chauffé par le soleil et tomba dans le repos sans rêves et réparateur qu'il considérait comme un simple dû à la nature.

CHAPITRE VI

LE DESTIN LANCE SON MORT

Quand il se réveilla, c'était le coucher du soleil. Les récifs solitaires en étaient rouges, (Ô Margarita, eh bien, je connais cette heure ! Te souviens-tu de nos conversations ?) la pointe de terre semblait noyée dedans, et avec le sentiment de quelque chose d'inexcusablement oublié et reporté, Roger se précipita vers le maison qui se tenait étrangement déserte, semblait-il, dans la lueur mourante. C'est dans cette lueur que je l'ai observé, m'appuyant sur mes rames, et pendant quelques minutes étranges, le temps exact où le soleil se couchait derrière les collines de la côte, je me suis senti à nouveau un petit garçon, accroupi dans une chaise en rotin. devant la table de couture de ma mère, incapable de laisser tomber mes pieds par terre alors que je regardais avec de grands yeux la Maison Usher, cette maison au coucher du soleil mystérieux. Une atmosphère si étrange, semblable à celle de Poe, pourrait s'instaurer dans ce cottage secret et sablé.

Roger remonta rapidement la plage et entra dans la maison doucement, si doucement qu'il entendit les dernières phrases de Margarita, qui lui parurent étranges même dans son ignorance totale de leur lien. De toute évidence, elle grondait Caliban, car ses grognements et ses déplacements ponctuaient ses pauses.

« C'est très impertinent et méchant de ta part, Caliban, » disait-elle, « et tu n'as pas besoin de penser que tu peux faire ce que tu veux parce qu'Hester est morte. Je sais qu'elle ne peut plus marcher. Mon père ne pouvait plus marcher quand il était mort. Et vous ne devez pas penser que Roger Bradley ne le demandera pas, car il le fera. Il sait tout.

Roger pensa que le voyou l'avait taquinée avec des allusions stupides à des fantômes et lui ordonna de s'en aller sévèrement, plus vexé qu'auparavant en remarquant le faible crépuscule qui approchait et en réalisant à quel point l'heure était tardive et gênante pour tout ce qu'il avait à faire.

"Peux-tu m'apporter une lanterne, Margarita ?" dit-il brièvement. « Je dois retourner au village et essayer d'amener quelqu'un avec moi pour m'occuper de… de toutes les affaires qui doivent être réglées… à l'étage.

"À l'étage?" répéta-t-elle, "qu'est-ce qui compte ?" Il bénit alors son indifférence et lui expliqua aussi doucement qu'il put la nécessité d'une certaine disposition du corps de sa vieille gouvernante.

"Oh ! Hester," répondit-elle, "vous ne pouvez rien faire à Hester, Roger Bradley, car elle est partie."

"Parti", répéta-t-il bêtement.

"Allez voir", dit Margarita en lui montrant l'escalier, et il monta les marches deux à deux. La pièce qu'elle a indiquée faisait directement face aux escaliers. Elle était meublée sobrement, avec un vilain lit en bois recouvert d'un patchwork de couleurs vives, un bureau en pin et deux chaises bon marché. Les murs et le sol étaient entièrement nus, à l'exception d'un tapis tissé près du lit, du genre si courant en Nouvelle-Angleterre. Et pourtant, il y avait un air d'occupation familiale dans la chambre simple, un coussin clair et rapiécé sur une chaise, un panier plein de réparations de ménage et autres objets similaires, sur une petite table, une paire de lunettes et une Bible usée à côté. La pièce avait cet air incomparable d'occupation récente, cette atmosphère subtile d'usage et d'habitude qu'aucun art ne peut simuler – et pourtant elle était vide.

Roger redescendit les escaliers et convoqua Caliban. Le type gisait dans un profond sommeil, juste au moment où il s'était jeté, sur la paille à côté de l'étable des vaches, un seau plein de lait à côté de lui. Il était difficile de le réveiller, car il fronçait les sourcils, ronflait et retomba lourdement après chaque secousse, mais il finit par se tenir conscient devant eux et parut comprendre assez bien les questions acerbes de Roger, même si sa seule réponse fut une torsion maladroite de son grand tête et une sorte de grognement lugubre et négatif.

Où était le corps d'Hester ? Était-elle vraiment morte ? Est-ce que quelqu'un était dans la maison ? Qu'avait-il fait tout l'après-midi ? On aurait tout aussi bien pu demander au grand chien dans l'embrasure de la porte. Même face aux menaces de violence, il restait muet, recroquevillé, il est vrai, mais désespéré et sans tentative d'échapper aux sanctions que son obstination pourrait encourir.

Roger tomba dans un silence perplexe et le voyou retomba en ronflant sur sa paille.

"Je ne vois pas pourquoi nous sommes revenus de Broadway", observa placidement Margarita. "Je ne voulais pas, tu te souviens, et maintenant Caliban a trop sommeil pour dîner. Nous devrons avoir plus de pain et de lait. Mangeons-le sur glace, Roger Bradley, d'accord ?"

Et Roger, malgré le fait qu'il avait quarante ans et qu'il était manifestement un homme pratique (ou était-ce, peut-être juste *à cause* de ce fait ? J'avoue que je n'en suis pas tout à fait sûr !) a en fait quitté cette maison mystérieuse avec un pichet de terre jaune de du lait, une miche de pain frais croustillante, une bonne tranche de fromage à la sauge et une tarte aux myrtilles, suivis de Margarita et du chien danois, Margarita bavardant de Broadway, le chien lui léchant la main, Roger, je n'ai aucun doute, résolu à acheminer la nourriture en bon état jusqu'à sa destination !

Ils s'assirent sur les rochers, encore chauds du soleil de septembre, et mangèrent avec un goût sain, tandis que les premières étoiles pâles sortaient et que la marée montante léchait la plage lisse. On m'a assuré qu'ils n'ont jamais mentionné, dans la conversation qui a suivi, l'île — même si ce n'était pas alors une île, bien sûr — sur laquelle ils étaient assis, ni les événements extraordinaires qui s'y étaient produits et qui les y avaient amenés. Et je le crois. Je crois aussi, et je n'ai pas besoin d'être assuré, qu'ils parlaient peu de tout. Ils ne l'ont jamais fait. À maintes reprises, j'ai raconté à Roger certaines des conversations étonnantes de Margarita avec moi et il les a écoutées avec le grave intérêt d'un étranger et m'a même interrogé avec indolence sur ma théorie sur cette étape de son développement. Je dois ajouter qu'il n'a jamais paru surpris de ce qu'elle disait et m'a parfois corrigé dans mes analyses et mes prophéties avec une acuité qui m'a étonné, car il n'a jamais été analytique, notre Roger. Quand j'ai fait remarquer un jour à Clarence King (qui lui était dévoué) à propos de leur silence qu'il ressemblait à la tranquille intimité des animaux, il m'a regardé profondément pendant un moment, puis a ajouté : « Ou les anges, peut-être ? " ce qui, comme la plupart des remarques de King, mérite réflexion, cher ami. Je ne l'ai jamais entendu de ma vie parler avec autant d'éclat qu'un après-midi étendu sur le sable près de Margarita, tandis qu'elle lui donnait à manger des fraises des bois sur ses genoux et brodait le plus beau papillon sur le revers de sa vieille veste de velours, et que Roger essayait de montez sur les déferlantes comme les South Sea Islanders.

De temps en temps Clarence tournait une de ses phrases lumineuses et embrassait le bout des doigts tachés qui le nourrissait (je n'ai jamais fait ça de ma vie) et de temps en temps le splendide corps bronzé de Roger se levait entre nous et le soleil, triomphant. sur sa planche ou ignominieusement à plat entre les grands peigneurs. Mais il était aussi calme que la marée et nous savions qu'il finirait par le vaincre et « prendre le coup » comme il l'avait promis. Elle n'a jamais tourné les yeux vers lui, ce que je pouvais voir, mais je suis convaincu qu'elle en était parfaitement consciente à chaque fois qu'il tombait. Elle ne parlait jamais beaucoup à King et il était toujours un peu jaloux de moi à cause de cela. Mais elle l'aimait beaucoup et lui écrivait toujours quand il partait en divagation. Ses lettres étaient toujours rimées, les plus intelligentes possibles.

Il y a bien sûr des pages entières à écrire – si l'on voulait les écrire – de cette nuit sur les rochers. Naturellement, je ne veux pas les écrire. Dire que je ne les ai pas imaginés serait un mensonge stupide ; Je suis humain. Mais je n'ai jamais pu me mettre au point de vue de la romancière moderne sur ces questions. En passant, pourquoi Dieu a-t-il caché tant de choses dans ces derniers jours aux personnes prudentes et les a révélées aux célibataires ?

Non pas que je doive compter sur mon imagination : Margarita m'aurait épargné cela. Une fois qu'elle a eu l'idée que je m'intéressais à ces débuts, elle a parfaitement voulu puiser dans son extraordinaire mémoire pour tous les détails que je pouvais supporter. Mais bien sûr, je ne pouvais pas la laisser faire. L'imbécile chéri, pouvait-il y avoir quelque chose d'aussi désespérément enchanteur que Margarita ? C'est impossible. Si vous pouvez vous imaginer un garçon – mais c'est directement trompeur, quand je pense à elle blottie contre moi sur les rochers, sa main sur mon bras et toutes mes veines picotant dessous. Elle était entièrement femme. Et pourtant, qui d'autre que moi qui l'ai connue a pu entendre de la bouche d'une femme une naïveté aussi absolue, une franchise aussi cristalline ? C'était comme ces chères conversations avec un enfant adorable, aimé et aimant. Mais encore une fois, cela ne vous donne aucune idée précise. Car la gorge d'aucun enfant ne sonne avec des sons aussi profonds et semblables à ceux d'une cloche, des cadences aussi douces et plongeantes. Et aucun regard d'enfant ne rencontre le vôtre avec ce rayon clair, pour ensuite s'adoucir, trembler et nager soudain avec une tendresse si séduisante que votre cœur tremble en vous et glisse pour se noyer avec contentement dans ces profondeurs bleu ardoise. Non, non, il n'y a pas de description de Margarita. C'est peut-être King qui s'en est le plus rapproché lorsqu'il a dit qu'elle était Eve avant la chute, avec un sens de l'humour ! Mais Eve est pour nous distinctement miltonienne (malheureusement pour la pauvre femme) et Margarita aurait horrifié Milton, cela ne fait aucun doute.

Eh bien, je les ai laissés sur les rochers au clair de lune, et là, je ferais mieux de les laisser, je suppose. Il m'est si difficile de vous faire comprendre que Roger était incapable de rien de bas, alors que je m'efforce apparemment de cataloguer des actions qui ne peuvent être que trop facilement placées sous un jour extrêmement douteux. Tout ce que je peux dire, c'est de choisir le meilleur gars que vous connaissez, celui sur qui vous préféreriez compter, à la rigueur, plutôt qu'un autre, celui à qui vous jureriez d'avoir agi honnêtement et de tenir sa langue à ce sujet. - alors donnez-lui cinq pieds onze pouces et demi et des yeux bleus et vous avez Roger. C'est plutôt une mauvaise esquive en matière de dessin de personnages : je sais qu'un auteur compétent ne se jetterait jamais ainsi à votre merci.

Mais alors, qu'importe ? Lorsque les membres de la famille d'un homme, qui le connaissent depuis son enfance, ne parviennent pas à le comprendre et prennent un plaisir satirique à regarder ce qu'il fait du point de vue le plus méchant possible (non moins méchant parce que c'est un point de vue logiquement possible), pourquoi dois-je, amateur avoué, espérer vous faire comprendre Roger si vous êtes déterminé à le mal juger ?

Je me trouve encore un peu endolori sur ce point : inutilement, pensez-vous peut-être. Mais vous n'avez jamais eu à l'expliquer à la famille de Boston, voyez-vous – et à Sarah. J'avais. Je peux voir ses yeux froids et gris-vert à cette heure, sa chemise blanche amidonnée et sa boucle de ceinture en acier pointue – pouah ! Il devrait être illégal, dans une République où il y a tant de lois moins sensées, qu'une femme soit si ostensiblement peu attrayante.

"Margarita", dis-je un jour, très peu de temps après l'avoir rencontrée, "as-tu déjà été attrapée par la marée sur ces premiers rochers ? Voyez comme elle s'est glissée et les a coupés."

"Oh oui, souvent," répondit-elle, "la première nuit où Roger est venu ici, pour une fois. Tu ne te souviens pas, je t'ai raconté comment il portait la tarte aux myrtilles et le lait là-bas et nous les mangions ? Il avait tellement faim ! C'est alors qu'il m'a regardé ainsi..."

"La tarte aux myrtilles", dis-je précipitamment, "est très salissante, je pense, mais sans aucun doute bonne. Elle rend la bouche si noire."

"Je sais," murmura-t-elle, "j'ai dit à Roger que sa bouche était tachée et je me suis moqué de lui. Et puis il a dit que la mienne était pire, parce que j'en avais sur le menton - pourquoi tu as un air renfrogné ainsi, Jerry ? Est-ce que c'est une mauvaise chose à dire ?"

"Non, non", lui ai-je assuré, "bien sûr que non".

" Je suis heureuse, " dit-elle confortablement, " c'est très étrange que je ne puisse pas voir la différence moi-même. Comment voyez-vous, Jerry ? Mais je vous parlais de la marée, n'est-ce pas ? Quand Roger a dit cela à propos de ma marée, bouche, j'ai essayé d'enlever la tache, mais je n'y suis pas parvenu, puis Roger m'a dit que cela ne servait à rien d'essayer davantage et il m'a embrassé.

Ici, Margarita s'est arrêtée et m'a tapoté la main, tapotant légèrement chaque ongle du bout de ses doigts.

"Tu n'as pas besoin d'avoir peur, Jerry," ajouta-t-elle d'un ton encourageant, "je ne dirai plus rien à ce sujet."

J'ai retiré ma main avec irritation. "Eh bien, et la marée ?" J'ai dit.

Les doigts repoussés de Margarita reposaient vaguement sur ses genoux, qu'elle courbait devant elle, comme un garçon.

"Oh, c'était seulement ce que tu m'as demandé, cher Jerry," répondit-elle doucement, "pendant que Roger m'embrassait, la marée *est* montée !"

CHAPITRE VII

Je chevauche un chevalier errant

Il est facile de voir que j'aurais fait un mauvais romancier ; il m'a été déjà assez difficile de vous donner une idée de scènes dont je n'ai pas été témoin moi-même, même si j'avais Roger et Margarita pour m'aider et une connaissance intime des deux, et quand j'essaie de m'imaginer composer un mouchoir d'événements fictifs « qui me sortent de la tête », comme disent les enfants, ma plume tombe faiblement de mes doigts, horrifiée à cette seule pensée.

Mais maintenant, Dieu merci, le tirage au sort est terminé. Désormais, je n'ai plus qu'à raconter ce que j'ai connu et vu, dans la vie étrange et entrelacée que nous avons menée tous les trois. Trois seulement ? Non, Harriet au cœur vrai, Harriet à la main tendre, aurions-nous pu être trois sans toi ? Mes doigts devraient se flétrir avant de laisser ton nom non écrit.

Je me souviens très bien de la nuit où le télégramme est arrivé. J'avais été vexé toute la journée. Tout s'était mal passé. Roger, pour rencontrer celui que j'étais revenu de bonne heure en ville, n'était ni venu ni envoyé de message ; la journée avait été d'une chaleur écœurante, avec cette chaleur de la mi-septembre qui arrive dans les États de l'Est après les premiers jours frais et qui flétrit tout et tout le monde. Je trouvais mes chambres atrocement viciées et poussiéreuses, et pire que cela, parfaitement inutiles, puisque par miracle d'insouciance j'avais laissé mes clés derrière moi sur le rivage et je n'avais même pas un collier propre à espérer.

Le voiturier du club m'a assuré qu'il n'avait reçu aucun appel pour une malle ou un sac, mais que Roger n'était assurément pas entré dans la maison depuis cinq jours. Je suis entré dans ses chambres, mais ils ne m'ont rien dit et, pire encore, j'aurais dû me perdre dans son col, alors j'ai regardé avec colère les tiroirs à linge, câblés pour mes propres clés et préparés pour le bain turc. Là, avec un frisson de joie, je découvris un vêtement complètement changé ; Avant de partir pour l'été, je m'étais précipité dans les affaires de dîner, laissant derrière moi un tas de vêtements oubliés et ils m'attendaient maintenant, taillés et froissés, des chaussures roux cirées et une cravate couleur vin, une de mes préférées, garnir le linge frais. Cela semble absurde, mais je me souviens de quelques moments dans ma vie d'action de grâce aussi pure et sincère. La couleur même de la vie me semblait changée. Je me demande si nous faisons bien de mépriser ces petites sensations fortes comme nous le faisons ? Il est certain qu'un nombre suffisant d'entre eux, soigneusement conservés dans une mémoire reconnaissante, doivent égaler en intensité ces grands moments théoriques que nous considérons tous comme notre dû mais qui traversent si souvent la vie, j'en suis sûr, sans en faire l'expérience.

Quoi qu'il en soit, les petites satisfactions de cette soirée sont gravées dans mon esprit, sans doute, direz-vous, à cause du dénouement saisissant auquel on me préparait. Le picotement propre de mon gommage savonneux, la délicieuse fraîcheur du plongeon, le pansement frais et tranquille caressaient tous délicieusement mes nerfs. Dans le plongeon, un garçon assez sympathique m'avait abordé et nous avions barboté ensemble avec contentement. Je m'attendais à me rappeler son nom à chaque instant, car son visage m'était vaguement familier, mais je n'y parvenais pas, et lorsque nous nous rencontrâmes dans le hall et descendîmes les marches ensemble, cela m'échappait encore. Nous avons hésité un peu sur le trottoir, puis, avant que je m'en rende compte, nous hélions un fiacre et partions dîner ensemble.

Ce fut une promenade agréable le long de la rivière, car une petite brise s'était levée et l'asphalte arrosé sentait frais. Nous avions tous les deux confortablement faim et très placides après notre bain et nous discutions de manière décousue, moi, amusé par mon incapacité totale à placer l'individu, lui tout à fait inconscient, bien sûr, et parfaitement sûr de moi. Il a demandé des nouvelles de Roger, a sympathisé avec notre échec à établir des liens, a fait remarquer à ma grande surprise qu'il n'était absent de la ville que le dimanche (l'Amérique n'avait pas adopté le "week-end" à cette époque) et m'a demandé, je m'en souviens, si je savais quelque chose sur un jeu appelé basket-ball. Il semblait impatient de trouver quelqu'un qui le ferait. Nous nous approchâmes enfin de notre petite table blanche et scintillante donnant sur l'eau, cherchâmes des amis potentiels, hochâmes la tête au maître d'hôtel et commandâmes notre dîner. Il s'est avéré qu'aucun de nous n'avait encore célébré le mois de l'huître, et laissant mon inconnu parler des points bleus, car les plus conservateurs d'entre nous s'accrochaient alors à la plus petite huître, j'ai téléphoné au club pour faire savoir à Roger où me trouver. au cas où il devrait y apparaître.

Au cours de la soupe, mon compagnon a abordé le sujet – d'une manière ou d'une autre – de l'évolution et en a parlé très habilement. C'est absurde, mais je ne pourrai jamais manger de consommé en gelée tant que je vivrai sans le relier à la Période Saurienne ! Je me souviens que ces bêtes étranges et apparemment très importantes ont longtemps persisté dans nos cœurs de poussins de Guinée et de laitue, et je peux le voir maintenant, son visage sombre et avide tout illuminé d'enthousiasme tandis qu'il étalait soigneusement de la mayonnaise sur les quartiers cramoisis de tomate. son assiette, et faisait de courtes bouchées nerveuses, pour mieux parler. À moitié amusé, à moitié intéressé, j'ai écouté, essayant de situer l'individu, mais pour ma vie, je n'y suis pas parvenu. Était-il un scientifique, un conférencier, un écrivain de magazine, un maître d'école ? Nous terminâmes par du Port du

Salut et du Bar-le-duc — une de mes faiblesses avouées — et j'avais décidé de le pomper régulièrement et de connaître son nom sans qu'il devine mon jeu, quand il commença, comme je le supposais, à m'aider. .

"Cieux!" " dit-il avec componction, " tu me trouveras terriblement ennuyeux, Jerrolds, mais je me suis plus ou moins entraîné avec toi, n'est-ce pas ? Mais tu te souviendras peut-être que c'était autrefois une sorte de passe-temps. l'un des miens, et je le mets en forme aujourd'hui pour un club de jeunes hommes que je dirige.

J'ai bâillé et allumé un cigare et nous avons siroté notre café en silence. Les assiettes claquaient autour de nous, le curaçoa dans mon petit verre sentait bon et fort, tout était naturel, facile, bien nourri et bien soigné (comme on dit maintenant) autour de moi, le jour et l'heure étaient comme les autres ; et pourtant, à partir de ce moment, ma vie ne serait plus tout à fait la même, car la surprise et le changement se précipitaient vers moi, et l'homme d'en face – comme c'est curieux ! – allait être entraîné dans le large filet que le destin avait tendu pour moi et qu'il devait se préparaient déjà à remonter à la surface en douceur et efficacement.

Nous pensons, quand nous sommes jeunes, que nous vivons seuls. Je me souviens, quand j'avais vingt ans, de certaines promenades de minuit impétueuses et désespérées, lorsque l'horreur de mon identité désespérée, inaccessible, inatteignable déferlait sur moi par vagues mélancoliques. Cieux! J'aurais plongé dans un monastère si j'avais cru que toute sorte de prière et de jeûne pouvait me rapprocher – vraiment – de Dieu ; car, avais-je appris, je ne pourrais jamais être proche d'une créature humaine. Après cela, nous arrivons à ce curieux stade d'irresponsabilité que nous déduisons de cette solitude, et nous affligeons nos patients parents avec des explications venteuses sur « des questions qui ne nous concernent que ». Et plus tard encore, si nous sommes entourés du bon type de femmes, une vague idée du filet tordu que nous tissons – vous, moi et l'autre, tous ensemble, que nous le voulions ou non – nous vient à l'esprit, et nous regardons pendant un moment. et puis... hausser les épaules ou plier les genoux ou serrer la mâchoire, selon notre nature.

J'aime croire, maintenant, qu'une vague idée de ce qui allait se passer m'est venue d'une manière mystérieuse avant que je reçoive le télégramme. Je suis certain que lorsque le maître d'hôtel m'a touché le bras et m'a dit que j'étais recherché au téléphone, une curieuse oppression s'est abattue sur mon esprit d'après-dîner, jusqu'alors satisfait, qui s'est transformée en une sorte d'excitation à mesure que je me dirigeais vers la cabine. Et pourtant, je ne m'attendais à rien d'autre qu'à entendre la voix de Roger avec une explication raisonnable de son échec à me rencontrer. C'est cependant le veilleur de nuit qui m'a lu un télégramme qui s'est dirigé vers le rivage et est retourné au club.

"Dois-je le lire, monsieur ?"

"Oui, Richard, allons-y."

Il marmonna le nom d'un lieu dont je n'avais jamais entendu parler et continua dans le style singulièrement inexpressif consacré aux messages ainsi transmis.

" *S'il vous plaît, apportez un sac de vêtements et des rasoirs ici, je rencontrerai le train arrivant mardi à quatre heures trente, amenez un pasteur raisonnable, n'échouez pas. Roger.* "

J'ai regardé bêtement le combiné. C'était mercredi.

"C'est fou, Richard," balbutiai-je finalement, "apporte quoi ? Relis-le."

"C'est tout à fait clair, monsieur, sauf la ville", et de nouveau l'étrange message me parvint.

"Eh bien," réussis-je à sortir, "de toute façon, il est clair qu'il veut des vêtements. Dites à Hodgson d'emporter une monnaie complète pour M. Bradley et ses rasoirs. Et voyez si vous pouvez trouver le nom de l'endroit auprès du chef opérateur et " Le message correct. Il ne peut pas s'agir de Parson, bien sûr. Et cherchez le prochain train pour cet endroit, si vous le pouvez, Richard. J'y serai directement. "

J'ai tiré fort sur mon cigare mourant et suis retourné lentement vers la véranda, essayant de donner un sens à ce télégramme.

"Pas de mauvaises nouvelles, j'espère ?" » s'enquit gentiment mon compagnon, car je suppose que j'avais l'air inquiet.

"Non," dis-je lentement, "seulement une sorte de télégramme idiot de Roger. Il veut que je le rencontre dans un endroit ou un autre actuellement inconnu, et que je lui apporte ses rasoirs et un curé sensé."

Mon ami inconnu éclata de rire.

"Eh bien," dit-il joyeusement, "vous allez chercher les rasoirs et je m'occuperai du pasteur. Une dénomination spéciale ?"

J'ai payé notre dîner (il avait insisté pour payer le taxi) et j'ai récupéré mon chapeau et mon bâton.

"C'est absurde", continuai-je, "peut-être qu'il voulait dire "personne", mais à quoi ça sert ? De toute façon, je dois partir directement. Il y a peut-être un train de nuit. Préféreriez-vous vous arrêter ici un moment ?"

"Non, non, laisse-moi t'aider," dit-il avec bonhomie. "Ça m'intéresse. Peut-être qu'il va se battre en duel avec les rasoirs et veut le pasteur pour l'autre type ! Peut-être qu'il a fait le pari de raser un pasteur. Peut-être..."

Mais je n'étais pas d'humeur à plaisanter. Ce télégramme, si différent de Roger, et pourtant si incontestablement le sien, d'une certaine manière — j'ai souvent noté une curieuse qualité caractéristique dans les télégrammes — m'inquiétait. J'aurais aimé l'avoir à temps pour faire le train dont il a parlé. J'aurais aimé être dans cette ville mystérieuse. Et si il avait compté sur moi pour cela ? Et si il avait besoin de moi ?

Nous sommes descendus en silence. Mon homme est sorti avec moi au club et a souri au Gladstone que le portier m'a tendu.

"De toute façon, il y a les rasoirs", dit-il.

Richard avait pour moi aussi le nom de la ville (la ville que je préfère ne pas vous dire) et le prochain train qui y arriverait : il partait dans un quart d'heure.

"Et c'est *pasteur* , monsieur... pasteur : il n'y a pas d'erreur. Dois-je vous appeler un taxi, monsieur ?"

J'ai mordu mon cigare avec irritation.

« Au nom du ciel, m'écriai-je, comment puis-je trouver un curé sensé en quinze minutes ? D'abord, je ne crois pas qu'une telle chose existe !

"Attends," dit soudain mon ami, "il y en a, Jerrolds, car j'en suis un, et tu le sais !"

J'ai commencé par lui. Qui diable était-il ? Instinctivement, j'ai commencé à m'excuser.

"Je—je ne m'en souvenais pas pour le moment———"

"Entre toi et moi," me coupa-t-il, "je suis tout aussi content que tu ne l'aies pas fait, Jerrolds ! Plus tôt nous en aurons fini avec toute cette histoire de tour de cou blanc et de manteau noir, plus tôt nous en arriverons à quelque chose, dans ma façon de penser. Eh bien, sérieusement, est-ce que je le ferai ? Connaissez-vous quelqu'un de mieux ? Parce que j'irai, si vous ne le faites pas.

J'ai saisi sa main offerte.

"Que le ciel vous bénisse", ai-je pensé, "qui que vous soyez !" et : « Très bien, dis-je brièvement, c'est très gentil de votre part. Il va falloir se dépêcher, j'en ai peur.

Nous avons juste eu le temps de sauter vers la dernière plateforme. Je me souviens avoir apostrophé le Gladstone assez fortement alors que je tombais sur son fermoir métallique et avoir jeté un coup d'œil d'excuse à mon compagnon, mais il était sourd avec tact, et nous avons trouvé un siège ensemble, par chance, et nous nous sommes installés pour notre nuit chaude et fatigante.

Je ne pouvais pas vraiment lui demander son nom à ce moment-là, cela aurait été trop absurde. J'ai fait confiance à Roger pour me sortir de cette difficulté, car il connaissait Roger, évidemment, et moi aussi, même si pas très bien, jugeais-je. Il n'était certainement pas dans ma classe d'université, car cela aurait été évoqué, j'en étais sûr, lors de notre conversation. Non pas que nous ayons beaucoup parlé. C'était un trajet étouffant et désagréable, et j'étais tour à tour en colère contre Roger et inquiet pour lui. D'une manière désespérément stupide, j'ai relié les rasoirs et le pasteur, trop étroitement pour pouvoir en déduire raisonnablement concernant ce dernier. Je savais que la connexion était ridicule, mais elle était persistante, et comme j'avais perdu tout espoir de placer l'homme assis à côté de moi, mon esprit était complètement dans une horrible confusion. Un jour, il m'a demandé brusquement si Roger était épiscopalien.

"Non", ai-je répondu, "il... son peuple est unitaire."

"Je suis congrégationaliste, comme vous le savez, bien sûr", poursuivit-il, "mais si cela ne fait pas plus de différence pour Roger que pour moi, il n'y aura pas de problèmes."

"N'importe qui penserait qu'il allait baptiser Roger", pensai-je avec dégoût et retournai à mes pensées gênantes, répondant distraitement que tout irait bien, bien sûr.

Nous avons changé de voiture à S... et sommes montés dans un drôle de petit train local rempli de jeunes voyous du village, dont les chahuts bruyants m'ont extrêmement ennuyé. Mon mystérieux pasteur, cependant, s'y intéressait profondément et racontait incident après incident, preuve de ce que l'on pouvait accomplir avec cette partie offensive de la population rurale par une organisation sociale sous une direction compétente. Il a même sorti une vieille lettre et m'a prouvé au dos, avec un bout de crayon, quelle misérable dépense d'argent était suffisante pour créer un club de garçons pratique, y compris la location d'un piano d'occasion, à acheter en fin de compte selon le plan de versement. Au milieu de cette conférence (ce n'était rien de moins), je me suis endormi, inconfortablement et brutalement, et c'est lui qui m'a finalement secoué pour me réveiller et a sorti le sac de la voiture voisine.

CHAPITRE VIII

LES BRUMES D'EDEN

Les lumières de la gare pâlirent à l'aube naissante. Derrière la fenêtre grillagée de la billetterie, qui contenait, comme le montrait sa lampe brillante, un lit de camp renversé et un fauteuil délabré, un jeune homme ébouriffé jouait à Patience en chemise de nuit sur la table télégraphique. Nous avons frappé contre sa fenêtre et, à notre grand étonnement, il a hoché la tête avec désinvolture et sans surprise, a atteint un coin de sa chambre encombrée, a saisi une paire de rames et, poussant la fenêtre, les a pointées vers nous entre les barreaux. .

"M. Jerrolds, je suppose", remarqua-t-il. "M. Bradley vous a laissé le bateau au pied du quai, un peu en face de la piste. C'est une sorte de bateau bleu. Vous voyez juste les deux récifs et la bouée cloche et quand vous êtes juste en face de la bouée , faites demi-tour et dirigez-vous vers le rivage. Il y a un poteau blanc là où vous atterrissez.

"Est-ce que tu es assis…" commençai-je, mais il m'interrompit avec impatience.

"Non, je souffre d'insomnie, c'est quelque chose d'horrible comme je le fais", a-t-il expliqué. "Je suis toujours assis."

J'ai accepté les rames machinalement.

"Et où s'arrête M. Bradley ?" J'ai demandé.

"Eh bien, chez Miss Prynne. Il a rencontré le train de l'après-midi hier et le sourd-muet a ramé aujourd'hui, et comme vous n'êtes pas arrivé, il a laissé les rames. Je vous le dis, il en sait plus. " n vous pourriez penser, pour le regarder.

« Est-ce que M. Bradley va bien ? J'ai demandé.

"Il avait l'air assez bien hier", dit l'insomniaque avec indifférence, "un gros gars, n'est-ce pas ?"

J'ai mis les rames sur mon épaule et, suivi de mon pasteur sensé avec le sac, je me suis dirigé vers le quai en désordre à travers le village silencieux. Le bateau bleu n'était pas difficile à découvrir dans la lumière pâle et fantomatique ; la baie était à peine ondulée ; ce devait être une autre journée chaude et collante. Mon compagnon demandait le privilège des rames.

"Mon ancien jeu, vous savez", a-t-il ajouté en s'excusant, et il nous a entraînés sur l'eau noire et mystérieuse avec de beaux coups nets. Il avait bientôt repéré la bouée et regrettait qu'il ne nous faudra que vingt minutes avant d'atterrir.

"Savez-vous," ajouta-t-il avec un sourire enfantin, "tout cela est une véritable aventure pour moi, Jerrolds, et je ne peux m'empêcher d'en profiter. Cela ne peut pas être sérieux, voyez-vous - Roger va bien. Peut-être " - et il me lança un regard curieux - " peut-être qu'il va se marier ! "

J'ai ri un peu avec raideur. Il était difficile d'expliquer à ce pasteur sensé que les Bradley ne se mariaient pas de cette façon ; ce n'était pas vraiment élogieux pour lui. De plus, je ne savais pas s'il serait assez sensé pour comprendre ce que deux ou trois amis de Roger savaient très bien : qu'il était peu probable qu'il se marie tant que Sue Paynter restait à la surface. Cette affaire avait été assez simple : Sue et Roger étaient fiancés dix ans avant l'époque dont j'écris, ils étaient à quelques mois du mariage, et Frederick Paynter, son cousin, était revenu d'Allemagne, jouant Chopin comme un demi-dieu, et l'avait fait tourner en quinze jours. Elle rompit les fiançailles d'une manière assez cruelle, me semble-t-il — par téléphone — et Roger raccrocha (je l'entendis moi-même répondre lentement : « Très bien, ma chérie. Je vois. Au revoir. ») et partit. à Alger avec moi. Quand nous sommes revenus, ils étaient mariés et il avait un grand succès, jouant devant Royalty et tout ce genre de choses.

Je pense qu'il a fallu environ un mois à Sue pour découvrir ce que n'importe lequel de ses amis masculins aurait pu lui dire en six secondes, et après cela, elle l'a gardé en Europe autant qu'elle le pouvait. Elle a assez bien vécu pendant trois ou quatre ans, mais elle est finalement revenue avec ses deux bébés délicats et a satisfait le sens des convenances de tout le monde en allaitant Frederick pendant qu'il restait en Amérique et en dînant avec lui deux fois par saison avant son retour en Europe. Tout cela était très regrettable et Sarah en discutait de temps en temps avec son tact jusqu'à ce que, si j'avais été Roger, je l'aurais étouffée. Sue n'acceptait même pas une séparation et insistait pour que Frederick lui envoie beaucoup d'argent, que Roger investissait pour elle, et que la vieille Madame Bradley l'avait souvent avec eux à Boston. Roger n'en a jamais parlé ; il n'en avait pas besoin. Mais je ne l'ai jamais vu hors de Boston ou de New York si les Paynter étaient là ensemble, et j'ai remarqué qu'il laissait invariablement un mot où il pouvait être contacté, de jour comme de nuit, lorsque Frederick donnait une série de concerts.

Tout cela me traversa l'esprit alors que nous traversions l'eau et que le ciel devenait progressivement plus pâle et que les étoiles disparaissaient. Nous étions maintenant en face de la bouée, sombres parmi les vagues sombres, et nous avons tourné à angle droit et nous sommes dirigés vers le rivage. La marée était haute et nous avons facilement glissé sur le récif intérieur. Bientôt, nous pûmes voir vaguement l'avant-toit de la maison, un coq chantait d'un air endormi, le poteau blanc désignait quelques marches rugueuses taillées dans les rochers devant nous.

Cette soudaine excitation grandissait en moi, une envie nerveuse de rattraper Roger, de m'éloigner de mon rameur, car j'étais inquiet pour rien. À ma grande satisfaction, il proposa à ce moment une séparation.

"Je n'en ai pas eu assez," dit-il soudain, "pourquoi n'atterris-tu pas, Jerrolds, si tu penses que tu devrais le faire - même si je ne vois pas comment nous pourrions nous attaquer à Miss Prynne ou à quelqu'un d'autre à l'aéroport. cette heure surnaturelle... et je vais m'attarder un moment ? Je ne doute pas que tu préfères voir Roger seul, de toute façon, au début. Quand tu auras besoin de moi, appelle-moi, je ne serai pas loin. Et dis-lui de prendre un petit-déjeuner copieux, d'accord ? »

J'acquiesçai chaleureusement et gravis les marches glissantes, toujours possédé par la même excitation sourde. La plage était dure comme un sol sous moi et j'ai failli courir dessus en direction du cottage sablé. Le simple coup d'œil montrait que personne n'y regardait ; les fenêtres étaient sombres. J'ai contourné la paroi rocheuse qui protégeait son dos et ses côtés ; personne ne bougeait dans l'écurie ou dans les latrines. Du côté du rivage, une étendue d'herbe éparse descendait jusqu'à une baie intérieure abritée ; un potager de bonne taille, luisant de rosée, et quelques arbres fruitiers donnaient au lieu un air domestique, que l'on ne devinait absolument pas depuis le front de mer rébarbatif. J'ai erré vers cette petite baie et je me suis assis sur une charmante chaise naturelle en pierre pour attendre le lever du soleil.

J'ai dû me perdre pendant quelques minutes, car lorsque j'ai ouvert les yeux, tout avait changé devant eux, aussi complètement que les décorateurs changent un tableau de scène. La petite baie était remplie de mers ondulantes de brume blanche et épaisse, comme un lac alpin. Vague sur vague, il roulait, faiblement lumineux ici et là, se brisant comme des fumées, sur la plage. Alors que je le regardais, perdu dans sa beauté, deux grandes flèches d'or lancées par le soleil derrière moi en coupèrent le plus épais et le déchirèrent comme un rideau, et dans la déchirure apparurent deux figures humaines, marchant comme sur des nuages pour Terre. D'une taille plus que mortelle, ils surgissaient dans la brume, et aucune bille que j'ai jamais vue – pas même cette merveille de Melos – n'est aussi immortellement belle qu'elles l'étaient. La femme portait un voile de feuilles de vigne pourpres qui s'enroulait autour de ses hanches et tombait d'un côté presque jusqu'à son genou, autour du cou de l'homme une grande mèche de ses longs cheveux était détachée et sur sa tête brillait une couronne rugueuse de feuilles rouges. dans la flèche du soleil. A côté d'eux, un chien monstrueux apparut soudain : une vigne traînante dégoulinait comme du sang de sa grande bajoue.

Je n'aurais pas pu dire à quoi elle ressemblait pour me sauver la vie : elle était ce que le monde veut dire quand il dit femme : belle, certes, mais personne. Un bras était sur son épaule, l'autre main reposait sur la tête de l'animal ; la brume recouvrait leurs pieds et ils paraissaient aériens, aussi irréels que les figures de quelque Assomption. Mais ils n'en avaient pas fini avec la terre, pas eux : ils représentaient l'humanité triomphante – la couronne et la fleur même de la création. Ils remontèrent de la mer avec sur leurs visages le sourire grave et satisfait des anciens dieux. La nature, travaillant patiemment sur ses Sauriens, avait cela en tête depuis le début, et j'ai cru à ce moment-là que Dieu lui avait effectivement permis de perfectionner sa dernière œuvre à son image ! Pendant peut-être trois battements de cœur, je les ai vus là, encadrés dans la brume lumineuse, puis elle a roulé sur eux, rapidement, silencieusement, et les a effacés, et j'ai trébuché du rocher et j'ai couru à nouveau à travers la plage, un grand une boule me raidissant la gorge et une jalousie dure et effrayée qui m'étouffait presque, à ma honte et à ma grande surprise.

Car je connaissais Roger depuis vingt-cinq ans et pourtant je n'avais jamais eu la moindre idée de cet homme !

PARTIE TROIS

DANS LEQUEL LE RUISSEAU SE JOINT AUX AUTRES ET PLONGE DANS UNE FALAISE

Il a laissé ses troupeaux, ses champs, ses vaches,
Il a quitté ses gens et ses amis et tout,
Il est parti regarder la mer froide briller,
Pour brasser pour toujours la saumure de la mer,
La sirène a Sir Hugh sous l'emprise.

Sir Hugh et les sirènes.

CHAPITRE IX

MARGARITA RENCONTRE L'ENNEMI ET IL EST LE SIEN

Je me suis jeté sur la plage derrière un gros rocher, de sorte que j'ai été complètement coupé du chalet, et j'ai regardé le soleil se lever, même si cela aurait aussi bien pu être la lune, si j'en avais l'appréciation. Alors c'était ça ! Pas étonnant qu'il ait voulu un curé : il était grand temps, pensai-je vertueusement. Cela m'a blessé qu'il ne me l'ait jamais laissé entendre ; que nous, qui n'avions eu aucun secret l'un pour l'autre depuis tant d'années (comme je le pensais), avions réellement été divisés par cela, car ce que j'en déduisais durait depuis longtemps. Et pourtant, après y avoir réfléchi un instant, j'ai eu la quasi-certitude que cela n'aurait pas pu être si long, après tout. Il y avait eu, surtout l'année dernière, des semaines et même des mois où Roger et moi n'avions pas été séparés pendant huit heures d'affilée. Il a choisi de travailler dur à la manière typiquement américaine ; J'y étais obligé. Et je connaissais son attitude envers le genre de *liaison* que nous méprisions tous les deux. Il avait assez travaillé et assez dégoûté pour arracher un de ses cousins aux genoux faibles (le mouton noir dont peu de familles nombreuses se passent) hors d'une relation de ce genre. Et de toute façon, je savais que les gens qui portaient lorsqu'ils étaient ensemble le look que j'avais vu dans ces deux visions de la brume ne pourraient jamais se contenter d'être séparés !

Bon, bon, c'était un mauvais quart d'heure pour moi, et il fallait que je m'en remette du mieux que je pouvais, seul. On attribue généralement aux femmes le monopole pratique de la jalousie envers leur propre sexe, mais à tort, j'en suis sûr. On apprend plus tôt à le cacher et, mieux encore, à se rendre compte de la nécessité de le taire et de s'en remettre. L'horloge continue de sonner, et ses amis continuent de se marier, et on continue d'offrir des chopes d'argent à ses filleuls, *voilà tout !*

Je suppose que l'inquiétude et la tension de tout cela, la nuit chaude, étouffante et sans sommeil et le choc soudain de la fin m'avaient fatigué, car alors que j'étais allongé sur la plage, abrité par le rocher, avec juste ce qu'il fallait de soleil chaud sur mon De retour pour me réconforter, je me suis endormi et je me suis complètement perdu. J'ai peut-être dormi deux heures et me suis réveillé avec cette sensation parfaitement précise d'être là et de me regarder qui perturbe les rêves les plus profonds.

Assise à la mode turque sur le sable près de moi se trouvait une belle jeune femme avec de grands yeux gris profondément enfoncés et deux tresses de longs cheveux noirs, l'une tombant sur chaque épaule. Sa peau était foncée, presque olive, et sa bouche était de ce rouge profond et sombre qui m'a toujours paru bien plus séduisant que toutes les lèvres corail de la poésie et des conventions. Elle était étrangement vêtue d'une jupe courte en serge bleue délavée et d'une veste rouge terne de ce qu'on appelait à cette époque vestimentaire un « jersey ». Autour du cou se trouvait un mouchoir en soie noire. Des bas noirs généreusement déployés et des tennis blanches usées complétaient son costume, éprouvant, certes, et, on l'aurait cru , suffisamment préjudiciable à mes yeux, qui ont toujours eu une préférence avouée pour le charme des vêtements bien choisis, et un certain jugement critique dans ce sens, me dit-on.

Mais Margarita aurait adapté, je crois, une armure en mailles à sa personnalité. Il était évident qu'elle ne portait pas de corset, car le maillot moulant collait comme un gant à son buste rond et ferme et à sa taille longue et souple. Ses épaules étaient peut-être un peu carrées, ce qui ne faisait qu'ajouter au caractère enfantin de la pose enchanteresse de sa tête, et le mouchoir ample donnait la dernière touche à la pêcheuse délicate et robuste qu'elle semblait avoir choisie pour sa mascarade. Car elle n'avait rien du paysan ; la race était visible dans chaque trait, et les couleurs sombres et toniques de ses vêtements délavés apparaissaient comme la dernière touche d'art réaliste.

"Tu dois te réveiller maintenant," dit-elle gravement, "et me dire si tu es Jerry, n'est-ce pas ?"

"Oui," dis-je, "je le suis. Et vous êtes———?"

"Je m'appelle Margarita", dit-elle. "Avez-vous amené quelqu'un qui sait marier les gens ? Roger a dit que vous le feriez."

"Je l'ai amené, il est là-bas", répondis-je en désignant l'océan en général.

Elle suivit mon bras avec intérêt dans les yeux. "Oh ! C'est là qu'il va le faire ?" elle a demandé. "Roger ne me l'a pas dit. Est-ce qu'il nage ?"

"Je ne pense pas," répondis-je sérieusement, "je pense qu'il est dans un bateau."

"J'en suis heureuse", remarqua-t-elle, "parce que je ne sais pas nager moi-même. Et je dois être avec Roger, vous savez, lorsque nous nous marierons."

"C'est habituel", admis-je. Je n'étais en réalité qu'à moitié conscient du caractère extraordinaire de notre conversation. Tout le monde devenait primitif en parlant avec Marguerite et tombait plus ou moins dans son style de discours.

"As tu été marié?" » demanda-t-elle placidement, ses yeux graves et charmants pleins sur les miens. Elle restait immobile, les mains lâches sur ses genoux, sans les tourner sans but ni prétendre les employer dans les cent manières nerveuses communes à son sexe.

"Non."

"Moi non plus. Roger non plus. Mais beaucoup de gens l'ont fait. Cela ne peut pas être difficile."

"Oh non ! Je crois que c'est la chose la plus simple au monde", dis-je en la regardant attentivement. Est-ce qu'elle me taquinait ? Je me demandais.

"C'est ce que dit Roger," approuva-t-elle avec un soulagement évident. "C'est seulement parler. Je ne vois pas pourquoi Roger ne pourrait pas apprendre à le faire lui-même. Tu ne peux pas le faire non plus ?"

J'ai secoué ma tête. J'essayais de croire qu'elle n'était pas tout à fait saine d'esprit, mais c'était impossible. Son esprit, j'aurais juré, était aussi vigoureux que le mien, même s'il y avait évidemment une différence. La belle et précise articulation de son anglais m'a donné une nouvelle direction. Elle devait être étrangère, italienne par choix, malgré ses yeux anglais.

« Se marier est une affaire comme une autre, mademoiselle – je n'ai pas entendu votre nom de famille ? Je me suis aventuré.

"Je n'en ai pas", dit-elle. "Je veux dire," se corrigeant, "Roger dit que je dois en avoir un, bien sûr, mais je ne l'ai pas entendu par hasard", ajouta-t-elle calmement.

"Ah, eh bien," dis-je froidement, "ce n'est qu'un détail."

J'étais sérieusement en colère contre Roger. Cette jeune femme a dépassé les limites. J'ai décidé qu'elle était une actrice de première qualité et je n'ai pas aimé qu'on nous l'impose.

"C'est la même chose avec mon âge, quel âge j'ai", a-t-elle poursuivi. "Roger pense que j'ai vingt ans. Et vous ? Il va vous le demander."

"Vraiment, je ne peux pas dire," répondis-je brièvement, "je suis un mauvais juge de l'âge ou du caractère des femmes", ai-je ajouté avec insistance.

Elle ne rougit pas et ne bougea pas. Seuls ses yeux s'écarquillèrent légèrement et s'assombrirent.

"Roger vous le demandera", répéta-t-elle et je sentis, de manière déraisonnable, comme il me semblait alors, que mon ton lui avait fait mal, comme le ton d'une personne, aussi incompréhensible que soient les mots qu'il prononce, blessera un enfant.

Elle resta assise en silence pendant un moment, et moi, curieusement avide de sa prochaine remarque et conscient soudain de cette excitation étrange et sourde qui m'avait opprimé quelques heures auparavant, je l'observai attentivement, ramassant des poignées de sable et les renversant sur mon genou.

"Es-tu déjà allé à Broadway ?" » recommença-t-elle.

"Je l'ai fait, oui."

"Moi aussi", m'a-t-elle assuré avec empressement. "Je pense que c'est beau. J'aimerais y vivre, n'est-ce pas ? Peut-être," espérons-le, "vous y vivez ?"

"Non," dis-je, toujours sur mes gardes et mal à l'aise, "Je ne le fais pas. Envisagez-vous de vivre là-bas après votre mariage ?" Elle secoua la tête avec regret.

"Je crains que non", dit-elle, et sa voix baissa d'un tiers et se colora d'une qualité sombre des plus absurdes et exquises, comme celle de Duse dans *La Dame aux Camélias* . "Roger ne le voudrait pas. Il ne voudrait pas non plus que je m'y promène. Et c'est très étrange, car c'est là que je l'ai vu pour la première fois. Mais il y a des endroits qui me plairont tout aussi bien, dit-il, et il m'y emmènera. Veux-tu venir aussi ?

"J'ai peur," répondis-je sèchement, "d'être peut-être un peu *de trop* . Roger pourrait ne pas se soucier de ma société dans ces circonstances."

Encore une fois, elle répondit à mon ton plutôt qu'à mes paroles.

"Roger t'aime," dit-elle simplement.

"Il le faisait avant", répondis-je - inexcusablement. Oh oui! tout à fait inexcusable.

De nouveau, ses yeux s'écarquillèrent et s'assombrirent, et cette fois les coins de sa bouche se courbèrent pitoyablement, et je ressentis une étrange lourdeur dans mon cœur.

"Tu ne m'aimes pas, n'est-ce pas, Jerry ?" » dit-elle, et maintenant sa voix baissait d'une bonne quinte et vibrait comme la corde pincée d'un violoncelle, et mes nerfs vibraient et picotaient dans mes poignets.

"Roger a dit que tu le ferais, et je pensais que tu le ferais — et tu ne le fais pas", dit-elle tristement.

J'ai serré une poignée de sable humide et me suis penché vers elle, mon cœur battant furieusement.

"Es-tu désolé?" » marmonnai-je de manière incertaine, fixant mes yeux sur les siens.

Elle les a pleinement rencontrés. Ils ressemblaient à de grandes mares grises, ses yeux, honnêtes comme les sources des montagnes, clairs comme la pluie.

Ils m'ont attrapé, m'ont retenu et m'ont inondé de leur douceur innocente et chaleureuse ; il n'y avait pas une seule pensée dans sa tête, pas un seul coin de son cœur que je n'étais pas libre de connaître. Ces yeux n'avaient jamais gardé de secret depuis qu'ils s'ouvraient sur un monde qui ne l'avait jamais, à sa connaissance, trompée. Ils nageaient dans la lumière, et oh, les profondeurs sur les profondeurs de l'amour qu'on pouvait y sonner ! Ma dernière ancre haineuse s'est brisée et mon cœur a glissé des rochers stupides de la suspicion, de l'autoprotection et de la jalousie, et s'est envolé au sein de ce flot doux et inquiétant. J'ai oublié Roger, j'ai oublié ce que j'avais été moi-même ; à cet instant, dans l'abandon total de ses yeux innocents, elle est devenue pour moi d'un seul coup la vision que j'avais de nouveau vue dans la brume, ce que nous entendons par femme - mais maintenant elle était une seule femme spéciale, la vision et la réalité de chair et de sang ensemble.

"Es-tu désolé?" J'ai répété, et ma voix n'était pas la mienne.

Elle m'a souri jusqu'à ce que je reprenne mon souffle. "Pas maintenant, Jerry," dit-elle doucement, "parce que tu m'aimes, maintenant."

Le sable tomba de ma main, formant une forme étroitement moulée, et je détournai mes yeux d'elle. Ils me brûlaient et me piquaient, mais la douleur m'a soulagé et a vidé mon cerveau, et j'ai soudain compris ce que je savais depuis et ce que je saurai jusqu'à ma mort. Là-bas, sur la plage, avant même d'avoir touché sa main, j'étais tombé amoureux de Margarita de manière insensée, désespérée et éternelle.

CHAPITRE X

LE DESTIN PROPOSE UN FÊTE DE L'ÎLE

Je ne sais pas combien de temps nous sommes restés silencieux sur la plage. Un tel silence ne lui était jamais embarrassant, car il me semblait tout à fait normal et habituel, et j'étais trop occupé par mes pensées pour ressentir un quelconque sentiment de retenue. Et pourtant, ce n'étaient guère des pensées : ma tête tournait dans une confusion de regret et de désir, et un instant mon sang se réchauffait avec la joie de ma découverte, et l'instant d'après, un horrible frisson m'envahissait alors que je voyais mes années vides – car si elle ne les remplirait peut-être pas, personne d'autre ne devrait le faire. Finalement, j'ai inspiré longuement.

"Avez-vous faim?" » demanda agréablement Margarita. "Quand j'ai faim, je fais ça très souvent. Si vous venez maintenant, nous prendrons notre petit-déjeuner."

Elle se leva d'un bond avec la légèreté d'un garçon et me tendit la main. Je l'ai pris et nous avons traversé ainsi la plage jusqu'au cottage, et pendant cette promenade, avec sa main ferme et chaude dans la mienne et son pas propre et élastique à côté de moi, je me suis juré que ni elle ni Roger ne regretteraient jamais ce que j'avais fait. elle m'avait fait, et je ne le savais pas, si je pouvais leur cacher cette connaissance. La dernière partie de ce vœu était finalement impossible à réaliser, mais la première, Dieu merci ! n'a jamais été brisée, ni même un instant tendue, et j'aime à espérer que cela comptera un peu à mon honneur, lors de l'audit final, car elle était terriblement séduisante, cette Margarita, et je ne suis plus un stock ou un pierre que les autres hommes, j'imagine.

Nous nous sommes promenés jusqu'au bord de mer du chalet et Roger se tenait là sur sa véranda battue par les intempéries, sa main tendue vers moi avec impatience, un regard anxieux, presque nostalgique, dans ses yeux bleus honnêtes. Il était habillé de façon inhabituelle mais non inconvenante d'un pantalon de serge bleu délavé, trop serré pour les diktats de la mode, mais assez révélateur par la révélation de ses magnifiques cuisses, rentré dans des cuissardes très hautes et surmonté d'une blouse de flanelle grise ouverte au cou pour confort, avec un mouchoir torsadé vert terne en guise de col. C'était vraiment tout à fait pittoresque dans l'ensemble et lui convenait parfaitement, comme l'ont toujours fait toutes les tenues rudimentaires, notamment masculines. Curieusement, il combine à cela, lorsqu'il est en tenue de soirée, la moindre ressemblance avec un maître d'hôtel que j'aie jamais observée chez un Américain ; le prix qu'ils paient, je suppose, pour être les hommes d'affaires et professionnels les mieux habillés du monde.

J'ai compris tout cela, bien sûr, en une fraction du temps qu'il a fallu pour l'écrire, et aussi le fait que le vieux Roger paraissait dix ans plus jeune que la dernière fois que je l'avais vu. Il avait toujours été un homme sérieux et responsable, voyez-vous, un des hommes que l'on mettait sur les choses, et pas particulièrement jeune pour son âge : une grande aide pour lui en tant que jeune avocat en herbe.

Mais maintenant, je revoyais les yeux que nous avions l'habitude de voir sur le terrain de football de New Haven, et même, me sembla-t-il un instant, cette petite attention à la fois inquiète et patiente que je connaissais si bien à l'école lorsque l'un de ces minuscules climax (que cela semblait alors si terrible !) dépendait de lui pour une solution équitable. Ils disaient si clairement, ces yeux honnêtes, qu'il espérait que vous étiez d'accord avec lui et que vous pensiez que sa voie était la meilleure, mais que que vous soyez d'accord ou non, il devrait quand même le faire.

Il avait, comme je l'ai dit, la main tendue, et j'y ai rapidement mis la mienne, d'une manière ou d'une autre sans perdre celle de Margarita en même temps. Aussi inconsciemment qu'une enfant, elle lui tendit l'autre main et nous nous tenâmes comme des garçons et des filles dans un jeu de ring, Roger et moi nous regardant profondément dans les yeux et tenant Margarita fermement.

"Est-ce que tout va bien, Jerry ?" m'a-t-il demandé sincèrement.

"Ce n'est pas grave si tu le dis, Roger," répondis-je promptement. Toute notre amitié était contenue dans cette question et cette réponse, et j'aime à penser que je n'ai jamais demandé d'explications et qu'il n'a jamais songé à en donner jusqu'à ce qu'elles soient plus ou moins inutiles, l'affaire étant réglée.

"Tu n'es pas seul, j'espère ?" dit-il alors que nous entrions dans la maison, un de chaque côté de Margarita. Je lâchai brusquement sa main. Jusqu'à ce moment, j'avais complètement oublié mon sensé curé.

"Pas à moins qu'il ne m'ait abandonné et qu'il soit rentré en ville à la rame", lui assurai-je d'un air contrit, "et j'espère au ciel que vous savez qui il est, car je ne le sais pas ! C'est un très bon garçon, de toute façon, et il nous connaît. , et d'après ce que j'ai vu de lui, il me semble être à peu près l'homme que nous recherchons.

"Merci pour ce "nous", Jerry", dit sobrement Roger en passant son bras sur mon épaule, et je réalisai soudain et complètement que j'avais franchi le pas et franchi mon dernier fossé : l'intérêt de Roger pour l'événement d'aujourd'hui, pour bon ou mauvais, c'était le mien.

"Je vais courir et l'appeler", ai-je commencé, "et attention, mentionnez son nom directement, car c'est un peu gênant pour moi pendant tout ce temps." Quelque chose m'a frappé et je me suis retourné.

"Au fait," essayai-je de dire facilement, "veux-tu que je commence des explications ?"

Il rit brièvement.

"Bon vieux Jerry !" dit-il affectueusement. "Non, j'y arriverai quand je saurai qui il est. Dépêchez-le, car le petit déjeuner est prêt."

Je me suis précipité vers le débarcadère et j'ai hélé le bateau, maintenant bien visible sur la mer claire et claire en mouvement. Elle entra comme une hirondelle, son manteau de rameur enlevé et dégoulinant, et visiblement royalement contente.

"Est-ce que Roger a de la monnaie pour moi ?" » appela-t-il alors qu'il atteignait le palier. "Je ne le garderai pas dix minutes de plus, mais j'aimerais énormément passer par là."

Moi aussi, j'avais commencé à ressentir une sensation de froissement et de cendre, et Roger, qui m'avait suivi à distance, se retourna à mon cri et courut vers la maison, revenant avec une brassée blanche de draps et de serviettes juste après. alors que nous avions glissé dans l'eau bleue et froide. Je n'oublierai jamais son expression mêlée de soulagement, de réel plaisir et d'amusement lorsqu'il reconnut le visage de mon compagnon, flottant à la surface.

"C'est très bien de votre part, Ancien," dit-il simplement, et il descendit de la pierre glissante pour serrer la main dégoulinante qui lui était tendue.

Puis ça m'est venu en un éclair. Astuce Elder, bien sûr ! Il était censé avoir été baptisé Tyler, mais il n'a jamais été connu sous un autre nom que Tippecanoe, pour des raisons plus claires à cette époque, le vieux cri de guerre politique lié à sa renommée nautique s'étant révélé trop tentant pour le reste de sa famille. équipage de classe. Il était dans la classe de Roger ; Je me souvenais déjà qu'il avait entraîné Roger dans un de ses clubs de garçons pour donner une leçon de boxe à certains de ses protégés. Lui et Russell Dodge ont eu une fois une querelle notable et historique parce que Tip avait refusé de rompre leurs fiançailles afin d'emmener danser l'une des nombreuses obligations féminines de Russell. Tip avait constamment refusé d'accepter cette obligation et avait enduré très patiemment de nombreuses pressions de la part de Russell, qui était alors comme aujourd'hui un peu snob et instable ; mais nous avions finalement été contraints (du moins c'est ce que nous pensions, à cette période chaude et délicate) d'accepter ce qui était pratiquement un défi, et nous étions en fait sur la pointe des pieds pour un duel. L'émotion était vive à ce sujet, et il aurait pu y avoir un scandale très désagréable si le bon sens clair et le discours persuasif de Tip n'avaient pas éclaté à la dernière minute de ce nuage d'orage trouble et balayé efficacement toute l'affaire.

Mais aucune de ses réunions de prière, ni le voyage en Terre Sainte qu'il a fait au cours de ses longues vacances, n'ont jamais trompé quiconque connaissait cet homme en le prenant pour un con. Il n'a jamais prétendu que ses idéaux de conduite pratique étaient un peu plus élevés que ceux de dizaines d'hommes qui n'avaient aucun de ses intérêts. Cette absence de bon-bon chez Tip était si marquée que, même si je me souvenais de son visage et le liais vaguement à quelque chose ou autre dans la lignée athlétique, je ne me souvenais jamais de ses autres caractéristiques jusqu'à ce que, à l'accueil chaleureux de Roger, les années s'écoulent. de retour et Tip Elder, rameur et philanthrope, reprit sa place dans ma mémoire.

Nous avons grimpé les rudes marches du palier, nous sommes frottés rapidement et avons enfilé le linge frais que Roger nous avait apporté, parlant de lieux communs, sans même être gênés, dans la lueur et la vigueur de ce bain fortifiant, et j'ai remarqué que les sous-vêtements, bien que de la meilleur lin, était en quelque sorte un peu inconnu dans sa mode, indescriptiblement désuet dans sa coupe.

"Nous parlerons au petit déjeuner", dit Roger tandis que nous nous précipitions vers la chaumière. "Je sais que tu as faim."

Il poussa la porte et nous entrâmes en regardant curieusement autour de nous. Nous nous trouvions dans une grande pièce carrée, évidemment une salle à manger et un salon, lavée d'un plâtre grisâtre, à la fois chaude et fraîche. Il y avait d'un côté un foyer large et profond en briques rouges délavées, et une vieille commode en chêne recouverte d'un très bon service de porcelaine blanche bordée d'or et de plusieurs belles assiettes de Sheffield. Les quelques chaises et canapés ainsi que la grande table au centre étaient tous de ce style géorgien à la fois solide et gracieux que nos ancêtres avaient apporté avec eux ; le sol nu et propre et les tapis faits maison, associés à ces meubles, donnaient un effet plus habituel aujourd'hui dans un chalet d'été qu'il ne l'était alors. Aux murs, huit ou dix aquarelles encadrées de bois rustique ; une *chaise longue en osier usée* avec des coussins en patchwork donnait une note curieusement exotique ; deux rouets, un grand et un petit, flanquaient le feu et portaient toutes les traces d'usage et non d'esthétisme ; un bol en argent contenant l'incontournable datte Queen Anne, magnifiquement ciselé, rempli de capucines ardentes, se trouvait dans un étrange voisinage avec un réveil américain bon marché ; un joli miroir ovale terni reflétait un hideux calendrier floral, publicité de quelque semencier. La pièce tournait en une petite aune, et celle-ci, qui en était évidemment le coin cuisine, pouvait être complètement cachée du reste par un paravent bizarre, très large et très haut, de fabrication artisanale, dont le corps était composé de plusieurs peaux de veau. magnifiquement marqués et adroitement assemblés. Ce dernier donnait une touche d'antiquité surannée, un soupçon d'audace et de primitif qui était délicieusement satisfaisant. Je l'ai pensé à ce moment-là et je pense toujours que c'est une pièce sur dix mille. Il n'y avait pas d'autre porte ni de fenêtre ouvrant sur la plage, ce qui produisait une pénombre adoucie, une richesse pour ainsi dire de lumière et d'obscurité, un enfoncement dans l'ombre de l'âtre et des rouets, une légèreté de la commode et les gens raffinés s'installent à proximité et frappent l'œil avec le même choc de contentement que l'on ressent dans un intérieur hollandais doux - la même impression de connaissance antérieure, d'une maison autrefois familière, à moitié oubliée.

Depuis, j'ai essayé d'analyser le charme de cette pièce, son emprise inévitable sur tous ceux qui avaient le privilège d'y entrer (et je suppose que peu de pièces en Amérique ont abrité un plus grand nombre d'âmes vraiment sélectionnées), et j'ai décidé que son charme consistait en son caractère profondément impersonnel ; son absence totale des caractéristiques, des particularités, des imbécillités, voire des fascinations des autres, aussi attrayantes soient-elles. Il y avait le calme et la distance d'un studio, sans aucune de ses limitations professionnelles ; la domesticité d'une maison, sans son encombrement fatigant ; la liberté d'une auberge, sans son sentiment de surutilisation. Et au-dessus de tout cela coulait la note d'une propreté presque ascétique, d'une pureté assez conventuelle. Comme la plupart des hommes, j'ai une passion cachée pour la propreté parfaite, cachée, car pour le sexe auquel est ironiquement confié le devoir de lustration domestique, la propreté apparaît comme synonyme de bouleversements effrayants et dévastateurs se traduisant par une odeur nauséabonde de savon et de cirage pour meubles. Quand vous aurez appris, chères dames, à *tenir vos domaines propres sans les nettoyer* si furieusement , vous aurez mérité, à nos yeux, votre titre un peu douteux de gouvernantes. En attendant, continuez, au nom du ciel, à nous considérer comme du sexe sale et content !

De la cuisine sortaient des odeurs délicieuses, et tandis que nous nous asseyions autour de la vieille table brillante avec son linge fin et très reprisé et sa porcelaine délicate rehaussée là où c'était nécessaire par de la vaisselle grossière et bon marché du village, un type au visage lourd et à l'expression terne. mes yeux sous une touffe de cheveux nous ont servi ce qui, après mûre réflexion, je crois avoir été le meilleur petit-déjeuner que j'ai jamais mangé. Un bon poisson frais, grillé avec du bacon, beaucoup de ces délicieux muffins à la farine de maïs (je crois qu'ils sont localement connus sous le nom de "gemmes"), des pommes de terre farineuses frites dans de la graisse de bacon et une sorte de confiture acidulée ou de marmelade à base de prunes sauvages. pour couronner le tout, le tout arrosé de café fort et de crème onctueuse, fondu devant nos appétits aiguisés comme la rosée devant le soleil affamé, et nous parlions à peine en nous remplissant.

Beaucoup de choses se combinent pour donner une saveur au repas : la longue nuit inquiète, le plongeon court et frais, l'excitation de notre aventure, le mystère de cette maison vide (car ni Margarita ni aucune autre hôtesse n'étaient présentes) et dans mon propre cas la conscience sauvage et enivrante de cette chose absurde et incroyable qui venait de m'arriver : le sentiment confus mais certain que ce ne pourrait jamais être tout à fait la même chose pour moi qu'avant ma rencontre avec cette fille extraordinaire au maillot rouge délavé. Il était trop tôt pour y penser, j'étais encore stupide à cause du choc, mais mon sang coulait très doucement dans mes veines, l'air délicieux et fort de la plage était dans mes narines et la nourriture était bonne pour la faim des gens. les dieux.

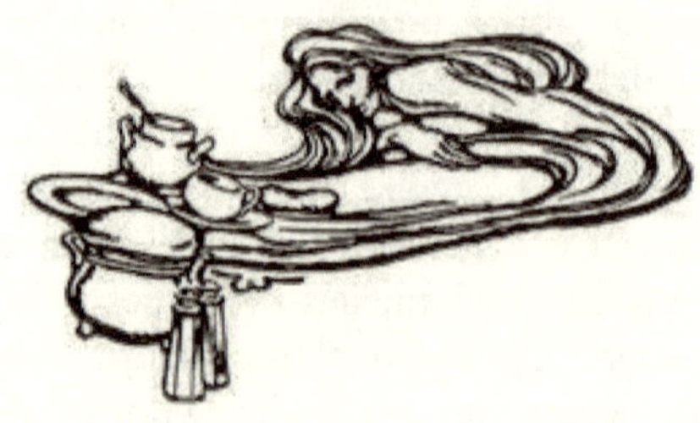

CHAPITRE XI

NOTRE PARSON SE PROUVE CAPABLE

A la fin, même nous ne pouvions plus manger, et Roger sortit une vieille pipe que je n'avais jamais vue auparavant, poussa vers nous un pot de tabac parfumé, nous sortit des pipes de la cheminée et croisa définitivement les jambes.

"Je suppose, Tip," dit-il, "tu te demandes pourquoi tu es ici, hein ?"

"Un peu", dit Tip confortablement, "mais pas trop. Pour vous dire la vérité, les amis, je n'ai pas passé un aussi bon moment depuis... oh, depuis dix ans, devrais-je dire ! D'une manière ou d'une autre, j'ai l'impression que tout sauf ce moment réel - ce petit-déjeuner, cette pipe, cette vieille chambre étrange - était une sorte de rêve et c'étaient les seules choses qui comptaient.

"Je sais," répondit tranquillement Roger, "c'est comme ça qu'on se sent ici. L'endroit est ensorcelé, je pense. Eh bien, Tip, je veux me marier, et je préférerais que ce soit toi qui fasse les affaires. que n'importe quel homme que je connais."

"Je m'en doutais plutôt", dit Tip, "et je serai très heureux de le faire pour toi, Roger. Qui est-elle ?"

Il y eut une longue pause ici, et Roger tira lentement et pensivement une bouffée d'air sur la vieille pipe et regarda par la porte ouverte vers la petite baie. Peu à peu, il parlait, et la clarté concise de ce qu'il disait était ce qui le caractérisait le plus.

"Bien sûr, je n'ai pas du tout besoin d'entrer dans tout cela", commença-t-il, "à moins que je le veuille. En fait, mon idée initiale était de demander à un parfait inconnu (comme je pensais que Jerry l'amènerait) de nous épouser sans qu'il soit "Je suis plus sage. Mais dès que je t'ai vu, Tip, j'ai senti que j'aimerais que tu le saches. Mais je préférerais que tu le gardes pour toi."

Il s'arrêta un instant et Tip acquiesça gravement.

"Bien sûr, vous avez ma parole", a-t-il déclaré.

— La femme que je vais épouser, poursuivit Roger de sa voix calme et pratique, est née et a grandi sur cette petite presqu'île. Elle ne l'a quittée qu'une seule fois dans sa vie. Sa mère est décédée alors qu'elle un bébé, son père il y a quelques semaines, devrais-je dire. Elle ne connaît pas le nom de son père, ni, par conséquent, le sien. Il ressort clairement de cette maison, des meubles et des livres, qu'il était un gentleman et un homme instruit. 1. D'aussi loin qu'elle se souvienne, ils ont été servis et soignés de toutes les manières par une femme appelée Hester Prynne et ce type idiot appelé Caliban. Bien sûr, je n'ai aucune idée de leurs vrais noms. La femme est décédée très récemment. " Et la jeune fille resta seule. Il y avait un grand coffre assez bien rempli d'argent sous le lit de son père, mais pas une ligne ou un mot dedans qui donnerait la moindre idée. Soit son père, soit sa mère devait être italien, je pense, les deux d'après son nom et son type général, mais elle ne connaît pas du tout l'italien, seulement un français simple et enfantin. Elle est la seule femme que j'épouserais jamais si je vivais cent ans, et je veux que vous le fassiez aujourd'hui. Veux-tu?"

J'ai repris la longue inspiration que j'avais retenue pendant ce discours et j'ai ressenti un grand soulagement. Après tout, tout était si simple ! J'espérais que Tip ne le gâcherait pas, mais j'avais peur qu'il le fasse. Il n'était pas du tout ce qu'on pourrait appeler un homme du monde : il s'était toujours senti terriblement responsable des actes des autres, et cet acte en particulier était, pour le moins, certainement plutôt inhabituel. Mais j'avais sous-estimé à la fois l'enthousiasme de Tip et l'effet de la personnalité grande et calme de Roger. Car Tip regarda longuement sa pipe, puis Roger, puis de nouveau la pipe, et dit :

"Je le ferai sûrement, Roger. Et j'en serais heureux." Et voici Tip Elder pour vous !

Nous avons fumé encore un moment en silence. Finalement, Tip reprit d'une manière nonchalante, comme si, la question principale étant réglée, ce n'était qu'un détail, mais qu'il valait aussi bien en parler.

« Et le nom, Roger ? Il a demandé. "Est-ce que ça ne sera pas un peu gênant ? À la maison, tu sais. Je suppose que tu ne pouvais pas attendre de le découvrir ?"

Roger avança un peu la mâchoire et pinça la bouche, un truc qu'il avait quand il était dérangé mais ne voyait pas d'issue.

"Non, je ne pouvais pas," dit-il pensivement. " D'abord, à vrai dire, je ne crois pas vraiment qu'il y ait une chance de le découvrir, sauf par pur hasard. Il n'y a pas la moindre trace de preuve sur cet endroit, et c'est sans aucun doute intentionnel. J'ai ouvert " Chaque livre dans la chambre de son père et il n'y a aucune collection de vieux détritus dans aucun placard - il n'y a pas de grenier - et pas une lettre ou une facture dans la maison. Un médecin est venu ici une ou deux fois, mais il n'a jamais prononcé le nom de son père devant elle. , et Hester lui a dit qu'il venait de New York. Caliban a fait le marketing et a tout payé cash. L'opérateur télégraphique, qui est le seul avec qui j'ai parlé dans la ville, représente probablement l'attitude de tout le monde là-bas, et il pense évidemment qu'un reclus excentrique habite ici et que sa gouvernante est plutôt réservée et « insociable », comme il le dit. C'est assez étrange qu'ils ne soient pas plus curieux, mais elle a dû savoir comment s'y prendre. avec eux, car l'intérêt que chacun a pu ressentir s'est éteint depuis longtemps. Ils savent que cet homme avait une fille et qu'elle a grandi maintenant, mais cet homme m'a dit qu'il avait entendu dire qu'elle marchait pieds nus la plupart du temps, et il y avait un une demi-rumeur disait qu'elle était débile d'esprit, et c'était pour cela qu'ils restaient si proches. Il pense que j'embarque ici, apparemment. Je suppose que tous les garçons ou clochards curieux qui auraient pu être tentés par ici ont été effrayés par les chiens – il y en avait deux auparavant.

Il fit une pause pour remplir à nouveau sa pipe et Tip hocha la tête avec compréhension.

« Je vois, dit-il, c'est une situation extraordinaire, n'est-ce pas ?

Une autre pause, et il ajouta, en détournant soigneusement les yeux du visage de Roger :

"Cette gouvernante, maintenant—vous ne pensez pas que ce soit possible——"

"Non, je ne le fais pas," l'interrompit brièvement Roger. "Elle et le père ont dit à Margarita qu'elle ressemblait à sa mère, et que sa mère était très bonne et très belle, mais qu'elle ne portait pas son nom. Elle est morte quand l'enfant est né, et Hester était alors avec eux. En outre, son père la corrigeait pour avoir utilisé des expressions d'Hester et lui interdisait de tenir son couteau et sa fourchette comme le faisait Hester, et des choses de ce genre. Elle ne mangeait jamais avec eux non plus. Margarita dit qu'Hester aimait son père mais qu'il était toujours Peur de lui."

Caliban avait maintenant la table débarrassée, et Tip et moi regardions nos reflets dans le magnifique acajou brillant où se trouvaient nos assiettes. Je suppose que nous avions tous deux la même chose en tête. Quel étrange mariage pour un Bradley ! Quel effet incongru, dans la vie stable du vieux Roger ! Quand on considère tous les Jackson, Sears et Cabot qu'il aurait pu épouser – il y avait une fille Cabot aux joues rouges et à la taille importante que la vieille Madame Bradley avait longtemps et ouvertement favorisée – on ne pouvait que haleter devant la situation actuelle. Une Miranda sans nom de famille, dont les seules possessions étaient un coffre d'argent, quelques morceaux de vieil acajou et un chien bringé !

"Je n'ai pas encore vu la jeune femme, tu sais, Roger", lui rappela enfin Tip doucement, et Roger, sortant de son abstraction avec un rapide sourire, s'avança jusqu'au pied de l'escalier et appela : "Margarita ! Margarita ! *Viens, chérie !*"

Elle venait, hésitant d'escalier en escalier comme le fait un enfant, et je reprenais mon souffle en la voyant, comme je l'ai toujours fait chaque fois qu'elle apparaissait dans une robe nouvelle et différente. Car elle avait enlevé le maillot délavé et enfilé une robe plus longue et plus féminine, ornée d'une sorte d'imprimé bleu clair. Il était également décoloré et très lavé, évidemment, mais son ton terne et doux et ses lignes simples et rares ne faisaient que mettre davantage en valeur ses couleurs riches et sa silhouette forte et souple. Le corps se croisait sur lui-même simplement devant, comme un foulard d'antan, laissant sa gorge nue jusqu'au petit creux à la base ; autour de sa taille se trouvait une ceinture de plaques d'argent carrées fortement ciselées, reliées entre elles par de délicats maillons d'argent. Ses longues tresses étaient liées autour de sa belle tête ronde, et cette coiffure, avec sa raie classique, faisait ressortir la pureté de ses traits et leur régularité de pièce de monnaie. Je vis tout de suite qu'elle était plus âgée que je ne l'avais cru sur la plage : je ne lui en avais pas alors donné vingt.

Roger lui prit la main et la conduisit dans la pièce.

« Voici Margarita », dit-il simplement, mais son visage disait tout ce qu'il ne disait pas, et je remerciai le ciel de ce que ni Elder ni moi n'avions été assez stupides pour tenter ce que nous aurions probablement dû appeler un raisonnement avec lui.

"Est-ce l'homme qui va nous épouser ?" » demanda-t-elle gravement en lui prenant la main offerte d'un geste charmant et libre.

"Roger va me faire le plaisir de le rendre si heureux, oui", dit Tip très cordialement, pensais-je, et avec plus de grâce que je ne l'avais cru capable de le faire. Mais elle ne lui souriait même pas, et c'était assez surprenant, car elle m'avait souri, et je ne la connaissais pas depuis assez longtemps pour comprendre qu'elle n'avait absolument aucun de ces mouvements superficiels des lèvres et des yeux qu'on apprend ainsi. bientôt et si inconsciemment dans ce vieux monde cynique. Quand Margarita ne se sentait pas poussée à sourire, elle ne le faisait pas, c'est tout, tout comme elle ne faisait pas semblant d'avoir l'air grave devant la mort de la seule femme qu'elle ait jamais connue dans sa vie. Elle n'avait jamais appris le jeu, voyez-vous.

« J'aimerais mieux que tu le fasses », me dit-elle, et une joie idiote remplit tous les plis de mon cœur.

"Il ne peut pas le faire, ma chérie", dit doucement Roger, "seul M. Elder le peut", et le regard d'appel qu'il lança à Tip aurait touché un cœur plus dur que celui de ce cher garçon.

"Tu vois, mon vieux," murmura-t-il en s'excusant, "elle dit exactement ce qu'elle pense, sans fioriture, elle ne comprend pas encore..."

Et ce bon vieux Tip lui sourit en retour et lui dit qu'il comprenait, si Margarita ne le faisait pas, et peut-être qu'elle serait disposée à faire un peu sa connaissance et à sortir avec lui sur la plage ?

"Je veux aussi être votre amie, Miss Margarita, ainsi que celle de Roger", conclut-il.

"Je marcherai avec toi si Jerry vient aussi", dit-elle placidement, et nous avons donc tous ri - moi un peu incertain - et Tip et moi l'avons emmenée faire une promenade.

Et ici je dois m'arrêter et mentionner une chose très intéressante. Bien qu'elle l'ait revu souvent par la suite, car l'intimité renouvelée là-bas après tant d'années ne s'est jamais démentie depuis, et il s'est étrangement et sainement intégré à toutes nos vies, Margarita n'a jamais pris soin de Tip. Pendant longtemps, je n'ai pas compris pourquoi, et j'ai toujours attribué son extraordinaire invulnérabilité à son charme au manque d'intérêt pour lui, mais tout à coup, un jour, cela m'est venu (dans mon bain, je m'en souviens ; j'ai mis beaucoup de savon dans mon œil au point de penser que je devrais devenir aveugle) et j'ai réalisé tout d'un coup à quel point j'avais été idiot. Elle ne se souciait pas de lui simplement *parce* qu'il ne s'abandonnait pas à elle. Il était le seul homme qui ait jamais eu quelque chose à voir avec elle, autant que je sache, qui n'était pas, à un degré ou à un autre, amoureux d'elle. Il admettait sa beauté et son charme, il admirait son talent, il respectait sa franchise, mais il n'a jamais été le moins du monde amoureux d'elle, et à l'exception de J... n S... t, qui n'a pas réussi à faire d'elle une belle image. , pour la même raison, je crois, il est le seul homme que je connaisse qui ait jamais eu l'occasion, dont on puisse dire cela.

Et à partir du moment où leurs regards se sont croisés, Margarita a vu cela (ou plutôt l'a ressenti, car elle n'avait pas encore suffisamment l'habitude de lire les gens pour pouvoir le voir) et — il n'existait tout simplement pas pour elle.

Car je dois l'admettre : c'était sa faute particulière, ça. Et je dois m'empresser d'ajouter que je l'en aimais d'autant plus. Elle *était* sans cœur dans une situation pareille. Ce serait une folie de le nier. Cela faisait autant partie de sa personnalité enchanteresse, et aussi peu un défaut à mes yeux indulgents, que les trois petits grains de beauté sous son menton (de vrais *grains de beauté*) ou son refus total de s'intéresser aux affaires des gens ou de manger le l'intérieur de ses petits pains et tranches de pain. Tous les défauts, sans doute — mais qui aurait ou aimerait une femme irréprochable ? Pas moi, en tout cas, car je l'aimais, je l'aime et je l'aimerai jusqu'à ce que mon cœur ne soit plus qu'une poignée de poussière, et elle était loin d'être irréprochable, ma Margarita.

Et pourtant, de manière assez caractéristique, c'est vers Tip qu'elle a pris ce qui était sans aucun doute la grande décision de sa vie, et Tip qui l'a influencée dans cette décision. Elle savait à qui s'adresser, et elle savait qu'il était la seule personne qualifiée pour lui donner des conseils absolument sans préjugés. Oh oui! elle savait. Tout comme les bêtes cherchent la racine, l'herbe ou la fleur qui les guérira, elle s'approcha de lui avec un instinct aussi vrai que le leur. Et moi, Dieu me pardonne, j'étais un tout petit peu jaloux de lui pour ça ! Les hommes sont faits d'une curieuse argile, mes maîtres, et c'est vraiment un monde fou.

Après notre retour de notre promenade, au cours de laquelle elle et moi avons parlé et que Tip a écouté tranquillement, il s'est dirigé vers Roger et j'ai laissé Margarita caresser le chien et je l'ai rejoint.

"C'est une charmante créature, Roger," dit-il pensivement. « Je ne veux pas m'en mêler un seul instant, mais au cas où vous n'y auriez pas pensé, puis-je suggérer une chose ?

"Tire en avant", dit Roger. Il avait changé de vêtements et apparaissait dans son costume habituel ; ses plis nets et sa couleur calme faisaient de lui l'avocat responsable et peu romantique que j'avais connu, et ôtaient à la situation le dernier vestige de bizarrerie dramatique. Tout cela semblait assez naturel et sobre.

« As-tu pensé à l'emmener chez ta mère et à l'épouser là-bas, Roger ? Le pourboire continua tranquillement. "Supposons qu'elle l'adopte, même - vous pourriez arranger tout cela aussi facilement - alors il n'y aurait pas de gêne. Dans l'état actuel des choses, cela pourrait être un peu inconfortable... ce n'est pas comme si vous n'étiez personne, vous tu sais, mon vieux, et tu ne connais pas son nom, tu vois, et... »

J'avoue que cela m'a semblé un moment extrêmement pratique, et j'ai regardé Roger avec espoir. Mais il secoua la tête.

" Je vois ce que tu veux dire, Tip, " dit-il, " mais c'est impossible. J'aurais aimé que ce ne soit pas le cas. J'y ai pensé, bien sûr. Mais il y a des raisons pour lesquelles cela ne fonctionnera pas. Je n'essaierai pas de le faire. Je nie que ce soit un coup dur pour ma mère. Je la connais trop bien pour envisager un instant la possibilité qu'elle m'aide de cette façon. Elle... elle est très fière et... et elle a ses propres idées... Ma cousin aussi… Oh, Seigneur ! » conclut-il soudain, "Jerry vous dira que ça ne marchera pas."

Bien sûr, ce ne serait pas le cas. En un éclair, j'ai vu cette maison sombre et déterminée de Back Bay, le visage froid et exsangue de Madame Bradley et les yeux malicieux de Sarah sondant, sondant l'inconscience cristalline de Margarita. Il me sembla soudain que la mère de Roger ne pardonnerait peut-être pas cette affaire, et que Sarah ne le ferait certainement pas. J'ai vu sa mère dans une série de flashs rétrospectifs, comme je la voyais depuis vingt-cinq ans : à chaque fois un peu plus impersonnelle, un peu plus renfermée, un peu moins tolérante. Je me souvenais de la querelle tranquille et amère avec le président de l'université où il se serait naturellement rendu, et de son résultat en l'envoyant à Yale, le premier de son nom à déserter Harvard, au grand étonnement et à l'horreur de ses parents. Je me souvenais du froid ressentiment qui avait suivi sa décision d'aller travailler à New York, fondé très judicieusement, pensais-je, sur l'impossibilité de se soumettre à la grande entreprise de son oncle – le chef de famille – et sur l'inopportunité de travailler à Boston sous sa direction. défaveur. Je me souvenais du bannissement de sa sœur cadette suite à son mariage déplaisant (la vieille dame la lisait en fait hors de la famille avec une cloche et un livre) et de la mort sociale ultérieure de la pauvre femme et du déclin amer de sa santé et de son esprit. Je me souvenais de la triste mort de sa seconde sœur et de la philosophie pierreuse de sa mère impénétrable. Je me souvenais de la fille aînée, d'une beauté éclatante, dont la carrière aurait pu frôler les jupes de la royauté réelle, et dont le mystérieux renoncement à tout triomphe et à toute joie possible à la femme (on pourrait le supposer) et sa conversion soudaine et sa retraite dans un ordre catholique romain ont convulsé Boston. pendant neuf longs jours et a brisé le cœur de Madame Bradley au point qu'elle n'a plus jamais souri - et n'a jamais, murmura-t-on, pardonné au Dieu qui avait permis un tel naufrage. Qu'elle aimait Roger, je dois le croire ; qu'elle était fière de lui et qu'elle le considérait avec une sorte de loyauté sévère et fanatique en tant que chef de sa famille, je le savais. Mais je ne la voyais pas adopter, ni même tolérer, Margarita au nom inconnu. Non, ça ne marcherait pas. Et je l'ai dit à Tip de manière très décidée.

"Mais si tu voulais l'emmener chez ma mère, Roger", risquai-je en voyant en imagination la chère femme roucouler devant la beauté mystérieuse et romantique de Roger (elle l'adorait et aurait d'ailleurs adopté une femme de chambre si je l'avais supplié). à elle), "ça pourrait être arrangé, je sais..."

"Merci, Jerry," l'interrompit-il brièvement, "mais ça doit être maintenant. Je ne peux rien laisser arriver. N'importe quel glissement..." J'ai vu ses mains se serrer, et je savais pourquoi. Je ne pouvais pas dire si Tip le savait ; il ne l'a jamais indiqué, ni à ce moment-là ni par la suite, mon bon gars. Mais il n'était pas idiot. « *Mêlez-vous de c'qui vous regarde !* » comme on disait à Vevay, et Tip s'occupait bien de ses affaires.

"C'est bon," dit-il rapidement, "Je pensais seulement que j'allais en parler. Qu'en est-il du permis dans cet État ?"

Ils parlèrent un peu à voix basse, et je regardai Margarita et pensai aux étranges hasards de la vie, et comment nous sommes pressés par ceci et cela et nous échouons l'un sur l'autre, et frôlons parfois les rapides, pour faire naufrage plus tard dans des bas-fonds clairs. , peut-être.

"Si tu es prêt, alors ?" » dit Tip, et nous avons tous traversé la plage et nous nous sommes retrouvés debout sur un grand rocher lisse qui serait coupé en cas de pleine marée haute, avec Caliban, propre et calme et pathétiquement attentif, derrière nous, et avec lui un personnage curieusement familier. étranger, très bien habillé, aux yeux fatigués. Pendant que nous nous regroupions là et que Tip sortait un petit livre de sa poche, je me suis souvenu du visage de cet inconnu : c'était l'opérateur télégraphiste ! Roger, qui n'avait rien oublié, l'avait amené pour l'autre témoin.

"Cher bien-aimé", dit Tip d'une voix claire et grave, et je me réveillai en sursaut et compris que le vieux Roger allait se marier. Margarita, dans sa gracieuse robe bleue délavée, le regardait avec curiosité, une main dans celle de Roger ; le soleil de midi tombait sur nous depuis un ciel turquoise et sans nuages ; les petites vagues parcouraient la pointe des rochers, se brisaient et retombaient musicalement.

Pour apprécier ces phrases pittoresques du service de mariage, il faut les entendre sous les cieux, seul, sans demoiselles d'honneur, sans voix qui souffle sur l'Eden, sans fleurs mais la grande poignée de capucines enflammées que Roger avait mises entre ses mains (aucun lys vierge n'a poussé sur ce rocher !) et un homme calme habillé comme les autres hommes sont habillés, avec seulement la conscience de sa vocation à le séparer du reste d'entre nous. Elles ont tenu bon, ces vieilles phrases surannées, je vous l'assure ! Mais c'est alors que j'ai appris à les respecter.

Néanmoins, Roger *avait* oublié quelque chose.

"Où est la bague ?" le télégraphiste m'a fait signe avec ses lèvres. Ses yeux fatigués exprimaient un léger intérêt. J'ai vu les lèvres de Roger pincées ; pendant un instant, ses yeux quittèrent le visage de Margarita et je sus qu'il venait de s'en souvenir. Je baissai vaguement les yeux, et mes yeux tombèrent sur la fine bague usée à mon petit doigt – l'alliance de la mère de ma mère. Dans un de ces éclairs de mémoire, je me suis vu, redevenu un garçon, commençant ses études universitaires, et ma mère le mettant à mon doigt.

"Je crois que c'était la meilleure femme qui ait jamais vécu, Jerry. Je l'ai prise quand elle est morte. Je veux que tu la portes, et peut-être penseras-tu... oh, ma chérie ! Je sais qu'il est difficile d'être une bonne femme." mec, mais vas-tu essayer ? »

Ma chère, chère maman ! Je pense que j'ai essayé, je l'espère.

Je l'ai retiré de mon doigt – je l'avais parfois enlevé, mais jamais pour une si bonne raison – et je l'ai mis dans la main de Roger. Il l'a accepté aussi inconsciemment que si cela venait du ciel – et c'est ma bague qui a épousé Margarita.

CHAPITRE XII

JE QUITTE EDEN

J'AI L'impression de voir... une belle femme en robe bleue assise sous un arbre fruitier

Aussi clair que je sois sur mille petits points qui concernent ma première rencontre avec Margarita, mon esprit est parfaitement vide lorsque j'essaie de me rappeler les événements de la demi-heure suivante. Nous avons dû, bien sûr, avoir quitté le rocher, car j'ai un vague souvenir d'avoir bu des santés dans cette chère vieille pièce et signé nos noms sur quelque chose. Mais dans quel ordre nous l'avons laissé, de quoi nous avons parlé, si nous avons parlé du tout, et comment nous nous sommes finalement retrouvés seuls, je ne le sais pas. Et pourtant, il me semble que quelqu'un — n'est-ce pas moi ? — a discuté avec quelqu'un des remèdes contre l'insomnie, et qu'une tierce personne nous a assuré que seul un changement complet de décor pourrait être d'un bénéfice durable. Et ma raison m'assure que Tip, moi et le télégraphiste étions sûrement ces trois-là, car il me semble voir, comme à travers une faible brume, une belle femme en robe bleue assise sous un arbre fruitier, avec une tête de chien dans l'intérieur. ses genoux, une poignée de capucines enflammées à sa ceinture, et un homme allongé à ses pieds, la main dans les siennes et les yeux fixés sur son visage. Cela ne pouvait guère être Roger, pourrait-on penser, car Roger n'était pas un homme démonstratif, et certainement pas susceptible de l'être dans ces circonstances... et pourtant, si ce n'était pas Roger, qui aurait-il pu être ?

Après cela, je m'en souviens assez bien. Caliban devait ramer le télégraphiste, comme il l'avait amené, et tandis que le petit garçon hagard s'avançait pour lui dire au revoir, Margarita et Roger surgirent de quelque part pour les recevoir. Il lui serra cordialement la main et essaya honnêtement de ne pas la regarder avec trop d'admiration.

"Cela a été un grand plaisir, Mme Bradley, un réel plaisir pour moi", dit-il, "mis à part la romance et—et ainsi de suite, vous comprenez. Ce n'est pas souvent que je peux m'amuser ainsi pendant la journée. , et je ne devrais pas me demander si l'air et l'eau et tout cela m'ont fait dormir un peu ce soir ! Je n'ai pas pensé, lorsque M. Bradley a demandé une heure de mon temps aujourd'hui, que je devrais aller au mariage de la Miss Prynne dont j'avais tant entendu parler.

Tip et moi nous regardâmes de manière irrépressible, nous demandant si cette suggestion plairait à Roger. Mais je crois qu'il n'avait pas prêté attention à ces paroles et que son sourire était simplement aimable et poli. Ainsi, celui qui ne dormait pas s'en allait, le plus riche d'une boîte de bons cigares, et Tip et moi devions planifier notre propre départ.

Pour moi en tout cas, Roger ne semblait pas pressé. Lorsque Tip lui assura qu'il devait absolument prendre le prochain train possible, il obtint un horaire et organisa un court trajet à travers la campagne jusqu'à une petite gare qui profitait de la résidence d'été d'un magnat des chemins de fer et qui pourrait le relier à un train. autrement impossible à exprimer ; mais il m'a exhorté à m'arrêter en termes si incontestablement sincères que j'ai vu qu'il voulait vraiment au moins quelques heures de plus en ma compagnie ; et comme j'avais découvert qu'un train de lait s'arrêtait au village à dix heures du soir, et que j'avais appris par expérience qu'on pouvait accomplir beaucoup avec un billet de banque, un cigare et un serre-frein obligeant, j'étais assez heureux de rester et avec un Curieuse sensation de retour au monde réel, j'ai traversé la plage avec Roger et Margarita, qui se sont laissés tomber sur le sable avec le grand chien à leurs pieds. Je les ai rejoints tranquillement et nous sommes restés assis, sans parler, pendant au moins trois longues et dorées heures. Ils m'ont entraîné, moi qui étais naturellement plutôt bavard, dans l'un de leurs silences profonds et paisibles, et justement parce qu'il y avait tant de choses à dire, nous avons sagement laissé cela sous silence et nous sommes reposés comme les animaux (ou les anges, peut-être ?) dans un environnement riche. contenu.

C'est alors que j'ai compris le principe vital de la Maison de Réunion des Amis et réalisé combien de chaleur et de vulgarité de la vie la meilleure tradition Quaker enfouit sous les vagues fraîches et profondes de son inestimable Silence. Pour ces artistes, le manque de parole n'est pas une répression, loin de là. Moi-même, je n'ai jamais vécu plus généreusement que ce merveilleux après-midi, et les quelques heures qui suivirent n'étaient que du plaisir.

Plus tard, Caliban nous apporta un pique-nique sur la plage, puis Roger écrivit quelques lettres, me donna de nombreuses instructions pour son partenaire, énuméra les affaires à reporter d'une semaine et celles à lui envoyer pour une attention personnelle (peu précieuses, ces !) et j'ai accepté ma suggestion selon laquelle, à son retour en ville, ma mère les rencontrerait et prendrait en charge Margarita pour les achats qui devaient être faits avant l'année du voyage qu'il avait l'intention d'emmener avec sa femme, un homme chanceux, dont le destin avait pris les genoux. remplie de tous ses cadeaux !

Il devait me faire savoir quand il viendrait et je devais lui transmettre la réponse de sa mère à la lettre qu'il lui avait écrite ; la plupart de leurs rapports sexuels ces derniers temps avaient été de ce genre, car la mort récente de son oncle avait rouvert la question épineuse de la résidence à Boston et son incapacité à se conformer à ses exigences déraisonnables avait mis à nouveau à rude épreuve des relations jamais très proches, humainement considérées. Les malheureuses premières années de retenue familiale, l'absence de toutes ces intimités faibles et tendres, assez courantes dans les familles de la Nouvelle-Angleterre, avaient porté leurs fruits légitimes, et le doux cœur passionné de ma mère se glaça à la simple pensée de la réserve glaciale de Madame Bradley, tandis que moi, je l'avoue, elle n'a jamais été qu'une abstraction désagréable.

Et puis le moment est venu et Caliban a fait traverser le bateau et j'ai serré la main de Margarita et je me suis levé pour partir. Roger m'a pris mes deux mains et les a tordues.

"Je ne pouvais pas parler de la bague, Jerry," dit-il rapidement et très bas, "ça ne sert à rien d'essayer. Mais tu comprends ?"

"C'est bon, Roger," murmurai-je précipitamment, "c'est le meilleur usage que je puisse en faire. Au revoir, mon vieux. Que Dieu vous bénisse, Roger", et je tombai dans le bateau.

Caliban tira fort sur les rames et nous glissâmes. Je les ai regardés une fois. Pendant une bonne minute, mon cher ami, il m'a regardé avec mélancolie (oh, Roger, tu n'oublieras jamais, jamais, je sais ! Vingt-cinq ans sont passés et disparus ce soir, et leur étroite et sans égal compagnie, et je suis désormais seul — mais tu n'oublieras pas !) et puis ils se sont tournés l'un vers l'autre et je n'étais plus qu'un point sur l'eau du soir. "Mettez-y le dos, mec; s'entendez bien, n'est-ce pas?" J'ai grogné à Caliban. Nous avons filé en avant et les avons laissés l'un à l'autre, seuls sous la lourde lune jaune et les étoiles proches et secrètes.

QUATRIÈME PARTIE

DANS LEQUEL LE RUISSEAU serpente à travers un marais maussade et devient un ruisseau

Hélas pour ce ventre malheureux !
Hélas les seins qui t'ont allaité !
Je t'aurais déposé dans ton tombeau
Ou cette sorcière aurait déjà épousé avec toi !

Hélas mon fils qui est devenu si fort !
Hélas, ces mains que j'ai tendues vers l'arc !
Ou bien, si tu entendais cette chanson dévergondée,
je t'aurais tiré dessus il y a bien longtemps,
à travers le cœur noir qui m'a fait tant honte !

Sir Hugh et les sirènes.

CHAPITRE XIII

DES PAILLES QUI MONTRENT LE VENT

[À Roger de la part de sa cousine Sarah]

Boston , 7 septembre 188—

Mon cher Roger :

Votre mère, je suis désolé de le dire, n'est pas physiquement en mesure de répondre à votre lettre surprenante et des plus inquiétantes, et m'a confié la tâche désagréable de le faire. Il est, comme vous le dites un peu brusquement, inutile de discuter longuement de ce que vous avez fait, puisque celui-ci est irrévocable. Nous ne pouvons cependant que sentir qu'une chose entreprise si hâtivement ne peut produire aucun bien (si, en effet, l'affaire a été aussi soudaine que vous nous faites le supposer).

Pour une femme de la profonde famille de votre mère, cette alliance avec une fille anonyme de la rue, si je lis bien votre lettre, peut être tout simplement humiliante. Elle me charge de vous dire qu'elle ne peut prendre connaissance d'un tel lien avec une quelconque justice pour les intérêts de la famille, et que même si vous serez toujours le bienvenu ici, elle ne peut s'engager à prolonger davantage l'accueil avec une quelconque sincérité de cœur.

J'ai fait venir, suite à vos suggestions, Winfred Jerrolds, mais je ne peux pas dire que ses aveux manifestement involontaires ont rendu l'affaire plus acceptable – comment pourraient-ils le faire ? Certaines des déductions que j'ai été obligé de tirer, je ne peux pas me résoudre à en discuter, même avec votre mère. L'éducation française de Winfred et l'influence d'une mère faiblement affectueuse ont singulièrement déformé sa perception morale. Il nous est impossible de ne pas penser que si vous aviez suivi les conseils de tante Miriam et vous être établi à Boston, ces terribles résultats auraient été évités. J'essaie de croire qu'avec les normes modifiées de la ville que vous avez choisie, votre fibre même s'est tellement affaiblie que vous ne pouvez pas comprendre l'étendue de l'erreur que vous avez commise.

Winfred Jerrolds a peut-être, comme vous le dites, été votre meilleur ami, dans un sens, mais je crains que ce sens ne soit très restreint. Il a certainement réussi au-delà de tout ce qu'il aurait pu espérer dans ses relations avec notre famille. J'ai toujours pensé que ses attentions envers l'oncle Winthrop n'étaient pas naturelles chez un si jeune garçon, mais il a toujours été politique. Je suis informé par le partenaire de l'oncle Searsy qu'on ne peut rien y faire ; vous serez probablement content.

Vous comprendrez, je l'espère, que vivant comme je le fais avec tante Miriam, je ne peux, avec convenance, prendre aucune décision contraire à la sienne en ce qui concerne votre mariage. Peut-être sera-t-elle plus réconciliée avec le temps, je l'espère, car ce doit être une pensée terrible pour vous qu'elle puisse mourir avec les sentiments qu'elle éprouve actuellement pour son fils unique !

Votre affectueux cousin,

SARAH THAYER-BRADLEY.

[DE MA MÈRE]

STRATFORD, CONNECTICUT,

7 septembre 188—

MON CHER GARÇON :

C'est un mot hâtif pour vous dire que je crains de ne pouvoir venir chez vous et aider la chère épouse de Roger (comme elle doit être intéressante et belle !) car je dois rester et soigner la pauvre vieille Jeanne, qui a fait une mauvaise chute en supportant les nouveaux rideaux et s'est presque fracturé la hanche. Elle souffre énormément et ne peut supporter personne d'autre que moi à son sujet. J'aurais plaisir à aider la femme de Roger avec son trousseau : comment est-il arrivé sur l'île où elle vit ? Est-elle une des Prynnes du Devonshire ? Votre père connaissait un colonel Prynne – de la cavalerie, je pense. Comme Roger va te manquer – car ce sera différent, maintenant, Winfred – ça doit l'être, tu sais. Oh, mon cher garçon, si seulement je pouvais aider *ta* femme ! Si seulement je pouvais te voir avec tes propres enfants ! N'attendez pas trop longtemps. Votre père et moi n'avons passé que quatre ans ensemble, mais je revivrais toute ma vie sans changement, pendant ces quatre ans. Il faut que j'aille chez Jeanne, maintenant.

Ta MÈRE AIMANTE .

[DE LA SŒUR DE ROGER]

NEWTON, MASSACHUSETTS,

10 septembre 188—

CHER JERRY :

J'espère que vous et Roger ne me trouverez pas méchant, mais Walter n'entendra pas que je recherche la femme de Roger, comme vous me le demandez. Vous voyez, Mère commence tout juste à être gentille avec lui, et

nous ne pouvons pas nous permettre de perdre sa bonne volonté, Winfred
– nous ne pouvons tout simplement pas. Je pense que Roger a parfaitement
le droit d'épouser qui il veut et je ne crois pas un mot des choses horribles
que dit Sarah. Ce n'est pas vrai, n'est-ce pas ? Mais bien sûr, ce n'est pas le
cas. Mais pourquoi Roger a-t-il agi si soudainement ? Pourquoi ne pas la
rencontrer d'abord ? Que penseront les gens ? Elle me détestera, je suppose,
mais Roger sait ce que nous avons souffert de Mère et j'espère qu'il
comprendra. Les yeux de Walter sont très mauvais, ces derniers temps, et
maman va demander au cousin Wolcott Sears de l'envoyer pour des affaires
confidentielles en Allemagne, le voyage lui fera tellement de bien ! Expliquez
à Roger, il comprendra. Et demandez-lui de m'écrire, s'il le veut.

Toujours le vôtre,

ALICE BRADLEY-CARTER .

[DE L'ONCLE DE ROGER]

3——— AVENUE DU COMMONWEALTH ,

Boston, Massachusetts, 12 septembre 188—

MON CHER ROGER :

Votre mère m'a fait part des faits relatifs à votre mariage, et bien que je ne
puisse prétendre que la précipitation et le mystère apparent qui l'entoure
soient entièrement satisfaisants pour votre tante et moi-même, je me suis
empressé de faire remarquer à votre mère qu'un homme de votre son âge et
son caractère connu sont sans aucun doute compétents pour utiliser son
jugement dans une telle affaire et que je ne peux pas vous croire aussi indigne
des traditions familiales qu'elle estime que vous l'avez montré. En tout cas,
je désapprouve chaleureusement toute rupture ou tout scandale public, et
dans le cas où elle ne reviendrait pas sur sa décision, que je considère comme
trop sévère et injustifiable au vu de votre bilan toujours impeccable dans
toutes vos relations familiales, je suis je vous écris pour vous offrir, au nom
de votre tante ainsi qu'au mien, l'hospitalité de notre maison tant que vous
et Mme Bradley voudrez en profiter.

Avec tout l'espoir que cette situation pénible puisse être réglée tranquillement
et en privé, et salutations à Mme Bradley de la part de votre tante et de moi-
même, croyez-moi,

Cordialement votre,

WOLCOTT SEARS .

[De Tip Elder]

Club universitaire,

New York , 13 septembre 188—

Cher Jerry :

Je ne peux m'empêcher de vous envoyer un message pour vous raconter ma rencontre avec Russell Dodge, tout à l'heure. Vous pouvez en faire allusion à Roger si vous le souhaitez, sans entrer dans les détails, bien sûr. J'espère que ce sera pour le mieux. J'étais tellement excitée par l'impertinence de ce type que je me suis laissé prendre à mentir, j'en ai peur, mais comme la tante de Tom Sawyer, je ne peux m'empêcher de penser "c'était un bon mensonge !"

Il dînait ici avec un groupe d'hommes new-yorkais assez connus et j'étais dos à sa table. Soudain, j'ai entendu le nom de Roger et beaucoup de rires et, en un instant, je me suis retrouvé à entendre (inévitablement) un potin dégoûtant et scandaleux. D'une manière étrange, un récit tronqué de son mariage est arrivé de Boston, et Dodge, avec sa manière infernale et suggestive, ricanait à propos du fait que Roger "sautait par-dessus le balai" avec un "beau gitan" et laissait ses proches croire la chose. était sérieux afin de taquiner sa famille au cou raide.

Je vous le dis, ça m'a fait chaud ! Je me suis levé d'un bond et j'ai regardé ce camarade Dodge aussi droit dans les yeux que n'importe qui peut le regarder, et j'ai dit : « Je vous demande pardon pour cette interruption, Dodge, mais il se trouve que vous vous ridiculisez encore plus que d'habitude. la dame dont vous parlez, je l'ai épousée moi-même dans la maison de campagne de son père, la semaine dernière, avec Winfred Jerrolds comme témoin.

Il a marmonné quelque chose, mais je l'ai forcé à s'excuser clairement, et ils l'ont tous entendu. Puis il a dit qu'il avait compris que personne à Boston ne savait même quel était son nom, et j'ai dit presque (j'espère !) avant de penser : « c'était une Miss Prynne ».

Puis je partis pour le bureau. Ma seule excuse est que Roger lui-même n'a pas corrigé ce type de la gare lorsqu'il l'a appelée ainsi, et, honnêtement, je ne pouvais pas tourner les talons et laisser cette dernière remarque ouverte. Je suis prêt à manger de la terre, s'il le faut, mais pour un pasteur cracheur de feu, je pense quand même que j'ai plutôt bien réussi ! Quand je pense à ma course contre Dodge après toutes ces années, vous vous souvenez de notre fameux duel ?

Quelle drôle de journée nous avons eu là-bas ! Faites-moi savoir ce que Roger en pense. C'est sûr que c'est dans les journaux maintenant, je suppose. Le nom, je veux dire – j'ai annulé l'autre partie, bien sûr.

Cordialement votre,

"TYLER FESSENDEN, AÎNÉ".

[DE SUE PAYNTER]

3— PLACE WASHINGTON ,

14 septembre 188—

JERRY CHER :

Au milieu de la nuit, j'ai pensé que vous pourriez être excusé de me trouver froid et indifférent à votre demande concernant la femme de Roger, et je ne peux pas supporter que vous le pensiez un instant. Dois-je être tout à fait franc (et combien stupide d'être autre chose avec vous, chère Win !) et admettre que j'étais juste un peu blessé que Roger ne me l'ait pas dit ? C'était stupide de ma part, je le sais, et je lui pardonne par la présente – avant qu'il me le demande, *par exemple !* Je le fais si vite, j'en ai peur, à cause d'une lettre inhabituellement méchante de Sarah. Comment une femme peut-elle être si bonne et pourtant si horrible ? Si Roger a été imprudent, raison de plus pour nous de le soutenir !

Mais apparemment, ce n'est pas le cas, et vous êtes sous le même charme qui l'a ensorcelé – n'essayez pas de le nier. Madame Bradley nous menace tous d'excommunication, semble-t-il, mais *n'importe* : elle a été gentille avec moi, à sa manière d'albâtre, mais il est incroyable que j'abandonne Roger après sa bonté indicible envers moi.

Je vous rencontrerai quand et où vous le voudrez et je ferai bénéficier à la nouvelle Mme Roger du bon goût que la Providence m'a accordé — je suis une ancienne maîtresse de l'art du trousseau précipité, je vous l'assure ! Et je prie pour qu'elle porte le sien plus joyeusement que moi.

Assurez-vous de me faire savoir le moment où je suis recherché. Faites savoir à Roger à quel point je suis heureux, s'il le demande. Quels amis vous êtes tous les deux ! Je me demande si vous savez ce que vous perdez ? Probablement pas – les hommes ne prévoient pas, je suppose.

Ton ami toujours,

SUE PAYNTER .

[DE MES AVOCATS]

SEARS, BRADLEY ET SEARS

Avocats et conseillers juridiques

Adresse du câble, Vellashta

2— COURT STREET, BOSTON, MASSACHUSETTS .

12 septembre 188—

WINFRED JERROLDS, ESQ .,

Club universitaire,

New York, New York

CHER MONSIEUR :

Nous sommes chargés par les héritiers et les plus proches parents de feu M. Winthrop Bradley et par M. Sears Bradley, en tant qu'administrateur nommé par le tribunal des successions, de vous informer que le testament de M. Winthrop Bradley, de l'existence dont nous avons si longtemps eu confiance, a finalement été découvert d'une manière inattendue et que vous en êtes le principal légataire.

Nous sommes en outre chargés de vous informer que son authenticité est incontestable. Nous prenons déjà des mesures pour homologuer le testament ici et en Caroline du Nord.

Vous verrez par le testament, dont nous vous joignons copie, que M. Winthrop Bradley vous a légué 100 000 $ — en obligations de la ——— Co., qui portent 4 1/2 pour cent. intérêts, et en plus ses terres dans les comtés de ——— et ———, Caroline du Nord, qui totalisent environ 12 000 acres, et dont une partie a été cultivée en actions depuis un certain nombre d'années, générant un revenu annuel variant entre 75 et 75 dollars. 250$ en plus des taxes sur tout le terrain.

Nous serons heureux de recevoir sur place les instructions que vous souhaiterez nous donner. Nous restons,

Très respectueusement,

SEARS, BRADLEY ET SEARS .

[LE TÉLÉGRAMME DE ROGER POUR MOI]

Nouvelles du testament transmises par paquet depuis le bureau. Plus heureux que je ne peux le dire, je mérite tout. Vague de froid ici et prendra midi express jeudi. Navigation samedi.

RB

CHAPITRE XIV

LE CHALET DE L'ÎLE

Jusqu'à présent, je n'ai rien dit sur la Banque, pour la meilleure des raisons : je la déteste. Je l'ai détesté, je crois, depuis le jour où une lettre d'un ami de mon père m'y a fait découvrir, jusqu'au jour où la lettre du cabinet d'avocats dont l'oncle de Roger avait été le brillant chef m'en a délivré. Je ne pense cependant pas que beaucoup de gens le savaient. J'ai fait mon travail du mieux que je pouvais, j'ai accepté mes avances périodiques de salaire avec une gratitude convenable, j'ai économisé un peu chaque année et j'ai apaisé mes éruptions de dégoût furieux au souvenir de la libre disposition par ma mère de son petit héritage depuis le jour où j'ai pu le faire. a quitté l'université.

Si quelqu'un m'avait dit qu'un jour du début de l'automne, je devrais soudainement gagner mille livres par an et être libre, j'aurais repris mon souffle à cette seule idée, et voici la chose, un fait accompli, et me voici. , non seulement tout à fait autonome, mais sobre au-delà de mon habitude, et prêt à prendre la Banque et toute son horreur lourde sur mes épaules, si avec elle j'avais pu avoir une chose : une femme ! Le monde était devant moi, où choisir, tous les coins et étendues les plus reculés pour lesquels j'avais hérité de la faim avec le sang qui coulait dans mes veines - et si seulement j'avais pu être le premier à trouver un point solitaire et insignifiant sur le Côte atlantique, mon cœur y aurait voyagé, content, et aurait cessé (du moins le pensais-je) ses pérégrinations. En vérité, nos joies sont tempérées pour nous, et aucun agneau tondu n'a jamais été plus soigneusement protégé des vents du ciel que nous d'une trop grande joie. C'est un fait réel que j'ai considéré avec moins d'intérêt ma démission après la corvée de douze ans, la disposition de mes chambres et de mes meubles, les préliminaires encourageants avec les avocats et ma réservation dans les bureaux de la compagnie maritime, que le transport réussi du bateau de Margarita. cadeau de mariage.

C'est avec un véritable frisson de plaisir que j'ai retiré mes petites économies - un peu plus de mille livres - et avec l'aide haletante de Sue Paynter et d'une célèbre actrice de sa connaissance, j'ai sélectionné la perle la plus parfaite à acheter pour cet argent. . L'un des dirigeants de la grande maison dont le nom a longtemps été associé à la richesse et au luxe américains a lui-même prêté main-forte à la sélection, et pour la première fois j'ai goûté à la joie snob d'être assis à l'aise dans un salon privé et raffiné, tandis que des fonctionnaires respectueux j'ai mis les splendeurs de l'Orient à mes genoux seigneuriaux, et des acheteurs de moindre importance pendaient sans surveillance au-dessus des comptoirs communs. Sauf lors de l'achat de mon premier cadeau pour ma mère – une petite poignée d'épée en diamant, à la mémoire de mon père – je n'ai jamais éprouvé autant de plaisir.

Il pendait, une grande goutte de blancheur laiteuse et veinée, à une solide mais minuscule chaîne en or – un cadeau pour un Rajah, pas pour un fonctionnaire de banque ! Je n'avais jamais dépensé autant, ni la moitié, pour un seul achat, et les pâles économies indigènes de la Vieille et de la Nouvelle-Angleterre ensemble brillaient et faisaient vibrer l'écarlate en moi, et la sphère lumineuse, semblable à la lune, se transformait en rubis devant mes yeux éblouis. : Je savais alors comment un chef impatient jetterait une province pour une émeraude - s'il pouvait mettre le joyau sur le cou du monde entier pour lui !

Je fis graver le fermoir à son nom – lui-même une perle – et glissai le délicat écrin dans ma poche. La grande comédienne, que j'ai toujours considérée comme la plus douce des femmes - mais une - a parlé un moment à part à la demande souriante du maître joaillier, puis a chuchoté en riant à Sue en me lançant le regard le plus astucieusement naïf. Sue, qui était un peu tirée et blanche par la névralgie de son ennemi, me murmura en français que j'avais l'honneur de rendre désolée Miss L——n R——l, la beauté régnante de la scène, qui désirait grandement précisément cette perle. et dont l'admirateur trop hésitant jouirait sans doute de son mauvais petit quart d'heure *à cause de moi* . Je ne nie pas que cela ait mis un point à ma satisfaction. En fait, j'étais idiotement satisfait – Dieu et l'homme qui est né de la femme savent seuls pourquoi.

Je me suis précipité vers la gare sombre comme un garçon se précipite vers le train qui le ramènera chez lui pour les vacances, et les heures fastidieuses étaient miraculeusement légères, le visage du télégraphiste comme celui de mon meilleur ami, le passage rugueux et humide dans le bateau bleu un incident agréable. Caliban m'a adressé un sourire amical et stupide et a ramé de son mieux ; les rames mêmes savaient comment je voulais l'atteindre !

Ils se tenaient debout avec une lanterne sur les marches du palier, dans les vêtements bruts et pittoresques dans lesquels je les avais vus pour la première fois, et nous nous sommes précipités, sous une bruine de plus en plus épaisse, vers la chaumière chaude et lumineuse, ridiculement main dans la main, la lanterne oscillant entre nous. .

Roger avait renoué avec ses vieux acquis scolaires et avait préparé une poêlée de délicieuses petites saucisses dans un bain de tomates, d'oignons et de Worcestershire qui me renvoyait à Vevay en une fraction de seconde, et nous trempions des fragments du pain perdu croustillant que j'avais apporté. dans la sauce, à l'ancienne mode Vevay, et buvaient à leur voyage dans la dernière Bourgogne dans le petit casier à vin. S'il fallait quelque chose pour placer le père de Margarita dans nos estimations, ce Bourgogne l'aurait fait ! Après le cours sucré de crêpes en gelée que Roger avait enseigné à Caliban, nous tombâmes sur les cigares que j'avais apportés, et quand Margarita, bonne élève, eut sucré ma demi-tasse à mon goût, je fouillai dans ma poche et en tirai le Russia. étui en cuir. Mes doigts tremblaient comme ceux d'un garçon lorsque je retirai la perle et la serrai autour de son beau cou, au-dessus du doux mouchoir noir.

"Si ce n'est pas votre premier cadeau de mariage, Mme Bradley, je serai furieusement en colère", dis-je avec une sévérité moqueuse, pour retenir la boule dans ma gorge, car j'étais absurdement excité.

"Jerry, espèce de vieil âne extravagant, qu'est-ce que tu veux dire par là ?" Roger s'écria d'une voix rauque : "Je n'ai jamais entendu parler d'une telle chose !" Tandis que Marguerite, pour la première fois chez nous fille d'Ève, courait vers son miroir. Elle aurait été aussi heureuse, je pense, avec un collier de coquillages irisés – dans lequel elle différait largement de Miss L… n R… l, comme Roger et moi en étions convenus.

Nous avons parlé, bien sûr, de l'oncle Winthrop et du bon vieux temps, de son intérêt affectueux pour moi, le petit homme élancé avec le père soldat décédé, qui avait fait de longues promenades avec lui dans la vieille rue étroite de Winter Street et lui avait envoyé son courrier. lettres, et clôturait avec son épée, et écoutait à l'heure ses récits de bivouac pluvieux et de dernière redoute, de précieuses gouttes d'eau-de-vie à un camarade mourant et de prêts courageux de couvertures militaires dans l'aube froide. Nous nous demandions quel hasard extraordinaire avait gardé caché pendant les deux années qui s'étaient écoulées depuis sa mort le vieux portefeuille aux bords de cuir usés dont je me souvenais si bien, et quel instinct secret l'avait poussé à mettre ses dernières volontés là. Nous nous sommes émerveillés de la sagacité qui l'avait amené à laisser si bien entendre l'existence d'un tel document que la famille s'était sentie obligée de garder la propriété intacte pendant trois ans, pour donner toutes les chances de la retrouver, et avait dépensé beaucoup d'argent inutile dans la recherche des vieux domestiques qui étaient censés (et à juste titre, comme l'événement l'a prouvé) en avoir été témoins. Notre amitié avait été plus qu'ordinaire par sa force et sa réelle sympathie ; une de ces attirances qui se moquent de la disparité des années et de l'absence de tout lien de parenté, et, en effet, jusqu'à sa mort, j'avais été bien plus proche de lui que Roger ne l'avait jamais été. Cher vieil oncle Win ! Il savait très bien ce qu'il ferait pour moi et ce que cela signifierait pour moi : étant jeune, il avait été lié à *sa* banque !

J'ai parlé avec hésitation de Sue Paynter, et Roger rougit et frappa la table dans son excitation dégoûtée.

"Bon Dieu, Jerry, je n'ai jamais pensé une seule fois..."

Pauvre Sue ! Il n'y avait plus rien à dire.

"La première chose que je veux que tu fasses pour moi, Jerry," dit Roger, "c'est de parcourir minutieusement la maison et de voir si tu découvres une trace de qui a vécu ici. Je l'ai fait, bien sûr, mais je' J'aimerais que quelqu'un d'autre le fasse aussi. Allez-y tout seul, je ne vous donnerai aucune idée de mon idée, puis nous comparerons nos notes.

Rien, à ce moment-là, n'aurait pu m'intéresser davantage, et je me dirigeai systématiquement vers les marches de la cave, lanterne à la main.

La première chose qui m'a frappé, c'est la propreté de cette partie de la maison, trop souvent négligée, surtout à la campagne. Les marches étaient fermes, propres et presque sans poussière, le sol en ciment sec et apparemment fraîchement balayé, les murs et le plafond bien blanchis à la chaux. Des bacs à légumes, un tonneau de pommes d'été, un tonneau de vinaigre sur deux tréteaux avec un seau économe placé pour le jus de cuisson, une armoire grillagée avec des assiettes de nourriture disposées là pour la fraîcheur de la cave, et dans un coin un petit compartiment à laiterie, construit au-dessus d'un ressort couvert d'une trappe en bois, complétaient l'ameublement de l'étage. Pour le reste, c'était une cabane à outils assez bien garnie ; une faux et une meule, une pelle à neige et des échelles étaient disposées de manière compacte ; un arrosoir et un râteau venaient d'être utilisés près de la porte.

Une étable basse venait ensuite et au-delà un nid de volailles, ces deux derniers étant remarquablement propres et doux, et cela à une époque où le microbe et le germe n'étaient pas des facteurs aussi importants dans notre civilisation qu'ils le sont aujourd'hui.

Je revins sur mes pas et traversai le salon jusqu'à la pièce au-delà, au-dessus du hangar et de la laiterie. Il s'agissait d'une étude de bonne taille, sans aucun doute celle d'un homme. Le mur du fond abritait la cheminée, surmontée d'une grande carte du monde. Le côté océan du cottage était sans fenêtre et bordé de livres très utilisés sur des étagères en pin. Celles-ci débordaient sur le mur qui tenait la porte d'entrée, et là où elles s'arrêtaient une sorte de trophée d'armes était disposée sur le mur. Un revolver militaire, un grand fusil à six coups Western, une belle petite pièce de chasse, un sinistre couteau Ghoorka et une sagaie, que j'ai reconnus grâce à des trésors similaires sur le mur de la caserne d'un de mes amis anglais, un major d'infanterie, un ou deux des baïonnettes, une curieuse épée japonaise et un poignard recourbé dont la facture m'était tout à fait inconnue complétaient cette décoration, qui était la seule sur les murs. Au centre du sol se trouvait une grande table-bureau en merisier bien poli avec un lourd encrier en verre, un bac à épingles, un porte-lettres, etc., et un carré clair et propre de papier buvard. Mais aucun des déchets habituels d'un tel bureau ne s'y trouvait ; tout était balayé et garni, ordonné et nu. Les tiroirs étaient vides, l'encre bien pure, les plumes elles-mêmes neuves. Il n'y avait pas la moindre trace du travail effectué à ce bureau.

J'ai traversé la pièce et j'ai décroché ici et là un livre au hasard sur les étagères. Sur une ou deux feuilles, visiblement anciennes, les feuilles volantes avaient été soigneusement découpées ; d'autres n'avaient aucune marque d'aucune sorte. J'ai ressenti avec une certitude stupéfiante qu'il n'y avait là aucune impulsion imprudente et improvisée ; un anéantissement méthodique et définitif avait été prévu et réalisé. Un homme extraordinaire avait arrangé cela. Quel était le secret qu'il avait si parfaitement caché, et quel avait été son mobile ? Quelle est sa nécessité ? Trois ou quatre chaises confortables et une légère table en osier complétaient le mobilier de la pièce, qui exerçait pour moi l'étrange fascination du salon, ce sens profond et impersonnel de la culture, cette suppression rigoureuse des caprices et des détails hors de propos. L'homme (mort depuis peu, probablement) qui se tenait derrière cette pièce l'avait marqué de manière indélébile, inévitablement du même personnage qu'il avait tenté d'en éliminer. On aurait voulu le connaître : on sentait d'instinct quelle poigne ferme, quel regard posé il avait.

Les livres étaient presque aussi peu révélateurs que les autres. Un bel ensemble de l'Encyclopædia Britannica ; des histoires de toutes sortes, mais seulement les meilleures dans tous les cas ; un peu de poésie classique ; les grands romanciers anglais — Dickens très usé, les premiers ouvrages de Meredith, l'inextinguible Charles Reade, qui a soigné tant de convalescents agités jusqu'au harnais ; deux ou trois belles éditions de Shakespeare, une, une demi-douzaine de petits volumes verts, détachés de leurs reliures ; Darwin, Huxley et une douzaine de blazers de ce merveilleux sentier, très soulignés et recoupés, et une collection vraiment remarquable des grands voyageurs et explorateurs scientifiques, qui occupaient beaucoup d'espace ; et une bonne collection de fictions françaises et de recherches archéologiques ainsi que d'ouvrages scientifiques et historiques allemands complétaient ma première impression approximative de cette bibliothèque. Je l'ai relu depuis avec beaucoup d'attention, et je me suis amusé à constater ses omissions, tout aussi significatives en pareil cas que le contenu même. Pas de classiques mais les manuels scolaires et universitaires habituels ; pas de fiction récente ; presque pas de littérature américaine, sauf les historiens les plus fiables ; aucun des essayistes ou des belles-lettristes, à l'exception de Carlyle, Macaulay et autres artilleries lourdes ; rien d'autre de nature religieuse qu'une petite Bible usée, épaisse de poussière, sur l'étagère du haut, parmi les manuels scolaires. Et il n'y avait pas dans toute la bibliothèque une page, une ligne ou un mot indiquant que son propriétaire connaissait ou s'intéressait à l'italien ou à l'Italie.

Ô constructeur de cette chaumière couleur sable, propriétaire de cette virile salle de livres, combien d'heures ai-je consacrée à votre patiente étude ! Combien de nuits je t'ai traqué, fouillé, contraint de te révéler à moi, et comme j'ai étrangement réussi ! Cela a été un travail d'amour, et j'ai parfois eu l'impression de connaître votre esprit presque comme le mien.

Dans le coin extérieur de la pièce, un escalier étroit et raide menait au deuxième étage et donnait à l'ensemble un étrange petit air étranger. En montant, je me suis retrouvé dans une petite pièce avec une porte – sa seule entrée – et une fenêtre. L'espace d'un instant, j'eus une curieuse impression de la caserne anglaise et il me sembla me trouver de nouveau dans la chambre à coucher du major. Un lit de camp bas avec un tapis étroit à côté, un lavabo en pin et une commode, une chaise droite et une petite table de lit avec une bougie réfléchissante et une boîte d'allumettes dessus, et une baignoire plate en fer blanc meublaient cette chambre, qui était, comme tous les autres, sans tache. Un petit miroir de rasage était fixé à une hauteur convenable, près de la fenêtre ; un rasoir et une estrope pendaient à côté. Tout cela, je l'aperçus d'un seul coup d'œil, sans me retourner, mais lorsque je me tournai et me retrouvai face au mur d'entrée, je repris mon souffle. Car là, sur l'espace juste en face du lit était accroché ce que, pendant un instant, j'ai pris pour un portrait de Margarita.

Je me suis rapproché et j'ai vu qu'il s'agissait d'une gravure merveilleusement parfaite d'une tête de Henner – une première impression, sans aucun doute. C'était une tête de jeune fille, à moitié grandeur nature, presque de profil, blanche sur la pluie sombre de ses cheveux, qui couvrait ses épaules et son buste et noircissait tout le reste du tableau. La mélancolie obsédante, la jeunesse, la pureté de ce visage sont devenues tellement associées à Margarita, à sa maison et à cette partie de ma vie que je ne pourrai jamais les séparer, bien qu'on me l'ait fait remarquer plus d'une fois, et à juste titre, je oserais dire, que le tableau ne lui ressemble pas autant que je le pense, que son type de beauté est plus grand, moins conventionnel, infiniment plus riche, et que, mis à part l'accident vraiment inhabituellement suggestif de sa ressemblance, ce n'est qu'un effet général. .

Eh bien, c'est peut-être le cas. Mais j'ose croire que je comprends, peut-être mieux que quiconque, pourquoi il était accroché face à ce lit de camp nu, et ce que cela signifiait pour l'homme qui y dormit tant d'années de sa vie, rêvant de la femme pour laquelle il était accroché. il. Il savait ce que cela lui rappelait, tout comme je sais ce que cela signifie pour moi, et pour nous deux, c'était plus que n'importe quel portrait. Car nous sommes terriblement et merveilleusement faits pour qu'aucune réalité ne nous satisfasse jamais, et ces couchers de soleil soudains, ces mesures de musique et le regard significatif des yeux imagés doivent nous apprendre cela.

Le tableau (gravé par Waltner) était encadré dans une large bande d'or mat, et en dessous, sur un support en bois de teck très mince et délicatement sculpté dont le dessus incrusté le retenait, se trouvait un bol en argent rempli d'orange, de jaune et de flammes. capucines. Ils étaient bien frais et devaient avoir été déposés là le matin même, car la rosée était encore sur les feuilles pâles.

C'était inexprimablement touchant, ce contact vif et semblable à celui d'un autel dans la pièce austère, et je me tenais, noyé dans une vague de pitié et de regret passionné - pour ce que je ne pouvais pas vraiment dire - devant lui, submergé par la pression étroite et irrésistible de ces mystérieux amours morts : partout maintenant et partis ? Ah, qui sait ? Qui peut savoir ? Pas Darwin ni Huxley, soyez-en sûr !

Je descendis les escaliers, traversai le bureau et le salon, et après un coup d'œil complet sur la petite cuisine avec sa simple *batterie de cuisine* , je montai l'escalier principal et entrai dans la pièce au-dessus du bureau. Là encore ce fut une surprise, car cette pièce était entièrement meublée en érable moucheté délicat et clair, digne d'une marquise, avec de délicates courbes teintées de citron. Le lit exquis était encadré pour un baldaquin, mais il en manquait ; les recoins de satin corail de la coiffeuse étaient devenus presque incolores ; le chintz des chaises élancées avait perdu son dessin. Une psyché ovale reflétait le sol sur lequel s'étendaient deux magnifiques peaux d'ours blanc. Mais avec ces meubles, l'élégance prenait fin, car nulle part dans la chaumière on ne trouvait de contrastes aussi curieux et moqueurs. Les murs, qui auraient dû afficher des chérubins déchaînés de Watteau, étaient nus, d'un gris pur ; au lieu d'une couverture de satin, une courtepointe en patchwork recouvrait le lit cannelé ; aucun verre parfumé ni armurerie de beauté à bouchons d'ivoire et d'argent n'encombraient la coiffeuse, seulement une simple brosse et un peigne comme on pourrait en voir dans les quartiers de certains domestiques ; les belles portes de l'armoire à grain, négligemment entrouvertes, ne déversaient ni écume ni écume de dentelle, de ruban et de bas de soie : seule une poignée misérable de robes imprimées propres et bien usées pendaient aux patères brillantes. Une baignoire en fer blanc et un bidon d'eau se trouvaient sous la fenêtre, et sur un gracieux *prie-Dieu rembourré* , au lieu d'un missel, se trouvait – entre autres choses – un piège à souris.

Je ne me suis jamais trouvé de ma vie dans une pièce aussi contradictoire, aussi totalement étrangère à son intention supposée. Il l'était certainement : les serviettes, le savon, l'éponge et la chemise de nuit soigneusement pliée sur le patchwork le prouvaient. Mais de toute suggestion taquine de féminité, de toute l'intimité fantaisiste et rose de la chambre d'une jeune fille, de toutes les absurdités délicates et de la jolie pureté, à moitié naïve, à moitié astucieuse, avec lesquelles la romance a investi cette retraite et la poésie et le chant l'ont sérénanée, l'appartement de Margarita. était entièrement nul. Même sa propreté n'était pas remarquable dans une maison si remarquable partout pour cette qualité, et quant à la personnalité, une cellule de religieuse en a davantage. Je pense que son absence totale d'odeur ajoutait à l'impression particulière ; il n'y avait aucune suggestion de cet attrait féminin ; pas même la lavande chaleureuse ou les roses séchées évocatrices ne faisaient allusion à la concession la plus terre-à-terre de la ménagère à son sexe.

Et pourtant elle avait son propre charme, cette pièce étrange, une qualité française particulière, apportée peut-être par le mélange de meubles jaunes et d'espaces muraux gris doux ; et une atmosphère pittoresque de quelque chose autrefois vivant, respirant et délicatement charnel, refroidi, fané et châtié par le temps inexorable.

J'ai dormi cette nuit-là dans la pièce avec la gravure (le bol en argent était rempli de soucis) et toute la nuit j'ai entendu le rugissement des vagues et le sifflement des vagues déferlantes à travers mes rêves bien remplis.

Je me suis réveillé par un matin clair et balayé par l'orage, juste après l'aube, très soudainement et sans raison apparente pour ce réveil. C'est-à-dire que je crus m'être réveillé, mais je sus instantanément que ce devait être une sorte de rêve très agréable et étrange, car là, dans la lumière tranquille, au pied de mon lit – tout à fait dessus, en fait – était assise Marguerite. Elle a souri placidement, classique dans sa longue chemise de nuit blanche, et j'ai souri placidement en retour comme on le fait dans les rêves, et j'ai prié pour ne pas me réveiller.

"Tu parles quand tu dors, n'est-ce pas, Jerry ?" dit-elle calmement, "parce que tu as appelé mon nom, mais tes yeux étaient fermés."

Puis une sueur froide éclata sur mon front et je serrai les mains sous les couvertures, car je savais que j'étais réveillé.

"Margarita!" J'ai haleté : " Qu'est-ce qu'il y a ? Pourquoi es-tu ici ? "

"Parce que je voulais te parler, Jerry," répondit-elle agréablement. "Roger dort. Cette petite chambre te plaît-elle ? C'est celle de mon père."

Ses cheveux pendaient en deux tresses ; un pied nu et rose apparaissait sous sa chemise de nuit, alors qu'elle était assise, les mains jointes autour de ses genoux, comme un garçon. Le bouton supérieur de la robe était lâche et j'ai vu ma perle laiteuse et brillante autour de son cou ; ce n'était pas plus blanc que ses dents.

" Descendez, " dis-je sévèrement, " descendez immédiatement du lit et retournez dans votre chambre. Vous n'auriez pas dû venir ici ! "

"Mais je ne veux pas descendre, Jerry, le sol est froid. Roger dort et il ne peut pas me parler. C'est comme être seul, quand quelqu'un dort. Tu ne veux pas me parler, Jerry ?"

"Oui, je veux te parler, assez bien," répondis-je dans une sorte de stupeur, "mais... mais tu dois y aller. S'il te plaît, pars, Margarita !"

Dans son abominable perspicacité, elle a répondu à ce que je voulais dire et non à ce que je disais.

"Non", dit-elle en secouant adorablement la tête, "je n'irai pas. Pourquoi remontes-tu ainsi la couverture jusqu'à ton menton ? As-tu froid aussi ?"

Ma tête tournait et ma respiration était inégale entre mes lèvres, mais j'ai fixé mes yeux sur le mur au-dessus de sa tête, et cette fois, pour la meilleure des raisons, il n'y avait aucune ambiguïté dans ma voix.

"Je t'en prie et t'implore, Margarita, de descendre immédiatement", dis-je aussi régulièrement que possible. "Il n'est pas du tout convenable que tu sois ici, et je ne le souhaite pas. Si tu veux me parler, je m'habillerai immédiatement et je sortirai me promener avec toi, mais pas à moins que tu partes sur-le-champ. Veux-tu comprend moi?"

Elle soupira plaintivement et détacha ses mains de ses genoux.

"Oui, je te comprends, Jerry," dit-elle, baissant sa troisième voix obsédante, "mais je préférerais———"

"Y allez-vous?" J'ai pleuré.

"O-oui, j'y vais", murmura-t-elle, et avec ce que je savais être des regards implorants en arrière et des moues argumentatives, elle se glissa, hésitante, avec espoir, comme un enfant se retire, et se dirigea vers la porte.

Quand j'ai baissé les yeux, la pièce était vide, mais là où elle était assise, la couverture était encore chaude !

CHAPITRE XV

LE DESTIN ME JOUE DANS LES HALLOWS

Aujourd'hui, j'ai plongé dans l'une de mes boîtes pour trouver des sous-vêtements plus chauds et je suis tombé sur une paire de chaussures à semelles en caoutchouc pour porter sur le pont. Ils ont amené devant moi le grand bateau en un éclair, puis les quais, puis le petit groupe qui s'était rassemblé sur la longue jetée ce samedi matin il y a si longtemps – Wolcott Sears et sa femme, Sue, blanche comme un fantôme, Tip Elder et Moi, avec Roger et Margarita penchés sur la rampe. Elle portait un long manteau de voyage moulant gris ardoise et un petit chapeau de feutre doux et pittoresque sur lequel s'étendait une mouette blanc grisâtre. Elle paraissait plus grande que je ne l'avais jamais vue, et ses cheveux, relevés haut sur sa tête, faisaient ressembler son visage plus à un camée que jamais, car elle était pâle à cause de l'excitation et de la fatigue du shopping. Sur sa main, tandis qu'elle l'agitait avec cette belle et libre courbe de tous ses gestes, brillait le grand saphir étoilé que Roger lui avait acheté, abondamment orné de brillants, une chose merveilleuse : toute trouble et grise, comme ses yeux, et puis tous d'un bleu dense, comme ses yeux, et maintenant orageux et sombres, comme ses yeux, et toujours et surtout, comme ses yeux, avec cette pointe bleue ardente tapie au cœur.

C'était sa pierre de naissance – une étrange superstition sentimentale que Roger chérissait – et la sienne également, car ils étaient tous deux nés en septembre. Son père lui en avait parlé dans l'une des rares occasions où il semblait avoir longuement parlé avec elle, et comme toutes ses remarques, cela lui avait fait une grande impression. Il serait difficile de trouver quelque chose de plus violemment en contradiction avec la théorie de l'influence planétaire, car deux personnes plus fondamentalement différentes l'une de l'autre que Roger et sa femme, je n'ai jamais rencontré.

Et pourtant... et pourtant (car je ne suis pas vraiment sûr de ce qui est « absurde » maintenant que j'ai dépassé le cap d'un demi-siècle et que ces mois en Égypte m'ont appris qu'une grande partie de l'inexplicable est terriblement vraie) dois-je omettre de ce récit décousu le moment d'attention dû au vieil horoscope de Paris ? Je crois que non.

Il était flétri, lourdement lunettes et distrait à un degré que je n'ai jamais vu égalé. Oublierai-je un jour le jour où il a préparé un mélange savonneux dans une grande poêle en fer blanc dans son petit grenier de la rue Serpente, a sorti une longue et propre pipe en terre cuite, m'a livré une petite conférence soignée quoique extraordinaire sur l'expérience qu'il s'apprêtait à faire. et les déductions que je devrais en tirer si cela réussissait – et puis, avec ses bulles prismatiques toutes intactes, il s'assit gravement dans la poêle ! Il m'a regardé avec stupéfaction lorsque je lui ai signalé son erreur.

« *Il ne manquerait que ça !* » dit-il enfin, et comme il n'avait pas d'autre habit, il se coucha avec résignation et y discuta très savantement. Il avait alors soixante-quinze ans et son grand traité n'était qu'au tiers terminé : le *concierge* m'a dit longtemps après sa mort que son dernier acte vivant était de le brûler, les larmes coulant sur son vieux visage, pauvre vieux ! Et pourtant, il était l'une des personnes les plus heureuses que j'aie jamais connues. Le *concierge* avait terriblement peur de lui, car il avait un jour, à sa manière sèche et détachée, présenté à ce fonctionnaire un tableau complet de sa vie, de son tempérament et de ses justes mérites, soigneusement rédigé avec des encres de couleur et monté sur carton. C'était si diaboliquement précis que le *concierge* tremblait à chaque fois qu'il passait devant, ce qui arrivait fréquemment, car sa femme le faisait encadrer et l'accrochait dans leur chambre.

J'ai donc posé au vieux papa Morel le problème de savoir si le mois de naissance de Margarita était celui de Roger, et même dans la même semaine. Pressé de connaître l'année de sa naissance, je lui en donnai vingt-deux, ce à quoi le vieil homme se renfrogna, marmonna et traça avec son ongle jaune craquelé des parcours détournés à travers sa grande carte du ciel. Pour le taquiner, j'ai énuméré quelques-unes de ses qualités et habitudes, toutes qui, à mon avis, s'expliquaient entièrement par son environnement et son éducation étranges ; mais loin de l'exaspérer davantage, comme je l'avais supposé, ce récit parut lui plaire énormément. En secouant son doigt d'un ton réprobateur, il me conseilla de ne plus me moquer de lui, car à mon insu j'avais révélé ma propre tromperie : étais-je si complètement étranger à la politique céleste pour ne pas savoir que cette personne se décrivait pleinement comme étant née quatre ans avant la date que je lui avais donnée, l'année de l'éclipse, qui était d'ailleurs une année comète et où Uranus usurpa le trône des planètes régnantes, et brisant toutes les limites, assombrit cette saison fatidique ? Que le Verseau, attiré par lui, s'était lui aussi imposé et avait influencé la Lune dans ses courses ? En effet, ce serait une personne incroyable, celle-là ! Mais assurément elle est née en l'an 186—. Et quand nous avons finalement trouvé l'année de naissance de Margarita, c'était précisément l'année indiquée par Papa Morel ! Il m'a dit d'ailleurs qu'elle serait une grande artiste, ce dont j'ai ri, car sa vie future était assez bien tracée pour elle, pensais-je, connaissant Roger comme je le connaissais. Il m'a dit qu'elle serait en grave danger de mort d'ici trois ans, puis, se tournant vers mon propre horoscope qu'il avait insisté pour dessiner, il a descendu son doigt jaune jusqu'en pointe et a levé ses yeux doux et fanatiques vers le mien, a fait remarquer qu'à ce moment précis il était écrit que je devais sauver la vie ! Ce à quoi j'ai souri poliment et j'ai dit que j'espérais sauver Margarita et il a répondu poliment qu'il ne savait pas cela.

LES PERSONNES NÉES CE MOIS DE CETTE ANNÉE NE SERONT JAMAIS AUTRE QUE TRÈS HORS DE L'ORDINAIRE

« Vous remarquerez, ajouta-t-il, que les personnes nées ce mois-là de cette année-là ne seront jamais que très hors de l'ordinaire. Non. Et surtout des artistes : dramatiques, musicaux, comment le saurais-je ? Vous remarquerez aussi , qu'ils posséderont indubitablement une grande influence sur la vie des autres - et pourquoi pas, avec Uranus dans cette Maison comme il l'est, s'opposant à la Lune ? Ah, oui, sa vie n'est pas encore vécue, celle-là !"

Mais le samedi où nous nous saluions depuis le quai, je n'avais pas rencontré le bon vieux Morel et je ne pensais pas du tout aux planètes. L'idée venait de m'envahir avec une terrible netteté : à partir de maintenant, ma vie ne pourrait plus jamais être la même. Lorsque je me suis séparé pour la première fois de

Roger et Marguerite, l'étrangeté poétique de leur environnement, le choc de toutes les découvertes que je venais de faire, le soulagement de trouver notre amitié assurée sur de nouvelles bases, voire l'obscurité même de la douce soirée à travers que j'ai été éloigné d'eux après cette journée passionnante, tout cela concouru à émousser mon sentiment de solitude, à l'investir d'un pathétique doux et rêveur qui ne rendait pas la philosophie trop difficile. C'était comme laisser Ferdinand et Miranda sur leur île des rêves, avec ma bénédiction. Mais il n'y avait ni Ferdinand ni Miranda ; seulement une belle mariée bien habillée et son beau mari-amant bien habillé, partant pour une lune de miel brillamment heureuse et me laissant derrière ! L'excitation avait disparu, le passé était terminé, l'avenir semblait terriblement ennuyeux. Mon sang anglais, celui d'un petit propriétaire terrien, avec quelques générations de militaires, m'interdisait de me lancer dans la routine des affaires, à la manière traditionnelle américaine, même si le besoin en était plus pressant. Autant admettre ici et maintenant que je n'étais pas ambitieux ; Je n'ai jamais (heureusement !) ressenti le besoin de gloire ou de hautes places et ma simple fortune était pour moi une richesse et un surplus : la perle de Margarita était la plus grande extravagance de ma vie. Jusqu'à présent, je n'avais jamais réalisé sérieusement que tous les petits détails confortables de notre petite et confortable vie de célibataire étaient terminés, les pièces dans lesquelles nous nous étions si bien installés, louées peut-être, à ce moment-là, la table le club n'est plus le nôtre par tous les précédents, les vacances ne peuvent plus être planifiées et appréciées ensemble.

Le navire entra dans le port et je m'appuyai fortement sur mon bâton et me demandai tristement combien de temps j'allais vivre. Oh, j'avoue la honte de mon état indigne ! J'aurais pu sécher les larmes de l'orphelin, fabriquer des chaises Morris ou purifier la politique locale, mais je ne l'ai pas fait.

Tip Elder s'est approché de moi et a posé sa main sur mon épaule.

"Eh bien, le visage de *ce* bébé est lavé !" » dit-il joyeusement, « comme le dit ma mère. Et j'espère que tout se passera bien. Mais je ne te crois pas, sinon je serais à la place de Roger pour une bonne affaire, n'est-ce pas ?

Je me suis retourné contre lui violemment.

"Parlez pour vous, Aîné !" J'ai pleuré. "Je donnerais la majeure partie de cette vie que je connais et toute la suivante que tu ne connais pas, pour être un petit moment à la place de Roger ! Comprenez ça !"

Et le frôlant et négligeant complètement Sue et les Wolcott Sears, j'ai sauté dans un taxi qui attendait et me suis dépêché de quitter ce navire au départ, avec les deux tiers de ce que j'aimais au monde sur son pont.

J'ai jeté un dernier coup d'œil à nos anciennes chambres, nues et propres, maintenant, car mes affaires étaient vendues et celles de Roger entreposées ;

J'ai donné tous mes vêtements au valet de chambre, à sa profonde gratitude, et quand, d'un coup nerveux de ma canne préférée - un cadeau de Roger - dans un effort pour battre le tas de tissu sur le sol pour lui donner une forme symétrique, le bâton s'est cassé au milieu, j'ai été aussi proche d'un rire hystérique que jamais dans ma vie.

« Prends tous les autres bâtons, Hodgson, » dis-je d'une voix rauque, « et les raquettes, si tu les veux. Et donne la canne au veilleur de nuit – Richard pêche, je sais. Et prends aussi les sous-vêtements – oui, tous. il!"

« Et la malle, monsieur ? Où souhaiteriez-vous… »

"Ô Seigneur, prends la malle !" J'ai éclaté, car les étiquettes familières, oui, les marques mêmes de la serrure en laiton, ne me rappelaient plus que des souvenirs amers.

"Mais, monsieur, vous n'avez que ce que vous portez !" s'écria l'homme, convaincu, j'en suis sûr, que j'envisageais le suicide. "J'ai une journée à terminer, Hodgson," le rassurai-je, "et les magasins me seront d'une grande aide !"

Je l'ai laissé se réjouir de sa manne et me suis plongé dans la mercerie.

Heureusement pour ma haine nerveuse envers tous mes anciens biens, j'avais célébré l'héritage de l'oncle Win par une visite rapide chez mon tailleur, et les résultats de cette visite ont largement contribué à stocker la nouvelle malle en cuir que j'ai imprudemment achetée au prix choquant que ces produits commandent. en Amérique. À la fin d'une journée coûteuse et réussie, je me suis enregistré moi-même, la malle, avec sa brillante étiquette d'identification, un nouveau prunellier à tête argentée et le meilleur bull terrier que j'ai pu trouver à New York, dans le nouvel hôtel monstre dans lequel je n'étais jamais entré auparavant. , avec un étrange sentiment d'identité aussi nouvelle que mon pardessus. Ce terrier, d'ailleurs, a marqué ma séparation définitive d'avec Roger plus que toute autre chose n'aurait pu le faire. J'ai toujours aimé les animaux, les chiens en particulier, et lorsque j'étais petit, je ne me trouvais jamais sans un chien ignominieusement élevé à mes trousses ; mais Roger ne s'en souciait jamais, et peu à peu j'avais renoncé à en garder un, car il refusait de les exercer à la ville, ne se souciait pas de s'en occuper à la campagne et refusait absolument d'en supporter l'encombrement pendant son séjour. en voyageant. Non qu'il ait jamais été cruel ou insouciant : lorsqu'il était confronté à des relations nécessaires avec les animaux, il était bien plus juste et attentionné à leur égard que bien des amoureux sentimentaux des animaux de ma connaissance ! Curieusement, je n'ai jamais vu un chien ou un chat qui ne s'approcherait pas de lui de préférence à presque n'importe qui d'autre – une des ironies de la nature.

Avec Kitchener (pas de Khartoum, donc !) recroquevillé au pied de mon lit dans un collier tout neuf, je me suis endormi, je me suis réveillé tôt et j'ai pris le premier train pour Stratford pour dire au revoir à ma mère et recevoir ses félicitations. sur mon héritage.

Tout était inchangé dans la jolie petite maison : seule la vieille Jeanne dans son lit, coiffée d'un merveilleux dernier verre, marquait la visite comme différente des autres. Les années n'avaient plus laissé aucune trace sur ma mère depuis que ses cheveux étaient devenus gris, et j'aurais pu redevenir collégien en l'embrassant.

Quelles créatures extraordinaires sont les femmes ! Elle savait en dix minutes, j'en suis sûr, aussi bien que Sarah Bradley, comment les choses en étaient pour moi, et chaque fois que je parlais de Margarita, un regard impénétrable était dans ses yeux et elle me caressait le bras avec une sympathie délicate et muette. Elle ne parlait plus non plus de mes enfants ni de ses espoirs que je me *range* et m'installe. Si elle soupira un peu à la nouvelle de mon projet *d'errance*, elle ne me pria pas d'en fixer un terme, et se félicita joyeusement de ma fidélité connue en matière de correspondance. Le tact de la femme !

Elle préparait elle-même notre simple dîner, avec le regret volubile de Jeanne : le poulet de sa propre couvée, la salade de son jardin, la délicieuse pâtisserie que ses propres mains avaient mise au four. Après le dîner, au cours duquel nous buvâmes à la santé de Jeanne et lui apportâmes un verre du vin que j'emportais toujours avec moi pour approvisionner sa cave sans prétention (les voisins n'avaient jamais pu considérer cet ajout à la table de ma mère sans méfiance et sans regret), mon La marque de cigares préférée de mon père a été produite et j'en ai consciencieusement fumé un. Je n'avais pas hérité de son goût en l'occurrence, mais depuis des années j'avais respectueusement fait ce sacrifice filial et ma mère aurait été gravement blessée si j'y avais renoncé.

Nous parlions de tout sauf de ce que nous avions en tête : de la merveilleuse plantation tardive des pois ; les beautés de Kitchener, qui fut formellement présenté à Jeanne et écouta avec une parfaite politesse un long récit (en français) du caniche familial décédé ; la gentillesse du vieux curé envers Jeanne ; la peur de la guerre à l'Est (ma mère lisait religieusement le London Times et observait la Russie avec une vigilance constante) le prix choquant de la viande. Plus tard, elle a sorti mon vieux violon et j'ai joué tous ses morceaux préférés pendant qu'elle m'accompagnait sur le petit piano de campagne que mon père lui avait acheté au début de leur vie commune. Si une larme coulait de temps en temps sur les touches jaunes, aucun de nous ne la prenait trop au sérieux, et ce fut dans l'ensemble une soirée agréable et apaisante. Mes nerfs se détendirent inconsciemment, et les applaudissements sauvages de Jeanne alors que retentissaient les uns après les autres ses airs particuliers (*Parlons-nous de lui, Grandmère, Sous les Tilleuls* et *Je sais bien, mon amour*) me donnèrent un frisson absurde de vanité musicale.

J'ai dormi dans ma propre petite chambre avec le beau costume de noyer noir, les livres de prix alignés sur l'étagère du coin, le tapis usé fait avec le mollet du ministre que j'ai abattu par erreur, et l'épée de mon père, avec son gland fané. , au-dessus de mon lit. Par un étrange hasard, tous mes rêves cette nuit-là étaient de ces jours d'enfant, et ce fut avec une sincère surprise que je regardai au réveil ma longue moustache, dans le miroir des toilettes - nous n'étions pas si universellement rasés de près il y a vingt ans.

Mon bateau à vapeur a quitté Boston à midi et, à mon grand plaisir, il n'y avait personne à bord que je connaissais. Sans surveillance et sans pleurs, Kitchener et moi avons remonté la planche du gang, et je lui ai fait remarquer les commodités et les excentricités de son environnement avec la confiance satisfaite connue seulement de l'ami intime d'un bon chien. Car Kitchener et moi étions déjà intimes : la philosophie cynique, les moqueries sentimentales, les fermes résolutions que j'avais déversées dans son oreille bien coupée nous avaient rapprochés, et s'il avait choisi de trahir mes confidences, il aurait pu faire un grand idiot de moi, je peux vous le dire.

Je peux le voir maintenant – ce bon vieux Kitch ! Avec une grande tache noire sur un œil bleu errant et une patte d'encre, un corps soigné et tendu et une queue magistrale, il a parcouru plus de kilomètres qu'il n'en tombe pour la plupart des bouledogues et en a tiré autant de bien que la plupart des autres. ses compagnons de voyage. Il aurait poursuivi un éléphant si je le lui avais dit et aurait apporté des os à un chat si je l'avais ordonné. Il est enterré à côté de M. Boffin le caniche, dans la paisible ville de Stratford, et sa tombe a été entretenue pendant de nombreuses années – car Harriet n'a jamais oublié.

Même si je n'avais pris aucune décision formelle quant à l'endroit où j'allais aller, quelque part au fond de mon cerveau, elle avait été prise pour moi. Cet étonnant jeune Anglo-Indien ne nous avait pas alors rappelé que "quand on "écoute l'appel de l'Orient", eh bien, on n'a besoin de rien d'autre" (je cite de mémoire et loin des bibliothèques) mais c'était vrai. , pour autant, et je connaissais les cieux qui m'attendaient – les étoiles basses et allumées, le vent chaud et intime, la sensation même de la terre sous mes pieds.

Et pourtant, je n'y suis pas allé, après tout. Nous étions à destination de l'Angleterre, et alors que je parcourais la région du Devon et que je buvais dans le paysage pur et familial et que je me promenais devant ces cottages incomparables (bien que parfois porteurs de paludisme), le sang de mon père et de mon grand-père s'est agité en moi, et à moitié consciemment, pour dire au en vérité, je me trouvais en route pour Oxford. Par un miracle du hasard, mon ancien logement était libre, et avant de vraiment réaliser ce que je faisais, je m'y installais confortablement.

J'aurais dû détester être obligé d'expliquer à mes amis américains incrédules ce que j'ai « fait » pendant ces longs mois, où chaque semaine je prévoyais de partir pour le Sud et où chaque semaine je me trouvais encore attardé près de l'enclos émeraude, de la tour grise. , le lieu calme et formel de ce marigot du monde. Dans leur sens, bien entendu, je n'ai rien fait du tout. J'observais les jeunes autour de moi (n'importe lequel d'entre eux que j'aurais pu être si mon père avait vécu), je renouvelais des amitiés tranquilles et cordiales qui, si elles ne s'enracinaient jamais très profondément, ne se desséchaient jamais et ne s'envolaient jamais ; J'ai écrit de nombreuses lettres et, plus encore, j'ai formulé une fois pour toutes, sans le savoir alors, la théorie de la vie que j'ai jugée nécessaire depuis lors. Ce que cela a pu être n'a pas tellement d'importance : si je n'ai pas réussi à l'illustrer dans ma vie, si je n'ai même pas réussi à le rendre raisonnablement clair dans cette esquisse des intérêts les plus vitaux de ma vie, cela ne peut pas avoir été le cas. été très précieux.

Parmi mes correspondants à cette époque, ni Roger ni sa femme ne figuraient. Ce n'était pas étrange, car il était un piètre écrivain, sauf pour des raisons commerciales ou pour une réelle nécessité, et on ne lui avait jamais appris à écrire son propre nom ! Mais j'ai eu des nouvelles d'eux indirectement, et comme Roger, en fin de compte, supposait que j'avais fait un long voyage de chasse à travers les Rocheuses, aucun de nous n'a été alarmé par les trois mois de silence.

Une paix étrange et somnolente s'était installée sur moi ; même si j'y pensais souvent, c'était comme on pense à des personnages et à des scènes infiniment éloignés, avec lesquels il n'a aucun rapport logique, seulement un intérêt voilé et adouci. Margarita ressemblait, sur fond d'automne anglais humide et nacré, à un magnifique et incroyable oiseau tropical, volant, tout orange et indigo, à travers un nuage gris. Il était impossible que moi, un joueur d'échecs tranquille assis en face de son amie, l'étudiant peu pratique des religions orientales, puisse avoir affaire à une anomalie aussi frappante qu'elle doit toujours l'être. Il était peu probable que l'homme silencieux et maussade se promenant pendant des heures dans les ruelles anglaises brumeuses, la pipe à la bouche, le chien aux talons, puisse un jour traverser cet adorable trouble-fête de l'esprit humain, cette femme enfantine, cet enfant trop mûr. .

Mes vacances de Noël se sont déroulées tranquillement avec le professeur oriental dans son petit cottage du Surrey, où lui et sa chère vieille sœur, une petite image pittoresque d'une femme, ont oublié le monde parmi ses lits de pensées. Elle n'était cependant pas visible à ce moment-là, à cause d'une grippe taquine qui la maintenait au lit, et notre hôtesse était son infirmière qualifiée, une petite Américaine calme et capable, avec une poignée ferme et de gentils yeux bruns, déjà fixés sur elle. rides fines et vigilantes. Elle parlait rarement, sauf dans les banalités évidentes de la courtoisie, et nos journées étaient merveilleusement calmes. Le professeur m'a appris le persan, de manière décousue, et les échecs avec la plus grande rigueur, car il était difficile de s'affronter face à un adversaire, même en partie digne de son prodigieux talent. Il était membre de toutes les sociétés savantes les plus exclusives du monde, un égyptologue d'une telle réputation que ses déclarations dans ce domaine étaient pratiquement définitives, un homme appelé devant les rois pour déterminer la valeur de leurs trésors et curiosités nationaux - et son plus grand La fierté était qu'il avait battu le joueur d'échecs mécanique jusqu'alors inégalé lors d'un concours public et qu'il avait été invité à régler absolument les plus beaux problèmes dans un magazine d'échecs !

Je m'attarde avec une curieuse tendresse sur cet intervalle placide de ma vie. Je me croyais honnêtement installé, vieilli, reconnaissant du repos et de l'oubli que l'ancienne université de mon père m'avait si généreusement offert. Quand je pensais au voyage fiévreux et effréné que j'avais prévu, aux soulagements et distractions chauds et douteux que je m'étais promis ce jour où la lettre des avocats était tombée à moitié lue sur mes genoux et où j'avais d'abord reniflé ma liberté, je demandé. Mais en vérité, tout est écrit, et l'heure n'avait pas encore sonné, c'est tout !

CHAPITRE XVI

MARGARITA ARRIVE EN VILLE

[DE SUE PAYNTER]

PLACE WASHINGTON ,

16 octobre 188—

JERRY CHER :

D'abord au sujet du testament : comme il était magnifique ! Rien n'aurait pu plaire davantage à Roger, j'en suis sûr : il m'a dit avec sa drôle de petite grimace fantaisiste que cela lui donnait la conscience de sentir qu'il vous laissait *quelque chose* ! Quelle personnalité il a et comment, à sa manière discrète et sans prétention, il nous l'impressionne !

J'ai entendu dire que Sarah avait fait toute une histoire à propos du testament, mais que M. Sears lui avait conseillé d'arrêter – et il s'est arrêté ! Avec Madame B., je suis bien sûr anathème : je n'ai plus eu de nouvelles d'elle depuis. La banque, *bien entendu* , c'est du passé, et vous, j'entends, êtes au Far West. Comme vous vous délecterez de la liberté et comme cela a dû être bon de lancer le boulet ! Si l'on peut faire confiance à quelqu'un pour ne pas abuser des loisirs, c'est bien vous, cher Jerry ; vous n'aurez pas l'air aussi coupable, comme le fait toujours un pauvre Américain, d'une manière ou d'une autre, dans de telles circonstances. Même moi, je me sens inutilement oisif maintenant, alors j'ai adopté certaines des modes de M. Elder - quel genre d'homme brave et viril il est! - et on peut le voir, *moi qui vous parle* , enseigner la lecture à vue à la joie d'un garçon. club!

Mais bien sûr, vous attendez avec impatience que je me tourne vers Margarita et que je laisse tomber ces bavardages idiots sur mon moi égoïste. *Eh bien* , elle est merveilleuse. Pendant une demi-heure, je l'ai détestée, mais je n'ai pas pu tenir plus longtemps. Je n'ai même jamais imaginé une telle personne. Quelle pose ce serait si une actrice était assez intelligente pour profiter des opportunités sans précédent que cela lui offrirait ! Bien sûr, au début, j'ai pensé que c'était *une* pose – je n'arrivais tout simplement pas à croire en elle. Mais bien sûr, aucune femme ne pourrait tromper une autre femme très longtemps, et elle est du genre à conquérir les deux sexes. Quand elle a mis sa main dans la mienne et m'a demandé si j'allais lui acheter des robes à Broadway, j'ai dû l'embrasser.

J'ai reçu très peu, juste assez pour une nécessité absolue, et je lui ai donné une lettre à ma femme à Paris et une autre à une autre que je ne pouvais me permettre qu'occasionnellement, et je lui ai dit de leur obéir et de prendre ce qu'ils lui donnaient. Elle comprit et promit de ne pas acheter ce qui lui arrivait – c'était nécessaire, car elle demanda pitoyablement une robe de ville en satin rose et un manteau d'opéra en velours jaune à porter sur le bateau ! Nous avons eu une terrible lutte pour un corset – elle a crié quand la *corsetière* et moi l'avons enfilée et avons giflé la pauvre femme au visage. Il a fallu toute ma diplomatie pour couvrir l'affaire et je doute que j'aurais pu le faire, vraiment, si Margarita elle-même ne s'était pas soudainement mise à pleurer comme un bébé effrayé et n'avait pas demandé pardon si sincèrement que la femme était émue et avait fini par offrir à sa sœur en tant que servante ! La fille avait les meilleures références, et comme elle doit avoir quelqu'un et qu'Elise a beaucoup voyagé et semble faire preuve de beaucoup de tact, elle est maintenant (j'espère) en train d'ajuster la ceinture élastique que sa sœur a finalement incité Margarita à porter.

mules en satin bleu pâle que je lui ai achetées qu'elle s'est penchée et a embrassé l'employé qui était agenouillé devant elle ! Heureusement, nous étions dans une chambre privée et c'était le jeune Irlandais le plus intelligent possible, qui m'a fait un clin d'œil grave et l'a pris le plus naturellement possible – il pensait qu'elle n'était pas responsable, voyez-vous, et m'a assuré qu'il avait une tante dans la vieille maison. pays qui était juste comme ça !

Quelle belle voix elle a – l'avez-vous déjà entendu laisser tomber une tierce mineure parfaite ? Mais quelle étrange, étrange épouse pour Roger, entre tous les hommes ! Je suppose qu'elle est la première personne totalement non conventionnelle avec laquelle il a été étroitement lié - d'une certaine manière, *vous* sembleriez plus naturel avec elle - je suppose parce que vous êtes plus adaptable que Roger. Avec lui, tout le monde doit s'adapter. Va-t-elle! *Voilà l'affaire!* Je dois dire que la jeune femme serait susceptible d'avoir elle-même une grande influence sur la vie des autres. Si jamais elle et Roger s'affrontent...! Ah bon, *advienne que pourra* , c'est fait.

Je lui ai offert en cadeau de mariage ce joli petit daguerréotype ancien de Roger à trois ans. Il était dans un vieux cadre en cuir, vous savez, et je l'ai fait retirer et mettre dans une petite bande de perles d'acier et l'accrocher à un petit étendard de velours rouge foncé. Personne ne pouvait ne pas le reconnaître – je pense que c'est le plus beau portrait d'enfant que j'aie jamais vu. Il semble avoir toujours eu ce regard droit et posé. Il y a une petite boucle de baby hair jaune dans le dos, ce qui l'a beaucoup amusée. C'est le seul de lui à cet âge, vous savez, sa mère me l'a donné lors de nos fiançailles et je l'ai toujours gardé.

J'oublie de vous parler de notre visite au Couvent, et il faut que vous l'entendiez. J'adore le vieil endroit et j'y vais souvent voir Mary, quand les choses deviennent un peu trop insupportables. Elle est merveilleuse, si placide et brillante, si semblable à elle-même, quand on s'attend à quelque chose de différent ! Pourquoi a-t-elle fait ça, je me demande ? J'étais l'une de ses meilleures amies et je ne l'ai jamais su. Sa grande capacité d'exécution porte ses fruits, me dit-on, et il est probable qu'elle deviendra un jour Mère Supérieure.

Je lui avais parlé de Margarita et elle s'intéressait profondément à elle, même si l'état terrible de l'âme de l'enfant l'alarmait naturellement. Quand je lui ai dit que sa belle-sœur n'était jamais entrée ni vue dans une église, à moins qu'elle n'ait remarqué ceux que nous croisions à New York, elle s'est signée en toute hâte et une telle expression de douleur réelle et sincère est passée sur son visage. !

Eh bien, j'ai emmené ma charge là-haut en toute sécurité, et tout l'a énormément intéressée dès le début. C'était la *demi-heure de l'entracte* du matin et les filles grignotaient toutes leur *gouter* et jouaient dans l'herbe. Je lui ai expliqué pourquoi elles portaient toutes le même uniforme noir, et pourquoi les filles d'honneur, « *les très-biens* », portaient les larges ceintures bleues sous les bras, et pourquoi les Sœurs gardaient leur coiffe blanche dans la maison, et pourquoi les filles ont toutes fait leur petite *révérence* lorsque Mère Bradley est venue à notre rencontre. Elle a embrassé Margarita si doucement et l'a tenue dans ses bras un moment. Je ne pense pas que Roger ait vraiment réalisé à quel point son attitude lui faisait mal : c'est la seule chose presque injuste que je lui ai jamais connue. Dans les couloirs, il y a une grande statue du Christ bénissant les enfants, et Marguerite s'est arrêtée et l'a regardée pendant plusieurs minutes, pendant que nous la regardions. Elle semblait si ravie que Mary m'a pris la main avec enthousiasme et m'a murmuré de ne pas la déranger pour rien au monde, mais d'attendre ce qu'elle dirait. Au bout d'un moment, elle s'est tournée vers moi.

MARGARITA S'EST ARRÊTÉE ET L'A REGARDÉ PLUSIEURS MINUTES

"Pourquoi cette femme a-t-elle une barbe, Sue ?" » demanda-t-elle joyeusement. Imaginez mes sentiments ! Je n'osais pas regarder Mary.

Nous avons parcouru toutes les salles de classe et elle était très curieuse des globes, des tableaux noirs et des pianos. Nous nous sommes arrêtés à la porte d'une petite salle de musique et j'ai souri, comme je le fais toujours, à la jolie petite photo. La jeune fille avec ses tresses Gretchen de cheveux jaunes, redressées devant le piano, le petit maître de musique nerveux aux cheveux gris, posté vigilant derrière elle, battant la mesure, et dans le coin la sœur au visage calme, aux joues roses. sous son bonnet étalé, tricotant, les lèvres en mouvement constant. Les salles de musique sont si petites que le groupe ressemble à un tableau *de genre gracieusement posé* . Avant que nous sachions ce qu'elle faisait, Margarita s'était glissée derrière le maître de musique et avait baissé les deux mains avec un fracas sur les touches, de sorte que le Prélude de Chopin s'était terminé brusquement dans un cri hystérique et que la jeune femme était tombée à moitié du tabouret - seulement moitié, car Margarita l'a poussée jusqu'au bout, j'ai le regret de le dire. Heureusement Mary a su nous en sortir, mais je crains qu'il n'y ait plus eu de Prélude ce jour-là ! Au fait, pourquoi les femmes joueraient-elles Chopin ? Je n'en ai jamais entendu parler – Aus der Ohe est assez masculin, Dieu sait, mais même cette quantité de talent ne semble pas y parvenir. Vous souvenez-vous des diatribes de Frédéric à ce sujet ? Il disait que le Congrès devrait interdire Chopin aux femmes, sous peine de la réclusion à perpétuité.

Mais il faut entendre la fin de la visite. Nous sommes entrés dans la chambre de Marie, parfaitement nue, vous savez, avec un grand crucifix au mur et en dessous, une partie de la boiserie, une petite coupe pour l'eau bénite. Dès qu'elle entra dans la pièce, Margarita s'arrêta et poussa une sorte de halètement : sa main, que je tenais fermement dans la mienne, devint froide comme de la glace. Elle s'approcha lentement du crucifix, les yeux rivés dessus – elle semblait totalement inconsciente de nous, ni de l'endroit où elle se trouvait ; elle se tenait juste sous le crucifix, avec Marie et moi de chaque côté d'elle tremblant d'excitation, puis elle a tendu la main d'une manière hésitante et instable, comme une personne aveugle, a plongé ses doigts dans le bol vide et a commencé à traverser se! Elle toucha rapidement son front, puis déplaça lentement sa main le long de sa poitrine, fouilla vers un côté, puis inspira longuement et nous regarda en faisant un clin d'œil comme un bébé.

"J'aurais aimé avoir de la nourriture, Sue", dit-elle, et elle bâilla et tendit ses bras, comme un garçon de laboureur, devant nos visages. "Je pense que cette pièce me donne faim. Tu n'as pas faim, Mary ?"

Maintenant, Jerry, qu'en penses-tu ? Elle ne peut pas avoir vu un crucifix, n'est-ce pas ? Ni personne ne se signant ? Elle se comportait comme une femme qui marche dans son sommeil. Si je vivais à Boston et que j'étais intéressé par ce genre de choses, je pourrais jurer qu'elle avait été religieuse dans sa dernière incarnation !

Marie est, bien sûr, très excitée et va faire prier tout le couvent pour elle, je crois. J'en ai parlé à Roger, mais tu sais ce qu'il est, ça m'a semblé un peu idiot dès que j'ai commencé. Il a souligné qu'il y avait de nombreuses chances pour qu'elle ait vu les sœurs se signer devant les crucifix, et d'autres explications sensées. Mais en réalité, Jerry, j'étais avec elle à chaque minute, et elle a fait ce qu'elle n'avait pas vu faire.

Qu'en pensez-vous?

Toujours le vôtre,

SUE PAYNTER.

CINQUIÈME PARTIE

DANS LEQUEL LE RUISSEAU DEVIENT UNE RIVIÈRE
ET
COULE PAR DE GRANDES VILLES

Maintenant, assieds-toi, ma fiancée, et file,
et replie encore plus tes cheveux,
L'Église a purgé notre amour du péché,
Maintenant tu es unie à une famille simple,
Tu dois oublier la mer salée.

Sir Hugh et les sirènes.

CHAPITRE XVII

NOS BAINS DE PERLES À L'EAU DE SEINE

BLEEKS, PETITES ARCHES, SURREY,

2 janvier 188—

MON CHER M. JERROLDS :

Vous serez sans doute surpris d'entendre parler d'une vieille femme qui vous est probablement *parfaitement inconnue* , mais si votre mère est encore en vie, elle se souviendra d'Agatha Upgrove et des tasses de thé et des plats de scandale innocent qu'elle a partagés avec elle, quand tu roulais dans une poussette. Je vous écris au lieu de lui écrire pour savoir si elle vit effectivement et pour renouveler à soixante-deux ans l'amitié de *vingt-six* ! Vous pouvez bien vous étonner d'un élan si soudain après presque trente ans de silence, et si vous me pardonnez les divagations épistolaires d'une vieille bavarde, je vous le dirai, car vous êtes au fond de l'affaire.

Ma petite-nièce a été appelée en toute hâte à Paris, il y a un mois, pour servir de demoiselle d'honneur à une jeune amie d'école, et comme personne d'autre ne pouvait être épargné à ce moment-là pour accompagner l'enfant, je me suis offerte. Je suis un voyageur expérimenté et, même à *mon* âge, je pense beaucoup moins à un voyage à travers la Manche que la plupart de mes proches à un voyage en Inde, que je connais d'ailleurs également. C'est lorsque le régiment de mon mari (et de votre père) a reçu l'ordre de se rendre en Inde que votre mère et moi nous sommes rencontrés. Vous avez failli y naître, le saviez-vous ? Mais le régiment fut rappelé et nous revînmes *ravis* , car cela ne nous plaisait ni à nous ni à nous. Le major Upgrove est mort de dysenterie un an plus tard, et mon veuvage et l'absence de votre père en Afrique à cette époque nous ont rapprochés votre mère et moi. On se demande si *de telles* intimités devraient un jour s'estomper, mais je l'ai vu *trop souvent* pour considérer cela comme tout sauf naturel, hélas ! C'est mon fils, le capitaine Arthur Upgrove du ———th Hussars, qui vous a appris à marcher — je vous vois maintenant, avec les revers de votre bonnet de mousseline ouvragée volant au vent, et une expression *si sérieuse !*

Mais revenons à mon voyage à Paris. J'ai installé ma nièce confortablement avec ses amis, puis je me suis livré à moi-même jusqu'au moment où elle aurait à nouveau besoin de moi. Je n'étais pas à Paris depuis huit ans (on s'installe si *étonnamment* dans l'Angleterre provinciale !) et je tirais un grand plaisir des vieilles scènes de ma lune de miel, ce triste plaisir qui est tout ce qui reste aux femmes de mon âge, qui ont pas leurs petits-enfants pour renouveler leur jeunesse !

Le Major et moi avions toujours été *particulièrement* attachés au jardin du Luxembourg, et j'y allais méditer de nombreuses heures. Un matin, alors que j'étais assis à regarder les enfants et leurs *bonnes*, mon oreille fut captée par un cri aigu et je me retournai et vis une très belle jeune femme, joliment habillée, arrachant une tasse et une balle à un petit garçon français en colère. Je supposais, bien entendu, qu'elle était sa mère ou sa tante, et je regrettais seulement qu'elle se montre si rude et si indigne dans ses manières avec lui, mais lorsque sa nourrice se précipita et interrogea avec colère la jeune femme, qui la repoussa, toujours accroché au jouet, j'ai réalisé que quelque chose n'allait pas et je me suis approché d'eux. A peine y étais-je arrivé qu'une femme de chambre à l'air soigné accourut, gronda sévèrement la jeune femme et s'excusa dans un flot rapide de français, que je ne pus suivre, auprès de la nourrice. Ensuite, il était clair (du moins c'est ce que je pensais) que la pauvre créature n'était *pas responsable* et j'ai essayé de la calmer, d'une manière calme, jusqu'à ce que son domestique quitte la *bonne*.

Pour faire court, imaginez ma surprise lorsque j'ai découvert qu'elle n'était pas folle du tout, mais étrangement sous-développée. Sa femme de chambre m'a expliqué cela tandis que la jeune chose curieuse (une *mariée* aussi !) s'est en fait liée d'amitié avec l'enfant et a supplié la tasse et la balle avec succès !

Elle s'est prise d'affection pour moi et nous avons parlé ensemble en anglais dès que j'ai découvert qu'elle était américaine. Quelle nation *extraordinaire* ! Cela donne vraiment le vertige d'y penser. Imaginez une enfant qui n'aurait jamais appris le Dieu qui l'a créée ni le Sauveur qui est mort pour elle, dans un pays *chrétien et civilisé* ! Et pourtant, je trouvai qu'elle était naturellement très douce, bien que colérique. Elle parlait très bien le français (on me dit que les Américains le font souvent), mais elle semblait connaître très peu de choses sur son pays natal et n'avait jamais vu d'Indien rouge ni de buffle. Le major a toujours regretté profondément *de* n'avoir jamais chassé en Amérique du Nord.

Au cours de notre conversation, que j'oserais à peine répéter, tant elle était *étrange*, elle me dit qu'elle était très heureuse d'avoir trouvé un autre ami, car elle en avait désormais trois, en plus de son mari.

"Et qui sont les deux autres, ma chérie ?" Je lui ai demandé.

"L'une est Sue, c'est une femme", répondit-elle, "et l'autre est Jerry, c'est un homme."

"Jerry ? Jerry ?" Répétai-je, car cela me paraissait étrangement familier.

"Oui. Vous le connaissez aussi ?" » demanda-t-elle avec impatience.

"Je crains que non", dis-je, "mais il se trouve que j'ai connu un petit garçon que sa mère appelait Jerry il y a de nombreuses années, en Angleterre."

" *Mon* Jerry m'a donné cette perle ", dit-elle, et elle me montra une belle perle qu'elle portait.

"Je ne pense pas qu'il soit probable que le Jerry que j'ai connu puisse s'offrir de tels cadeaux", dis-je *avec raideur* . Vous devez savoir, M. Jerrolds, que nos idées sont encore *démodées* en Angleterre et que nous ne parvenons pas à réaliser la croissance rapide de votre incroyable fortune américaine !

Elle a cependant persisté et, pour la calmer, je lui ai dit que le vrai nom de « mon Jerry » était Winfred Jerrolds. Lorsqu'elle m'a assuré que c'était " son Jerry" et m'a décrit votre apparence (exactement celle de votre père, sauf qu'il avait besoin d'un *pince-nez*), j'ai commencé à croire à l' *étrange coïncidence* et j'ai volontiers accepté de rentrer chez elle avec elle. Elle habitait un charmant *appartement* (j'ai oublié la rue, mais elles étaient *au cinquième* , et il y avait un drôle de petit ascenseur hydraulique dont je refusais d'utiliser, préférant mes propres pieds) et elle en faisait très joliment les honneurs, sur le tout, comme un enfant qui vient d'apprendre, cherchant constamment l'approbation de sa servante.

Franchement, cela ne me semblait pas correct, M. Jerrolds. Je suis peut *-être démodé* , mais je ne peux pas penser qu'une femme doive apprendre *l'étiquette* de sa *servante* , et j'ai dû montrer mes sentiments sur mon visage, car la jeune fille, capable, je dois le dire, rougit et dit cela en elle. L'opinion de Madame était qu'il lui fallait une gouvernante, un *chaperon* pour ainsi dire, et qu'elle croyait que Monsieur l'avait aussi en tête. Je n'ai pu m'empêcher de m'exclamer que je connaissais cette *personne* , et très officieusement, je le sais, j'ai noté l'adresse d'un de mes cousins germains, une fois éloigné, puis à Paris par le plus pur hasard.

C'est une Miss Jencks, M. Jerrolds, et d'une famille *irréprochable* : son grand-oncle évêque, son père un officier de l'armée à la retraite. Elle a été gouvernante de la famille du gouverneur général du Canada, ce qui lui a permis, comme vous le voyez, de savoir exactement ce qui serait exigé dans la société américaine (la servante m'a dit que M. Bradley était très *aristocratique* et assez riche) et s'est toujours associé aux *meilleures personnes* . Elle est simple, mais raffinée et exceptionnellement bien instruite, étant maintenant à Paris pour des études d'art spéciales. Elle serait modérée dans ses charges, j'en suis sûr, et s'intéresserait *réellement* à la jeune Mme Bradley, car elle aime profondément former le caractère et les bonnes manières et a toujours été considérée comme *celle qui réussit le mieux* dans ce domaine.

J'ai noté l'adresse de sa *pension* et je l'ai laissée à la femme de chambre, en lui disant, pour que M. Bradley ne me trouve pas *trop* arrogant, que j'étais un vieil ami de votre mère. Si vous lui écrivez, dites un bon mot pour Miss Jencks, car je suis sûr qu'il ne regrettera jamais de l'avoir engagée.

Avant mon départ, Mme Bradley a chanté pour moi en s'accompagnant au piano. Sa voix est exceptionnellement fine, même si elle ne chante pas du tout à l'anglaise, mais plutôt comme une chanteuse d'opéra *professionnelle* . C'était plutôt surprenant pour moi. Barbara Jencks pourrait lui apprendre un peu plus de retenue, je pense, avec grand avantage. Mais la beauté de l'orgue ne fait aucun doute. Elle suit les cours d'un professeur célèbre et la servante dit qu'elle a fait de *merveilleux* progrès en peu de temps. C'est une petite créature très aimante (je l'appelle petite, même si elle mesure une demi-tête de plus que moi !) mais même si elle est si enfantine, j'imagine qu'elle a une *très* forte volonté et un caractère qui lui est propre. Elle aurait une *grande influence* sur tous ceux qui étaient avec elle, je pense.

J'envoie cette lettre aux soins des anciens banquiers de votre mère. J'espère tellement pouvoir entendre qu'elle est bien vivante ! Je n'ai jamais été meilleur moi-même. Je joins à cette longue lettre une photo de mon fils. Comme ta mère, je n'en ai qu'un, et il est *tout* pour moi, comme le sien, j'ose le dire.

J'espère que vous ne viendrez pas en Angleterre sans me laisser vous voir à Bleeks, et que vous resterez, mon cher M. Jerrolds,

Le vieil ami de ta mère,

AGATHA UPGROVE .

PARIS , 17 février '8—

Temps beau et clair pendant une semaine. M. bien et très heureux. Sa voix est certainement surprenante. Mme. M——je suis très enthousiaste. Miss J. l'a persuadée d'apprendre à écrire. Elle fait de grands progrès.

24 février.

Ce soir, nous avons effectivement offert un petit dîner. Amis de Miss J. : une sorte d'affaire d'entraînement. M. s'est très bien comportée, mais a bu le vin de son voisin (le cousin de Mlle J.) et n'a pas voulu s'excuser. Miss J. a un peu tendance à être trop sévère, je pense. Ce sera très agréable de recevoir, plus tard, certainement. J'ai passé la matinée à la *Bibliothèque Nationale* à lire *le Code Napoléon* . Quel homme! Je n'ai jamais pensé qu'on mettait suffisamment l'accent sur ce côté de lui.

3 mars.

Le mauvais temps est terminé pour le moment. Appelé à la Légation. M. très calme et beau et exquis en soie bleu foncé de la couturière experte de Sue.

Énormément admiré et très heureux. Plutôt bien. J'ai pris quelques notes aujourd'hui sur le *Code* . Un grand avocat, cet homme.

6 mars.

Temps merveilleux, beau et chaud. Les châtaignes commencent bientôt. Je suis allé à Versailles pour la journée. M. joue au bilboquet avec R...n, le sculpteur, qui veut la modeler. Il nous a servi un *petit souper* et M. s'est parfaitement comporté. Miss J. certainement un investissement. Elle ne peut cependant pas entraîner M. dans une cathédrale. M. insiste sur le fait qu'ils la font se sentir étrange et ensuite affamée. Elle dit que ses mains deviennent froides. J'ai dit à Miss J. qu'elle ne pouvait pas encore se mêler de la religion. (NB pas du tout !) Étrange de ne pas avoir de nouvelles de Jerry.

10 mars.

M. a parlé aujourd'hui de sa vieille maison pour la première fois. J'ai remarqué l'absence d'océan et j'espérais que le chien allait bien. Le nom du chien semble être Rosy, ce qui est absurde, car ce n'est pas ce genre de chien. Obstiné comme d'habitude. Mlle J. s'oppose au baiser comme mesure disciplinaire. M. rechigne aux rois d'Angleterre dans l'ordre et n'obtient aucun dessert. C'est étrange ce qui est arrivé à votre femme ! Elle devient chaque jour plus douce. Je m'enfonce assez profondément dans les notes sur le *Code* . Vraiment suffisant pour un livre.

15 mars.

La météo tient toujours. J'ai rencontré Stokes et Remsen de ma classe aujourd'hui et je suis allé à Saint-Cloud avec eux. Disons que j'ai l'air cinq ans plus jeune. Je ne savais pas que j'avais besoin de repos, à vrai dire. Supposons que nous travaillions trop régulièrement, là-bas. Mais je n'en ai jamais ressenti d'effets néfastes. J'ai télégraphié à Jerry au University Club. Remsen jure l'avoir vu à Londres la semaine dernière. Cela ne semble pas possible, ou je l'aurais su. M. a chanté aujourd'hui à *la musicale* pour Mme. Mi. Grand succès et très beau. Elle obtient un chant haut en couleur. Je déteste les Français autant que jamais. Ils sont plus des singes que des hommes. Un magnifique nouveau ténor-baryton vient d'être découvert – je ne me souviens plus du nom. Veut chanter avec M., qui était très amoureux de lui. J'ai travaillé quelques-unes de mes notes : Stokes en a bien pensé.

16 mars.

Barytone m'a appelé hier alors que j'étais avec Miss J. pour affaires. M. m'a dit qu'il l'aimait et avoue l'avoir embrassée. J'ai fait le tour de ses appartements et lui ai bien léché cet après-midi : du travail chaleureux, car c'est un grand garçon. M. ne voit rien d'anormal dans ce qu'elle a fait : m'a dit qu'elle aurait aimé épouser Jerry, j'étais tellement cruelle. Miss J. lui parlait comme un oncle hollandais. Je ne peux pas laisser l'enfant être traitée trop durement pour tous les gouverneurs généraux du Canada qui l'ont jamais fait et qui le lui ont dit. Nous avons tous eu chaud, mais rien n'a fait bouger M. jusqu'à ce qu'Elise lui confie que j'étais un homme entre mille. Pour une raison quelconque, cela l'a frappée de force et elle a agi comme un ange. Les femmes sont certainement étranges. Rien de plus fait sur le *Code* .

FLORENCE , 26 mars.

Cela fait une semaine ici. M. l'apprécie beaucoup. Elle et Mlle J. étudient l'italien jour et nuit : M. s'y prend comme un canard dans l'eau. J'ai moi-même appris la grammaire et j'ai commencé. M. pratique fidèlement. Quelques vieilles dames agréables que j'ai connues à New Haven nous ont rendu visite aujourd'hui et le comportement de M. n'aurait pas pu être meilleur, pensais-je, même si Miss J. s'oppose à ce qu'elle croise les chevilles. Elle écrit très bien maintenant. C'est mieux qu'une pièce de théâtre de l'entendre avec Miss J. se disputer sur des questions d'étiquette. J. explique la théorie du chaperon, mais M. la contraint à admettre que cela ne s'applique pas aux femmes mariées. Alors pourquoi avec elle ? » demanda impérieusement M.. J. remua un peu, puis expliqua que M. était une femme mariée exceptionnelle. M. demande si cela signifie qu'elle est la seule femme mariée à laquelle on ne peut pas confier sa relation seule avec un homme. J. a répondu "Malheureusement, non, Mme Bradley!" M. a marqué, à mon avis.

2 Avril.

Long câble aujourd'hui sur l'affaire Wilkes. Je ne peux pas m'en occuper à partir d'ici. Câble à tout mettre en œuvre pour le reporter. S'ils ne le font pas, ils risquent d'être dans le pétrin. R——— aurait dû être radié du barreau depuis longtemps. M. a encore parlé de la plage chez lui aujourd'hui. La deuxième fois depuis notre mariage. Parfois, je pense qu'elle n'a pas de cœur, au sens ordinaire du terme, et puis sa douceur et sa gentillesse séduiraient une statue. Bien entendu, elle ne peut pas être jugée selon les normes ordinaires.

6 avril.

J'ai eu des nouvelles de Jerry aujourd'hui. Il était tout le temps en Angleterre, ce coquin, jouant aux échecs et apprenant le persan ! A promis de courir jusqu'à Paris et nous y retournerons. M. veut continuer ses cours de musique. Je ne l'ai jamais vue aussi stable dans quoi que ce soit. Je m'attendais à rester ici indéfiniment, mais je dois être très patient avec elle maintenant. Va merveilleusement bien. Moi, ça ne me dérangerait pas de retourner au travail, mais elle ne sait plus très bien naviguer maintenant, je suppose.

PARIS , le 11 avril.

Météo parfaite. Paris très gay. En vacances, tout va très bien : en tant qu'entreprise, quelle vie ! Mme. M——je conseille d'arrêter les cours maintenant pendant un moment. M. très déçu, mais cède finalement avec beaucoup de grâce. Comme Jerry va la trouver changée ! Il accepte de rester au moins quinze jours, ce qui ravit M. Et moi aussi. Nous devons faire une de nos anciennes promenades à pied, peut-être tenter une ascension. J'ai de nouveau consulté le *Code* .

15 avril.

La météo tient toujours. Jerry s'attendait à demain. M. s'est mis à la lecture. Elle et J. lisent à haute voix *David Copperfield* , se retournent. Quel bon travail, après tout ! Hester lui a appris à lire à l'insu de son père, qui semble l'avoir interdit. C'était sa seule désobéissance, semble-t-il. Je me demande quel était le vrai nom de cette femme ? Elle a appris à lire dans les Psaumes, mais n'a jamais beaucoup lu. L'affaire Wilkes va mal, j'en ai peur : pas de report. Ils pourront toutefois faire appel.

CHAPITRE XVIII

MA PERLE DE TROP GRAND PRIX

Kitchener et moi avons été très philosophes lors de notre traversée de la Manche en ce beau jour d'avril. Nous étions désormais parfaitement adaptés l'un à l'autre, les aspérités étant lissées, toutes les particularités étant prises en compte ; nous savions quand appuyer fort, pour ainsi dire, et quand y aller doucement, et le résultat fut une bonne intimité chevronnée qui dura douze longues années.

J'ai toujours été un bon marin, un léger mal de tête lors d'un roulis inhabituellement méchant étant ma seule concession à Neptune, et Kitch et moi considérions avec une tolérance cynique les pitreries déprimantes de nos compagnons de voyage moins fortunés. À mesure que nous approchions des côtes françaises, je réalisai peu à peu combien il serait bon de revoir Roger et je trouvai le temps de regretter un peu ma solitude pendant l'hiver anglais humide, qui semblait rétrospectivement plus oppressant qu'il ne l'avait été en réalité.

Pour Margarita, je n'avais que les sentiments les plus gentils et l'espoir le plus amical qu'elle devienne une bonne épouse pour Roger. Épouser un tel nœud de possibilités envoûtantes était bien sûr plus ou moins un risque, mais d'un autre côté, si un homme pouvait réussir dans une telle entreprise, c'était sûrement notre placide et patient Roger ! J'avais moi-même appris la patience pendant l'hiver, grâce aux échecs et à la philosophie, et d'une manière ou d'une autre, tandis que le petit bateau de la Manche tanguait sous moi et que les nuages d'avril fuyants roulaient dans le ciel au-dessus de moi, la vie, telle qu'elle s'étendait pour moi et Kitchener, n'était pas trop sombre : il était même parfumé d'une certaine liberté facile qui chatouillait plutôt mon palais épicurien d'âge moyen - car les trentenaires étaient, il y a encore vingt ans, raisonnablement d'âge moyen.

Il était néanmoins impossible de ne pas se rappeler que mes sentiments n'avaient pas toujours été ainsi ordonnés, et lorsque, quelques heures plus tard, le gardien me fit descendre de la voiture et que je ne vis que Roger sur le quai, je compris que je m'étais préparé à un peu pour une rencontre qui n'a pas eu lieu.

"C'est bon de te revoir, Jerry," dit-il chaleureusement, "très bien !" Et avec sa main agrippant la mienne, j'ai eu un moment d'émerveillement fantaisiste à l'idée que n'importe quelle femme née aurait pu menacer une telle amitié pour (ou par !) un clin d'œil.

Nous parlâmes de nos projets, les miens, tels qu'ils étaient, n'étant que trop prêts à se fondre dans les siens, qui prévoyaient une ascension raide à travers les Alpes suisses ; de mon séjour à Oxford; de la musique de Margarita et sa volonté de retourner en Amérique dès qu'elle se sentira à la hauteur. Cela m'a un peu amusé de découvrir avec quelle simplicité Roger acceptait son rôle de mari américain indulgent : ces hommes y sont nés, je crois — il ne semble pas y avoir de crise, ni même de période d'instruction. Je n'ai jamais prétendu diminuer la moitié de sa vraie force de caractère, mais je n'aurais pas pu m'imaginer m'arrêter dans des circonstances plus ou moins désagréables pour moi jusqu'à ce que le caprice de ma femme nous libère ! Je n'avais parlé à aucune femme depuis de nombreux mois, vous devez vous en souvenir, mais ma logeuse et l'infirmière qualifiée du professeur, et si peu flatteur que cela puisse paraître pour le sexe tant désiré, je n'avais ressenti aucun manque particulier, après les premières semaines.

À ce jour, je n'ai jamais connu le nom de la rue ni le numéro de cet *appartement parisien* . Nous étions plongés dans nos projets d'alpinisme et, à part le fait que j'ai remarqué le petit soulèvement sifflant de la lettre de Mme Upgrove, je ne me souviens littéralement de rien de cette excursion, si ce n'est de l'odeur familière de l'asphalte parisien, du claquement et du craquement du fouet gaulois, et la fumée de ma propre cigarette qui me soufflait dans les yeux lorsque je la jetais en entrant dans la maison.

Le soleil de fin d'après-midi entrait dans le petit salon gai, tout chamois et rose terne, dans le charmant style français, et plein de douces fleurs printanières dans des bols et des pots carrés en majolique. La hauteur de l' *appartement* le rendait délicieusement aéré et lumineux, et à travers les fenêtres occidentales, j'apercevais les pointes plumeuses du nouveau vert délicat des arbres. Un petit piano à queue se tenait près d'une fenêtre ouverte et une magnifique broderie chinoise sur le mur opposé se reflétait dans un miroir haut et étroit qui doublait la taille apparente de la pièce et donnait une profondeur et une richesse agréables à toute la clarté aérienne de la pièce. un printemps qui semblait s'incarner assez bien dans le lieu et l'heure. Depuis ce jour, je n'ai jamais aimé les broderies orientales, et l'odeur encrassante de la jacinthe est une chose que je me donnerais la peine d'éviter ; ces tristes petites flèches violettes, roses et blanches n'évoquent au moins que du chagrin pour un homme : du chagrin et des souvenirs d'une faiblesse pitoyable et peu virile.

Car debout près du piano, une main avec son saphir blanc trouble et brillant parmi les pointes pâles et raides, sa tête de cerf sombre sur le rose et l'orange fantastiques des dragons brodés, se trouvait Margarita, un joli sourire courbant ses lèvres et le chaud la lumière dans ses yeux profonds couleur ardoise brûlait jusque dans mes organes vitaux. Dans ce sourire riche et bienvenu, tous mes calmes mois d'anglais fondaient comme de la cire dans un fourneau, et Oxford n'était qu'un rêve morne et Surrey une stupide infirmerie ! En lui faisant face, la vieille blessure éclatait et s'élargissait, avec ce doux choc torturant que j'avais sagement relégué aux poètes et aux chaleurs juvéniles, et je savais que je l'aimais désespérément, d'un amour qui éteignait mon amour pour Roger et ma mère. alors que le soleil éteint les petites étoiles stables.

J'avais quitté un elfe envoûtant et improbable ; J'ai trouvé une femme magnifique. À mes yeux jubilatoires, elle semblait avoir grandi, même si cela aurait pu être l'effet de sa robe ample et longue, qui était comme si elle avait enfilé un vêtement de soie verte et bleue, puis un autre par-dessus. dentelle riche et jaunâtre. Le cou était coupé en une sorte de carré, comme on en voit sur les tableaux des dames vénitiennes du *Cinque Cento* , et à la base de son cou plein gisait un antique collier d'aigue-marine. Cieux! Comme elle était parfaite ! Alors qu'elle avançait dans sa grande foulée libre et prenait mes mains dans les siennes, la vitalité et la force éclatante semblaient se déverser le long de ses veines dans les miennes ; elle semblait presque extravagante en vie, et moi un barboteur pâle et stupide sur le rivage des choses. Sa silhouette était beaucoup plus pleine ; son bras, là où la manche de dentelle lâche retombait, était dodu et rond, et cela et la douceur accrue de sa gorge et de son menton ajoutèrent un an ou deux – oui, trois ou quatre – à ce que j'avais cru jusqu'ici être elle. âge. Elle était désormais une compagne idéale pour Roger ; n'est plus un enfant-sorcier capturé.

Je me penchai sur ses mains pour cacher mon émotion et leur embrassai cérémonieusement le dos ; il y avait maintenant une fossette crémeuse sous chaque doigt. Alors que je relevais la tête et entendais le rire de joie de Roger devant mon étonnement envers elle, je vis pour la première fois que nous n'étions pas seuls dans la pièce, et me retrouvai à m'incliner devant une vieille fille britannique soignée et froide, grande et blanche de dents. , large et plate à la taille, grande et osseuse aux jointures. Elle portait des bottes pratiques à bout carré et la mode de ses vêtements suggérait un tailleur consciencieux qui avait momentanément perdu de vue son sexe. Elle portait un *pince-nez* sur sa poitrine plate, dont la nécessité était évidente, mais ses yeux bleus myopes étaient gentils et la prise de sa main articulée était humaine. C'était une dame sérieuse, même si elle était un peu grotesque, et mon amitié respectueuse pour Barbara Jencks, défunte de la maison du gouverneur général du Canada, n'a jamais faibli.

"Vous trouvez Mme Bradley quelque peu changée, j'ose dire", remarqua-t-elle, pour rompre un silence plutôt tendu, car Roger, jamais bavard, cherchait parmi une pile de guides et Margarita regardait rêveusement le coucher du soleil. maintenant un miracle de rose dorée.

"Un peu, en effet", répondis-je poliment, mon esprit revenant à cette fille au maillot rouge qui était assise les jambes croisées comme un Turc sur le sable, et qui me disait que je l'aimais. Qu'aurait pensé le gouverneur général de cette fille ?

Encore une pause, et maintenant Miss Jencks s'adressa à Margarita, affectueusement, mais fermement – oh, très fermement !

"Qu'est-ce qui te fascine par la fenêtre, ma chérie ?"

Margarita sursauta comme une enfant oublieuse, rougit un peu, murmura avec impatience en français puis me sourit délicieusement.

"Mais voici Jerry, Miss Jencks, Roger et mon Jerry", dit-elle d'un ton suppliant. "Tu ne veux pas dire que je dois être poli avec Jerry ?"

"Très certainement", répondit Miss Jencks. "Quand un gentleman, même s'il s'agit d'un vieil ami, fait un voyage pour en rendre visite à un après une longue absence, il s'attend et mérite d'être diverti !"

Roger croisa mon regard, fit sa vieille grimace fantaisiste et s'enracina plus profondément dans les guides. Margarita soupira doucement, s'assit sur une haute chaise sculptée et s'enquit adorablement de ses lèvres de ma santé et de mon voyage, mais riait méchamment des yeux, un accomplissement si étranger à ma connaissance d'elle qu'il me réduisit à une totale banalité. ; ce qui convenait pourtant parfaitement à Miss Jencks, de sorte qu'elle céda le gouvernail de conversation à son élève et se préoccupa de tricoter une hideuse couette grise (pour la maison des marins, je l'appris plus tard), donnant à l'occupation un caractère digne des plus *comme-il- faut* clubman.

Une *bonne bonne* en uniforme noir fut apportée dans le thé, à la mode anglaise, et Margarita nous servit avec le plus de charme sous l'œil d'aigle de Miss Jencks, mangeant elle-même comme une écolière affamée et volant impudemment les gâteaux de Roger lorsque l'ancienne directrice de l'école la maison du gouverneur général affectait une surdité bien élevée à sa demande d'en savoir plus. Après le thé, Miss Jencks partit avec son tricot et nous restâmes tous les trois confortablement silencieux ; Margarita rêveuse, je suis tout dans un labyrinthe devant elle, Roger savourant mon émerveillement. Les jacinthes sentaient fort dans le crépuscule grandissant, les dragons chinois brûlaient contre le mur : la couleur et l'odeur étaient à la fois un cadre pour sa beauté et sa richesse. Je ne pourrai jamais complètement séparer cette heure dans ma mémoire des visions d'une fièvre et d'une chaleur brûlante pire que le désert africain.

Plus tard, nous nous sommes assis autour d'une table à l'ombre des bougies, un repas où le service anglais s'est effacé au profit de la plus grande gloire de la cuisine française, et je me suis rebellé avec Roger contre la réduction par Miss Jencks de l'appétit de sa charge.

"Bien sûr, Miss Jencks, cette *scarole* est inoffensive", protesta Roger en souriant à l'assiette vide de Margarita, mais quand cette dame répéta en hochant la tête sagement :

"Je vous assure, M. Bradley, elle va mieux sans ça", succomba-t-il docilement, voire servilement, pensai-je, et secouai la tête devant les yeux suppliants de Margarita.

Au centre de la table se trouvait un gracieux plat en argent rempli de fruits, et tandis que la bonne *bonne* quittait la pièce, Margarita, avec un petit cri de gorge roucoulant, se pencha vers lui, saisit avec une rapidité incroyable deux grosses poignées de fruits, et sautant de son siège, elle se retira avec son butin vers le *salon* . Une seconde, elle resta debout sur le seuil, deux bananes jaunes serrées contre sa poitrine parmi la riche dentelle, une orange dans le coude, les dents plongées dans un gros raisin noir de Hambourg, les yeux deux mutineries bleu foncé.

Roger éclata d'un rire homérique et même Miss Jencks sourit en s'excusant.

"Je suppose que nous devons lui laisser le fruit", concéda-t-elle, "un vieil ami comme M. Jerrolds fera la part..."

"Nous attendons l'enfant pour juin", dit simplement Roger, puis quelque chose sembla littéralement céder dans mon cerveau et je m'agrippai à la nappe tandis qu'une douleur aiguë et dure me traversait les tempes. Aussi étrange et incroyable que cela puisse paraître, je n'avais jamais pensé à une chose pareille !

PENDANT DES HEURES ET DES HEURES J'AI MARCHÉ, MARMONNEANT ET MAUDISSANT

Mon visage a dû excuser mon départ brusque, ma totale incapacité à manger ou à boire une autre bouchée. J'ai murmuré quelque chose à propos d'un voyage difficile et de mes jambes à terre (moi qui n'ai jamais connu le sens du *mal-de-mer*!) et je sais que mon front a dû être tiré, car Miss Jencks a pressé *le sal volatile* sur moi avec sollicitude. Roger, homme, me laissa descendre aussitôt et seul, comme je le suppliais, et une fois au bas de l'escalier interminable, je me jetai dans un *fiacre errant*, et parcourus les boulevards joyeux et éclairés de Paris, en proie impuissante aux passions noires. et amère – à une jalousie méchante et bouillonnante telle que je n'aurais jamais cru possible pour un homme honnête.

C'était la gorge profonde, le bras large et charmant ! *C'était* la calme rêveuse et repue, la ruminante ! Dieu! comme cette pensée me torturait et me déchirait ! Moi qui me croyais guéri et philosophe, bon philosophe ! Mon premier accès d'amour pour elle avait emporté avec lui son exaltation, mais dans cette rage physique grinçante, il n'y avait que honte et folie.

J'ai pris, d'une manière ou d'une autre, un train pour Calais, je suis tombé sur un bateau là-bas sous une pluie battante et j'ai marché dessus toute la nuit sur le pont. J'ai voyagé à l'aveugle jusqu'à Oxford et j'ai parcouru des ruelles détrempées et fumantes, des nappes de bruine, des ruisseaux glacés et des herbes marécageuses. Pendant des heures et des heures, j'ai marché, marmonnant et jurant, mes dents claquant dans ma tête, mon cerveau en feu, mes pieds glissant dans mes bottes trempées. Je ne savais pas clairement où j'étais, je ne savais pas pourquoi je marchais ni où, mais je devais marcher, comme les forçats sur le tapis roulant. Quelque chose riait horriblement dans l'air juste derrière moi et répétait comme un perroquet, encore et encore :

"Nous attendons l'enfant pour juin ! Nous attendons l'enfant pour juin ! Nous attendons l'enfant..."

J'ai frappé avec mon bâton de prunellier. « Au diable toi et ton enfant ! J'ai pleuré sauvagement et je suis tombé face contre terre dans une flaque marécageuse.

CHAPITRE XIX

LE DESTIN ME TERRE SUR LES ROCHERS

De longues périodes de temps se sont écoulées ; des jours peut-être, peut-être des années. Quelqu'un, je le sais, s'est tourné avec difficulté sur le côté, pour que la flaque d'eau ne lui obstrue pas la bouche et les narines. Quelqu'un, peu à peu, sentit quelque chose de chaud, d'humide et de rugueux contre sa joue glacée et fut reconnaissant de cette sensation. Quelqu'un me lisait un livre qui décrivait les sensations d'un homme soulevé et transporté dans un ballon brisé qui ne pouvait monter qu'à un pied du sol, se cognant et se secouant horriblement, et j'étais cet homme, d'une manière étrange, et en même temps j'étais les illustrations qui accompagnaient le conte. J'ai fini par lire l'histoire moi-même, à voix haute et très stridente, tandis que ce malheureux se bousculait. Après des jours de ce voyage froid, l'homme tomba du ballon dans un lac chaud et fut enchanté du changement, car son âme même était glacée - jusqu'à ce qu'il réalise, d'abord vaguement, que l'eau devenait de plus en plus chaude à chaque minute et que l'intention était de le torturer à mort ! De plus, j'étais cet homme, et je donnais des coups de pied et je criais sauvagement, même si chaque mouvement dans l'eau bouillante était une agonie. Juste au moment où ma respiration s'épuisait et mon cœur ralentissait, ils ont coupé l'eau du lac d'un robinet, et alors qu'elle diminuait lentement, j'étais à nouveau en sécurité et je savais que je pouvais m'endormir.

Je dormais longtemps et rêvais d'une manière inexprimable, puis je sentais le clapotis insidieux du lac chaud, je me réjouissais un instant de la chaleur réconfortante, puis je réalisais avec horreur que la température montait lentement mais sûrement et que l'enfer recommencerait. . Chaque articulation et chaque muscle était brûlant, chaque souffle brûlant me coupait comme un couteau.

Je ne pouvais pas compter combien de fois cela s'est produit, mais j'ai prié à haute voix pour que cet homme meure (il avait été confirmé, il avait donc le droit légal de prier) et après un long moment, j'ai commencé à espérer qu'il mourrait, car il a découvert un moyen de plonger son visage sous l'eau bouillante et de cesser de respirer. Chaque fois qu'il faisait cela, une pluie froide et cuisante lui tombait sur le visage et l'obligeait à respirer, mais il parvenait à s'enfoncer de plus en plus profondément, jusqu'à ce qu'enfin il sente le battement du grand monde sur son axe tourner, et J'ai vu les étoiles au-dessous de lui et j'ai su qu'il était presque libre.

"Plus d'oxygène !" » dit une petite voix sèche au loin dans l'espace infini, « plus d'oxygène !

Je devins léger et remontai à la surface ; les étoiles se sont éteintes.

"Plus d'oxygène !" dit encore la voix, plus forte maintenant et plus proche de moi. Je me suis battu pour retomber mais c'était inutile ; J'ai remonté à la surface et j'ai respiré l'air doux et glacé contre ma volonté.

"Maintenant, remettez de la moutarde, sur le cœur", dit la voix, "et essayez le cognac."

Quelque chose coulait comme un feu dans mes veines, j'ouvris les yeux, fixai un visage noir et barbu et dis distinctement :

"Vous avez failli perdre cet homme. Il a entendu la chose circuler."

Puis je suis tombé dans un sommeil profond et sans rêves.

J'étais très faible et fatigué à mon réveil, mais plutôt calme. Ce sentiment de douceur et de pathétique conscient qui inonde le corps faible, vide et récemment déchiré était le mien, et je regardais pensivement la main blanche aux veines bleues qui reposait si relâchée sur la couverture. Quel siège cela avait été pour le pauvre diable qui possédait cette main ! Car j'ai réalisé que j'avais effectivement été très, très malade.

Pendant que j'étudiais la main, elle fut doucement soulevée de la couverture par une autre et serrée légèrement mais fermement au niveau du poignet. Le bras au-dessus de cette main était vêtu de vichy rayé bleu et blanc ; un tablier blanc tombait juste à la limite de ma vision latérale. J'étais bien trop faible pour lever les yeux, mais je pensai que ce devait être ma logeuse, car je reconnus le pied de lit de mon lit. Et pourtant, cela ne ressemblait pas du tout à ma chambre. Le fauteuil avait disparu, les livres avaient disparu, la lampe d'étudiant avait disparu, même si c'était mon salon. Alors pourquoi le lit était-il là ? Je fronçai les sourcils avec impatience, puis le tablier blanc s'abaissa, un col blanc apparut, et au-dessus un visage qui m'était parfaitement familier, même si je ne pouvais lui attacher aucun nom.

« Que puis-je faire pour vous, M. Jerrolds ? Un verre, peut-être ? dit une voix claire et compétente, et je sus immédiatement qui elle était : l'infirmière qualifiée de la sœur du professeur. Pendant un moment épouvantable, j'ai eu peur d' *être* la sœur du professeur ; il m'a semblé qu'il devait en être ainsi, qu'il n'y avait pas d'autre voie qui s'offrait à moi, car c'était la personne que Miss Buxton allaitait ! Puis, tandis qu'elle répétait mon nom à voix basse, ce fut comme si un voile était tiré et j'ai tout compris. Mon lit avait été déplacé dans le bureau ; son lit était dans ma chambre. Sans doute le professeur l'avait fait venir.

J'avais soif et faim aussi, ce qu'elle savait apparemment, car en un instant elle m'apporta un bol de bouillon délicieux, qu'elle me donna très soigneusement à la cuillerée. Cela a fait de moi un autre homme, ce bouillon, et je l'ai vue l'enregistrer avec un grand intérêt sur un tableau formidable, consacré à mes affaires importantes.

« Est-ce que je suis malade depuis longtemps ? Ai-je demandé, et ma voix semblait creuse et plutôt haute pour mon sens critique.

« Deux semaines, M. Jerrolds, » dit-elle promptement, « c'est assez long, n'est-ce pas ? Cela a été très intéressant : une très jolie affaire, en effet.

"Qu'est-ce que c'était?"

"Rhumatisme inflammatoire", dit-elle avec une absence de doute ou de retard gratifiante (un tel soulagement pour un malade !) "et beaucoup de fièvre, très élevée. Vous aviez une température remarquable, M. Jerrolds."

J'ai reçu cette information avec la complaisance particulière d'un invalide. Cela me semblait dénoter des capacités et des pouvoirs marqués au-delà du commun, cette fièvre !

"Comment suis-je arrivé ici?"

Elle s'est assise sur une chaise basse près du lit et m'a regardé agréablement avec ses yeux bruns gentils et sages.

"Je vais tout vous raconter", dit-elle, "parce que je suis sûre que ce sera plus facile pour vous, mais une fois que j'aurai fini, je veux que vous essayiez de vous ressaisir et de vous endormir, car ce sera assez de discussions pour l'instant. , et je veux que tu sois frais pour le docteur. Tu comprends ?

J'ai baissé les paupières en signe d'accord et elle a continué.

"Vous vous souvenez que vous vous plaigniez de malaise à Paris, chez M. Bradley. Vous aviez probablement alors une forte température, même si vous ne le saviez peut-être pas. Vous êtes revenu directement à Oxford, mais pendant quarante-huit heures, personne ne savait où vous l'étiez, car les gens ici pensaient que vous étiez là. Finalement, lorsque M. Bradley a télégraphié, ils sont devenus anxieux ici, et pendant qu'ils se demandaient quoi faire, votre chien est entré en courant, agissant si étrangement qu'ils ont soupçonné quelque chose et l'ont suivi. Les ont conduits directement vers vous et ils vous ont trouvé inconscient dans un vieux chemin marécageux à environ six milles de la ville. Ils vous ont amené ici dans une couverture de cheval, le professeur m'a fait venir et depuis, nous prenons soin de vous. Monsieur " Bradley est venu ici deux fois, mais vous étiez trop malade pour voir quelqu'un ; il a vu que tout était fait. Je lui écrirai directement que vous êtes sur la route qui monte maintenant, et que vous n'avez besoin que de soins et de patience.

"Maintenant, prenez ce médicament, M. Jerrolds, et récompensez-moi de cette longue histoire en vous endormant directement."

Je l'ai pris, je suis resté allongé un moment dans un émerveillement rêveur et je me suis endormi. Comme elle l'avait dit, le voyage ascendant avait commencé.

Cet après-midi-là, j'ai vu le médecin, un homme grisonnant et gentil, et c'est lui qui m'a dit ce que j'avais déjà deviné d'une manière ou d'une autre : que je devais la vie à Harriet Buxton.

«Je n'ai jamais vu une telle infirmière», dit-il franchement; "Cette femme a un vrai génie. C'était serré avec vous, M. Jerrolds, et elle a simplement serré les dents et *n'a pas* abandonné ! On ne peut pas s'étonner que les infirmières américaines obtiennent de tels prix - elles en valent la peine." " Maintenant, tenez bon et cultivez votre patience, et récupérez les deux ou trois pierres que nous avons perdues pendant le siège, et puis au revoir !"

Mais oh, combien de temps cela a duré ! Jour après jour, nuit après nuit, et jour après jour encore, je comptais les meubles dans la pièce nue et morne, je lisais des visages sur le hideux papier peint et je regardais par la fenêtre vide. La petite veilleuse ponctuait l'obscurité ; la faible lumière du soleil luttait contre la pluie. Je ne pouvais pas voir les quelques bons amis qui me rendaient visite ; leurs banalités sympathiques étaient insupportables à mes nerfs affaiblis. Sans le retour, de temps en temps, des douleurs que j'avais souffertes dans mon délire, heureusement de moins en moins violentes, et qui faisaient de leurs périodes d'absence des heures de plaisir relatif, je pense que je serais devenu un nerveux désespéré. invalide par pur ennui. Je n'avais jamais été malade depuis l'époque de mes maladies enfantines, et je m'inquiétais comme seul un tel homme peut et doit s'inquiéter sous la nouveauté ennuyeuse de la douleur, de la faiblesse et de l'irritation.

Je ne peux pas dire à quel point Harriet Buxton a supporté mes caprices, mes modes et ma grossièreté. Lorsque, dans un accès de contrition, je lui ai posé cette question, elle a souri et m'a répondu que les hommes étaient généralement irritables.

"Mais je deviendrais fou si j'étais obligé de satisfaire les caprices d'un ours comme moi !"

"Mais tu n'es pas infirmière !" répondit-elle doucement.

Après dix jours de convalescence régulière, alors que j'étais un peu calé sur mes oreillers et que je pouvais me nourrir très facilement d'un *menu toujours plus varié* , je lui demandai soudain si elle avait des nouvelles de Roger ces derniers temps.

"Oui," dit-elle promptement, "hier seulement. J'attendais que vous me le demandiez. Avant de vous remettre la lettre, je dois vous dire qu'ils ne sont plus à Paris : ils sont retournés en Amérique."

"Amérique?" » répétai-je vaguement, avec la conscience à moitié choquée que je ne me souciais pas vraiment de l'endroit où ils se trouvaient.

"Oui, M. Bradley est arrivé la veille de leur départ, mais vous étiez bien trop malade pour le voir. En même temps, je ne voyais aucune raison pour laquelle vous ne devriez pas vous en sortir, et je le lui ai dit. Mme Bradley a soudainement exprimé un souhaitent retourner dans son ancienne maison, et bien que pour certaines raisons ils n'aimaient pas la laisser commencer un voyage en mer, pour d'autres raisons ils voulaient la satisfaire. Elle est devenue très déterminée et ils ont décidé de le permettre. Vous savez qu'elle l'attend bébé en juin."

"Oui, je sais," dis-je doucement. Je me souvenais de l'homme qui avait parcouru les chemins mouillés, mais aujourd'hui il me semblait un méchant imbécile, justement puni pour sa folie. Car je savais, même si personne ne me l'avait dit, que je ne serais plus jamais le même après cette maladie. Les fibres mêmes de mon âme avaient été tordues et brûlées dans la fournaise incandescente de mon délire, et même si la nature pouvait me pardonner, elle ne pourrait jamais oublier. Chaque hiver, elle faisait des ravages, chaque saison humide, elle vérifiait mon compte, après chaque exposition ou fatigue, elle tapait légèrement sur un nerf rétréci et murmurait « Souviens-toi ! » Une passion dont je n'avais jamais soupçonné la force m'avait amené à ce lit, et dans ce lit cette même passion s'était débattue, s'était ratatinée et était morte. C'est sans fausse philosophie que j'ai pensé à Margarita. Non, cet imbécile connaissait désormais sa folie. Mais c'était une folie dont je n'avais pas besoin, je le crois bien, d'avoir honte. Ce n'était pas que j'étais le genre de moine qu'on nous dit que le Diable serait lorsqu'il était malade, même si ma faiblesse physique en était peut-être – Dieu sait ! – à l'origine, une fois. Non, j'avais changé. Ceux qui ont vécu de tels changements (et je me demande parfois combien de gens passifs et banals que je croise dans la rue, dans les champs, dans les hôtels) savent à quel point je connaissais la vérité de cela. important et à quel point j'étais peu susceptible de me tromper. Je l'ai aimée, oui, et je l'aimerai tant que la conscience restera avec moi, mais elle ne sera plus jamais amère dans ma bouche et noire dans mon cœur.

« Laissez-moi voir la lettre, s'il vous plaît, Miss Buxton », ai-je demandé, et elle l'a apportée, la coupant pour moi avec sa précision de mouvement et sa conservation de l'énergie. J'ai ouvert la feuille unique et j'ai commencé, mais je n'ai jamais lu plus d'une ligne de cette lettre.

Car tout a commencé,

Cher vieux Jerry :

Depuis que Kitchener t'a trouvé, j'ai changé ...

"Kitch ! Kitch !" J'ai pleuré, accablé de honte et de pénitence. "Oh, Miss Buxton, est-ce que… est-ce que quelqu'un…"

"Il est juste dehors", dit-elle, "je vais le faire envoyer immédiatement. Je pensais que vous le voudriez bientôt, M. Jerrolds. Et ne vous inquiétez pas, il n'a jamais été négligé."

J'ai serré le drap dans mon impatience. Très vite, il y eut une course dans la salle, un petit reniflement haletant, un petit aboiement aigu. Puis il fut sur le lit avant que j'aperçoive sa bonne tête bringée, presque, et dans mes bras. J'appuyais mon visage contre son cher manteau frémissant, j'abandonnais ma joue à sa langue chaude et rugueuse, je traduisais chaque frémissement convulsif heureux.

« Cher vieux Kitch, bon gars ! » » marmonnai-je sans trop de fermeté, car je n'étais pas encore fort, et il me parut soudain le seul ami sur lequel je pouvais compter sans réserve. Roger avait souhaité rester avec moi, je le savais, mais bien sûr, il devait partir avec sa femme, et je suis heureux de ne jamais avoir regretté son absence un seul instant. C'est pour cette raison qu'un homme doit quitter son amie de toujours et s'attacher uniquement à elle, et il n'y a pas d'autre moyen. Mais rien, rien ne pouvait nous séparer Kitch et moi !

Miss Buxton nous a laissés seuls ensemble et nous avons discuté de la situation sérieusement et en profondeur et nous nous sommes assurés que ce n'était qu'une question de patience, de temps en temps, en partant ensemble !

Mon moral s'est amélioré depuis le jour de son arrivée, et une semaine plus tard, je m'étais avancé vers une chaise profondément rembourrée près de la fenêtre pendant une heure par jour. Mais ce n'était pas une fenêtre très intéressante, car elle dominait le mur de jardin de mon voisin de huit pieds, couronné de verre brisé inhospitalier, et bien que j'apprécie la merveille de la source autant, je suppose que, comme la plupart d'entre nous, je ne pourrais jamais occuper Je me suis longtemps consacré exclusivement aux beautés naturelles, et les arbres et l'herbe ne pouvaient satisfaire mon besoin d'intérêt humain. Maintenant que j'étais prêt pour eux, tous mes amis étaient partis pour leurs vacances de Pâques, et je n'empêcherais pas le professeur de jardiner au printemps, même s'il l'avait proposé courageusement. Je n'ai jamais aimé les jeux, à la seule exception de ses échecs bien-aimés, et mes yeux se sont vite lassés de lire.

Et c'est ainsi qu'à la fin, faute d'avoir quelque chose de plus en tête, je me tournai vers ma nourrice et résolus de faire parler cette femme silencieuse. Au début, ce fut difficile, car j'essayais de découvrir ses sentiments, son attitude, son histoire. Quant aux deux premiers, je n'ai rencontré qu'un échec et le dernier était d'une simplicité pathétique. Elle était orpheline, soutien de famille, observatrice. Je dis que c'était pathétique, mais pas qu'elle *l'* était. Les choses évoluent rapidement avec les femmes, je le vois clairement, mais il y a vingt ans, un homme pensait encore, ridiculement peut-être, qu'une femme gentille et compétente, aussi réussie soit-elle dans la profession qu'elle a choisie, devait nécessairement l'être, dans la nature même du cas. , encore plus gentille et compétente avec un enfant sur ses genoux et un bras autour de sa taille. Si dans la nouvelle doctrine de la Fraternité des Hommes il est admis que nous avons chacun notre dette envers l'humanité et la postérité, pour ma part, je n'ai jamais pu comprendre pourquoi les femmes ne devraient pas payer cette dette avec la monnaie qui leur a évidemment été fournie. le but. La Fraternité des Hommes est une excellente idée, mais sans la Maternité de la Femme, elle deviendrait sûrement un peu obscure et peu pratique. (Je parle comme un imbécile !)

Et donc, je le répète, il y avait pour moi quelque chose d'un peu pathétique dans la vie d'Harriet Buxton, même si rien de pathétique dans sa personnalité ou dans ses actions. Ne vous retournez pas trop violemment contre moi, mesdames, et ne me demandez pas, avec votre logique impitoyable bien connue, ce que je serais devenu si Harriet Buxton n'avait pas été à mes côtés dans mon délire, avec rien d'autre qu'un thermomètre clinique sur son genou. , et un tablier blanc autour de la taille. Ne le faites pas, je vous en supplie, car je choquerais toutes vos strictes habitudes d'esprit en me réfugiant dans un instinct aveugle et illogique et en réitérant ma ferme conviction que même si je péris, la vérité est telle et que la nature avait un meilleur usage des genoux d'Harriet et taille. Elle avait! (comme on disait à l'époque émotionnelle) elle l'avait fait !! *Elle avait!!!*

Eh bien, désespérant d'obtenir d'elle quelque chose de romantique, je m'informai langoureusement de ses voyages. Ils n'étaient pas très étendus : c'était son premier « voyage à l'étranger ». Cela avait été plutôt un échec, d'une certaine manière, car même si elle avait été engagée, étant entendu que son voyage devait être payé dans les deux sens, sa patiente en convalescence avait décidé de passer l'été à l'étranger et avait clairement fait savoir qu'elle ne se considérait plus responsable de son infirmière dans ces circonstances !

"Vous auriez dû consulter un avocat", ai-je expliqué, "la femme était malhonnête. C'était choquant, Miss Buxton - vous auriez sûrement pu faire quelque chose ?"

"Peut-être", a-t-elle admis, "mais je n'avais pas d'amis ici et de toute façon, c'était déjà déjà assez difficile d'obtenir mon salaire. J'aurais pu partir avec Mme Bradley si j'avais été libre. En fait, je leur ai envoyé une autre infirmière américaine. Je connaissais des gens à Londres qui étaient heureux d'y retourner."

"Pourquoi ne me l'as-tu pas envoyée pour y aller toi-même ?" J'ai demandé curieusement : « Si tu veux y aller autant ?

Elle m'a regardé avec une sincère surprise.

"Eh bien, j'avais déjà accepté votre cas, M. Jerrolds", dit-elle.

Hélas, Harriet ! Pourquoi, pourquoi n'enseigniez-vous pas votre simple code d'honneur à un Harry robuste et en kilt ?

Il semblait n'y avoir plus rien à obtenir de Miss Buxton, et nous commençâmes à discuter du meilleur climat hivernal pour moi, car je comprenais parfaitement que pendant plus d'années que ce que le médecin voulait me faire comprendre tout à l'heure, je devais éviter l'humidité et le froid. Nous avons discuté de Nassau, des Bermudes, de la Floride et j'ai mentionné la Caroline du Nord. Puis Harriet Buxton ouvrit les lèvres et parla, et en quelques instants d'étonnement, il m'apparut clairement que j'étais en présence d'un fanatique.

Car elle avait été en Caroline du Nord, et cet État qui pour moi n'avait signifié qu'un air remarquablement curatif et une population déplorablement analphabète représentait l'espoir de la vie de cette femme, l'ambition de ses jours et de ses nuits, la Macédoine qui criait continuellement à ses oreilles. , "Viens nous aider!"

Pendant un an, elle avait vécu là, dans les montagnes de l'ouest, consacrant des heures à un riche patient, négociant autant de temps libre à consacrer à cette étrange et pathétique race d'alpinistes au sang pur, grands, sérieux, timides, anglo-saxons. Les Saxons, nos véritables frères aînés, terriblement ignorants, incroyablement superstitieux, reconnaissants et généreux jusqu'à un certain degré. Tandis qu'elle parlait, rapidement maintenant, les joues rouges et les yeux allumés, elle me présentait avec vivacité ces gens pâles et patients, l'accueillant avec des mains impatientes, s'accrochant à son merveilleux talent, écoutant comme des enfants enfantins son insistance horrifiée sur des décences depuis longtemps oubliées. et les mesures sanitaires n'ont jamais été devinées. À mesure que mes questions grandissaient, sa confiance grandissait avec elles, et enfin elle se rendit rapidement dans sa chambre pour revenir avec un livre épais et noir qu'elle me fourra entre les mains.

"C'est mon journal", a-t-elle expliqué. "Si vous êtes vraiment intéressé, vous pouvez le lire. Oh M. Jerrolds, pensez à l'argent qui va en Afrique et en Inde et dans les bidonvilles remplis de Syriens et de Juifs russes, quand ces Américains - nos vrais parents, vous savez ! - mettent une hache sous le lit, la lame relevée, pour arrêter une hémorragie ! S'ils étaient des Zoulous, ajouta-t-elle en clignotant, quelqu'un pourrait faire quelque chose pour eux.

SON CHÈQUE HEBDOMADAIRE, PLUS UNE TRAITEMENT DE CENT LIVRES

Je ne pouvais m'empêcher de la regarder : avec cette rougeur, ces yeux bruns enflammés et cette poitrine lourde, ma nourrice était presque une belle femme ! Et tout cela parce que les indigènes de Caroline du Nord ne disposaient pas de services hospitaliers adéquats. Pouvez-vous imaginer quelque chose de plus extraordinaire ? J'ai ouvert le livre avec curiosité ; non pas, bien sûr, que je me souciais des indigènes, mais que j'avais réellement commencé à m'intéresser à Harriet Buxton.

Je n'y aurais probablement jamais repensé sans Harriet elle-même, car maintenant que le fil magique avait été touché, son cœur débordait jusqu'aux échos, et mes heures d'éveil étaient remplies d'anecdotes touchantes, brutales ou humoristiques, de ses années. de joie et de travail. Le loyer de son chalet lui avait coûté quarante dollars, ses vêtements rien, sa nourriture provenait en grande partie de gens reconnaissants. Elle revenait sans cesse à ses calculs ridiculement pitoyables. Elle pourrait vivre avec cent dollars par an. Elle pourrait avoir accès gratuitement à une école déserte. Deux cents dollars suffiraient pour aménager un petit hôpital et un placard de prêt, avec du linge, des articles en caoutchouc et de simples commodités pour une chambre de malade. Si elle en avait cinq cents, elle commencerait par cela et compterait sur l'aide pour continuer. Elle pourrait y rester un an, puis allaiter pendant un an et repartir avec l'argent qu'elle avait économisé.

Et ainsi de suite, et ainsi de suite, et ainsi de suite ! Les inondations de besoins en Caroline du Nord qui ont déferlé sur ma tête impuissante auraient noyé un cerveau plus fort que le mien. C'est en vain que j'ai essayé d'endiguer cette marée de confiance, d'espoir et d'économies : c'était inutile. Au bout d'une semaine, pendant laquelle de véritables photographies, des plans hideux, première avant-garde de ce flot de photographie amateur destiné à inonder le monde, furent sortis pour mon édification, je me révoltai et me déclarai guéri.

"Et pour me débarrasser de toi", ajoutai-je avec colère, "je vais te donner ceci", et je lui tendis son chèque hebdomadaire, plus une traite de cent livres. "Prenez-le et partez vers ces indigènes ignorants, pour l'amour du ciel !"

Elle l'a regardé, m'a regardé, l'a regardé à nouveau, puis s'est étouffée et s'est enfuie dans sa chambre. Je me sentais idiot.

Plus tard, quand j'ai vu ce que cela signifiait vraiment pour cette créature absurde, j'ai subrepticement copié des extraits de ce sordide petit journal et je les ai envoyés à Roger avec un léger récit d'elle, et je lui ai suggéré d'en parler à Sarah (qui avait récemment lavé son linge). ses mains du nègre américain à l'occasion du fait qu'il avait amèrement déçu ses espoirs dans une brutale émeute raciale) et donner une nouvelle direction aux énergies de ce philanthrope.

J'ai accompagné Harriet sur son bateau, j'ai essayé en vain d'avoir une demi-heure de conversation rationnelle sur des sujets sans rapport avec les montagnes de l'ouest de la Caroline du Nord, j'ai accepté à la hâte toutes les directives concernant ma santé, j'ai soutenu Kitch pour qu'elle l'embrasse et je suis reparti. dans mon coin de jardin ensoleillé, car c'était maintenant le plein mois de mai et ma force grandissait avec les fleurs.

Je pensais que ce chapitre était terminé et j'ai été surpris et pas du tout secoué par l'épaisse lettre qui me trouvait en train de planifier mon été solitaire au début du mois de juin. C'était d'Harriet, un texte curieux et incohérent ; fastidieusement détaillée quant à ses plans, douloureusement brève quant aux questions importantes. Elle avait trouvé une lettre de M. Bradley attendant son arrivée, elle avait suivi ses suggestions et intéressé Miss Sarah Bradley, sa cousine, à ses projets, de sorte que l'organisation épiscopale avait envoyé une diaconesse pendant un an pour travailler sous la direction d'Harriet. et une contribution à l'aménagement du petit hôpital. Elle était allée voir Roger et le remerciait personnellement et l'avait trouvé sur une île, avec Mme Bradley ayant soudainement et cruellement besoin d'une infirmière et d'un médecin, la première avec une jambe cassée, la seconde partie à New York pour la journée, car son futur patient n'était censé avoir aucun besoin immédiat de lui. Elle avait précipitamment réparé la jambe de l'infirmière, télégraphié au médecin, puis s'était consacrée à Mme Bradley, qui, bien que magnifiquement forte et en bonne santé, avait développé des complications soudaines et lui avait causé pas mal d'ennuis. Les choses furent assez incertaines et difficiles pendant cinq ou six heures, mais heureusement le médecin avait laissé du matériel plein pour l'occasion et l'autre infirmière put donner l'anesthésique - elle fut traînée sur un canapé par un homme sourd-muet, qui courut cinq heures. kilomètres jusqu'au village juste avant. Cela s'est terminé triomphalement à l'aube et Mme Bradley a eu une charmante petite fille, à l'image de son père. Tous deux allaient bien.

M. Bradley avait surestimé ses services, et comme elle ne pouvait songer à accepter les honoraires qu'il lui proposait, il avait insisté pour payer pendant trois ans un salaire à un jeune médecin (sélectionné par le médecin arrivé à midi) qui devait donner tout son temps et toutes ses forces à l'hôpital de montagne et diriger l'affaire, devenue aujourd'hui une véritable institution, puisque M. Elder s'était porté volontaire pour fournir un jeune homme de son club, soucieux de faire office d'infirmier et d'assistant pour le bien de la formation , et Mme Paynter, une amie de M. Bradley, avait réussi à obtenir un approvisionnement complet en dispensaire au prix coûtant grâce à ses relations dans le secteur des médicaments en gros.

"Et tout cela vient de vous, M. Jerrolds", terminait la lettre, "tout cela est dû à votre merveilleux et noble intérêt pour ce travail ! Vous l'avez dit à M. Bradley, et bien qu'il n'ait pas de raison de penser que je lui ai sauvé la vie. , il est tout à fait vrai que ces cas-là nous causent parfois bien des ennuis, et j'ai eu beaucoup de chance d'avoir eu beaucoup de travail de maternité en montagne, alors que je devais agir toute seule et faire des choses assez audacieuses. J'ai acquis la pratique là-bas, et donc si j'ai sauvé la vie de votre ami (ou celle du bébé, ce qui est plus proche de la vérité, je vous l'avoue, M. Jerrolds !), vous avez amplement récompensé la cause qui m'a donné la formation pour faire ce que je a fait!

"Tu es reconnaissant

" HARRIET BUXTON ."

Je m'assis sous le mur vitré, la lettre entre mes genoux, regardant l'allée en briques bordée de gazon vert. Comme c'était étrange, comme incroyablement étrange ! Un curieux sentiment de destin vigilant et implacable a grandi en moi. En vérité, il ne dormait ni ne dormait ! Moi qui avais maudit cet enfant à naître, j'avais franchi les mers et je l'avais aidé à venir au monde ! Moi qui avais été jaloux de mon ami, je lui avais effectivement envoyé un ami ! Moi qui avais voulu à Margarita son mari et son enfant (car dans ma fièvre noire et cruelle j'avais fait cela), je l'avais rendue aux deux !

J'ai longuement réfléchi à ces choses (comme si le fil de la tapisserie s'émerveillait de ses enroulements sournois), puis j'ai convoqué ma logeuse.

"Mme Drabbit", dis-je, "je pense aller en Amérique."

SIXIÈME PARTIE

DANS LEQUEL ON VOUS MONTRE LES SOURCES MÊMES DE LA RIVIÈRE, LOIN SOUS SOL

Et est-ce moi qui dois m'asseoir et tourner ?
Et est-ce moi que mes cheveux doivent attacher ?
J'entends mais les grandes mers roulent,
je vois mais les grandes mouettes naviguent au gré du vent.

Qui a chanté le moine gris hors de la cellule ?
Qui d'autre que ma mère qui chevauchait la mer !
Elle a volé un fils de l'église pour l'envoyer en enfer,
et de l'enfer l'église me volera-t-elle ?

Sir Hugh et les sirènes.

CHAPITRE XX

UN APERÇU DU JARDIN D'EDEN

Il fallut cependant attendre la mi-août avant d'atteindre cette partie de l'Amérique qui était destinée à signifier tant pour moi. Une visite à Mme Upgrove, la vieille amie de ma mère, s'est étendue au-delà de mes projets, en grande partie à cause de l'agréable connaissance que j'y ai faite avec son fils, alors capitaine, maintenant major Upgrove, l'un des hommes les plus charmants que j'aie jamais rencontrés. Aux côtés de Roger, il est devenu mon meilleur ami, réfutant d'ailleurs une de mes théories selon laquelle des amitiés chaleureuses entre hommes ne se nouent probablement pas après trente ans. Alors même que j'écris ce chapitre, j'attends avec impatience sa visite, et les minces filles hawaïennes attendent avec impatience aussi, je vous le promets, avec des guirlandes merveilleuses et spéciales et des sourires que beaucoup de beaux jeunes marins peuvent faire tinter leurs poches en vain pour. gagner!

Qu'est-ce que c'est, ce charme étrange et durable qui séduit toutes les femmes, de tout âge et de toute couleur ? Sa mère m'a dit qu'il l'avait dans le berceau, que les infirmières étaient jalouses de lui et que les confiseuses lui remettaient ses sous dans les poches ! Oui, Lona, et oui, Maiti, le Major aux cheveux argentés arrive sûrement, et tu vas sûrement danser ! Peu importe les couronnes pour moi, chers hypocrites, elles n'ont jamais été tissées pour des têtes chauves !

Il faisait chaud, presque aussi chaud que cette plage languissante et crémeuse, le jour où j'ai grimpé, pas très agile, sur les bancs du bateau de Caliban et ai remonté le chemin sablonneux jusqu'au chalet.

"J'ai bien peur que la fièvre ne t'ait enlevé, Jerry," dit Roger en me regardant attentivement, et j'ai brièvement hoché la tête et il a serré mes mains un peu plus fort.

"Je suis content que tu sois là", dit-il.

Nous avons traversé la chère vieille pièce et sommes sortis par la porte la plus éloignée, et c'est ici que j'ai été surpris. L'étendue d'herbe éparse n'était plus qu'une pelouse vallonnée, entourée de haies vertes, divisée par des allées en briques qui ressemblaient à des maisons. Deux longues aunes avaient été ajoutées à la maison, partant à angle droit à chaque extrémité, formant une charmante cour de la cour de la porte et doublant la taille du bâtiment ; les arbres fruitiers avaient été taillés et entretenus ; une vieille tonnelle à raisin élevée et dressée pour former une sorte de *pergola pittoresque* , un spectacle étrange donc en Amérique ; un beau vieux cadran solaire somnolait dans un enchevêtrement de capucines. Un bourdonnement délicat et rêveur conduisit mon regard vers un groupe de ruches (toujours chères à cause du *Miel du Chamounix* et de notre enfance heureuse et gourmande !) et près d'une bordure de coquelicots, de soucis et de réséda rustique, un grand chien gisait, vigilant à côté d'un grand panier peu profond, ombragé par un bouquet de glycine noueuse. Le panier était rempli de quelque chose de blanc, et alors que nous nous tenions devant la porte, une femme vêtue de blanc traînant, avec des nœuds d'un bleu riche ici et là, franchit une porte verte dans la haie latérale et se dirigea d'un pas riche et plongeant vers le panier. Derrière elle, par le portail ouvert, j'aperçus une autre pelouse blanche avec du linge en train de sécher, et un aperçu rapide et agréable d'une femme large et brune, coiffée d'une casquette d'antan, épluchant des fruits sous un pommier, un chat jaune se prélassant à ses pieds.

La silhouette vêtue de blanc se pencha au-dessus du panier, son chapeau de jardin à bords profonds ombrageant complètement son visage, en souleva une petite poupée qui se débattait, avec une auréole rouge-or au-dessus de son visage rose, la fit flotter un instant dans ses bras. , puis s'enfonça comme une mouette en train de s'installer dans le creux d'un rocher bas en forme de siège près de la glycine, fouilla un instant le sein de sa robe de dentelle, et pendant que je retenais mon souffle, avant de pouvoir détourner les yeux, lui donna son sein. . Il pressa ses mains errantes et aveugles dans ce globe d'ivoire miraculeux (ce modèle du monde vivant) et à travers le calme dense et chaleureux de ce jardin, où le bourdonnement des abeilles était la musique même du silence, résonna, si progressivement que je ne pouvais pas dire quand les premières notes réveillaient le silence, un roucoulement et un gargouillis curieux, une sorte de rire flûté, une symphonie ondulante et gourmande. Ce n'était pas une voix, car sous les aigus gazouillants de l'acarien allaitant coulait une voix sourde, une musique murmurante semblable à celle d'un orgue, une sorte de fugue maternelle, qui imitait et dictait à la fois cette mélodie informe et élémentaire. Alors même que nous étions rivés sur le seuil, les sons résonnaient dans l'air au-dessus de nous, semblaient descendre mystiquement des cieux eux-mêmes, et alors que mon cœur se gonflait en moi, un troupeau de pigeons descendit d'un aire de basse-cour et tomba en musique, dans un nuage de gris et d'améthyste, sous le poirier. Ils y chantaient ensemble, la femme, l'enfant et les oiseaux, et en vérité cette harmonie n'était pas tout à fait humaine, mais semblable aux notes des animaux purs et sains (ou des anges, peut-être ?) qui protègent ce monde vivant de le sort de la lune gelée et épuisée.

"Je... je n'arrive pas à m'y habituer", dit brusquement Roger, "ça... ça me semble trop, d'une manière ou d'une autre", et nous sommes retournés dans la pièce.

"Ce n'est pas trop pour toi, Roger !" J'ai répondu chaleureusement (Dieu merci, comme c'était chaleureux !) et nous avons inspiré profondément et accueilli Miss Jencks, en canard blanc irréprochable - j'avais presque écrit canards blancs - et avons parlé de ma santé capitale.

Miss Jencks avait abandonné ses couettes de marin pour une forme d'ouvrage plus cool, d'une forme étrangement petite, mais elle le poursuivit sans relâche pendant que nous discutions des changements dans le cottage ; les jardins, le maïs et les asperges prévus pour une autre saison ; les canards cantonnés près du ruisseau d'eau douce ; la petite laiterie construite pour elle au printemps ; le mur de briques pour les fruits du mur de compagnie de Roger ; le piano traîné par des bœufs du village ; le voilier, piloté de temps en temps par notre télégraphiste enthousiaste : la taille et la santé merveilleuses de la petite Mary.

Elle était appelée, comme aurait pu s'y attendre quelqu'un qui connaissait Roger, pour sa mère, également d'après la vieille tradition qui donnait à chaque fille aînée des Bradley ce joli nom. Aucune obstination amère, aucune fierté inébranlable de la part de Madame Bradley ne pouvaient modifier dans son esprit calme le cours de son devoir, et je n'ai jamais entendu un mot dur de sa part à ce sujet. Margarita ne s'en souciait absolument pas et n'avait jamais, me dit-il, exprimé la moindre curiosité quant à sa famille ou à ses relations avec elle.

Bientôt, elle fut parmi nous, chère et belle, avec seulement une petite ombre lavande sous ces yeux embués – embrumés tout à l'heure et un peu vides, avec ce vide placide de la mère qui allaite – pour marquer le changement que ma future- un examen trompé fut bientôt découvert. Nous avons laissé Mary endormie patrouiller lentement les allées de briques dans un landau pompeux propulsé par une maternelle infirmière anglaise sous l'œil vigilant de Miss Jencks, et nous nous sommes promenés, comme d'habitude, main dans la main, jusqu'au hangar à bateaux, une structure basse et astucieusement dissimulée. , presque caché sous une falaise déchiquetée, et confronté partout où cela était nécessaire avec des pierres de mer pavées grossières coulées dans du ciment humide et durcies là. L'aile droite de la maison se détachait inévitablement en un point sur l'horizon, et Roger, qui avait développé un don surprenant en architecture et une sorte de jardinage paysager brut, projetait d'étendre la digue artificielle pour la recouvrir.

Il y travaillait lui-même, trempé de sueur, tirant sur les pierres, tandis que Caliban et un maçon du village les posaient et jetaient du sable sur l'enduit humide (la méthode que nous avons décidée a dû être adoptée par le constructeur de la chaumière), et moi, trop faible encore pour contribuer au jeu de ce géant, j'ai critiqué l'effet d'une barque à l'extérieur de la lagune, télégraphiant des messages au moyen d'un code de mouchoir. Souvent Margarita m'accompagnait, brodant tranquillement à l'avant du bateau, sous son large chapeau. Elle détestait la couture et refusait catégoriquement d'en apprendre quelque forme que ce soit, au grand regret de Miss Jencks, mais elle s'était inventée une charmante mode de broderie et travaillait par intermittence sur de minuscules papillons blancs dans le coin de mes mouchoirs en batiste - la seule et unique forme de cette broderie. son art a jamais pris. C'est devenu une sorte d'emblème et d'insigne d'elle, et Whistler, qui a commencé à venir chez eux, je pense, l'année suivante, ou l'année suivante, a fait grand cas de ce lien fantaisiste entre eux. C'est elle qui a travaillé le papillon noir sur le revers de son habit du soir qui a fait tant de sensation à Paris une saison.

Un jour, alors que je tournais dans les Rocheuses avec Upgrove, il y a six ou huit ans, j'ai sorti une vieille blague à tabac en peau de daim, je l'ai retournée, avec un peu de chance, à la recherche d'un dé à coudre égaré, et j'ai découvert dans un coin de la doublure un papillon en soie jaune délavé. , tout cela m'était inconnu jusque là ! Elle a dû le travailler subrepticement, comme une enfant espiègle et affectueuse ; et tandis que je le tenais dans mes mains et que je regardais cette chose gracieuse et absurde, le camp solitaire s'effaça devant moi ; le bacon grésillant, l'abri rudimentaire, le guide siffleur, retombèrent dans un passé sans conséquence, et je m'allongeai de nouveau sur les rochers chauffés par le soleil, regardant un bambin à tête jaune extraire des cailloux humides de la plage pour les empiler plus tard dans son tolérant. genoux. Ah, Marguerite ! Oh, les jours heureux !

CHAPITRE XXI

LE SECRET D'HESTER PRYNNE

Je me souviens si bien du matin de la grande découverte. C'était un de ces jours humides, pluvieux et gris où les gens heureux peuvent se permettre de se contenter d'être à l'intérieur, et nous étions un groupe très à l'aise : Margarita triant la musique, Roger dessinant les plans d'une nouvelle cheminée, Miss Jencks secouant un hochet de corail pour le dîner. délectation de la petite Mary, qui gisait dans son panier peu profond sous le vent du grand rouet, et moi, serrant le feu dans mes bras et les regardant. Je trouvai les réformes de Roger en matière de cheminées trop approfondies pour la charpente élancée de la maison et je le lui dis.

"Vous allez mettre la chose en pièces", dis-je, "regardez ici!" et levant mon bâton que j'avais pointé sur le bébé à la manière insignifiante des vieux amis célibataires, je frappai sans but près du côté de la cheminée et frappai une des briques d'un coup sec à une extrémité. Il s'est légèrement retourné et a glissé hors de sa place, et pendant que je criais triomphalement et que je l'éloignais, j'ai également déplacé son voisin et j'ai poussé avec mépris un troisième. Celui-ci, cependant, était ferme comme un roc, ainsi que tous les autres à proximité, et avec un soupçon un peu excité de quelque chose à venir, j'ai mis ma main dans la petite chambre carrée et j'ai saisi une boîte oblongue et poussiéreuse en étain. de la sensation.

« Roger ! » J'ai haleté, "regarde ici!"

"Eh bien, eh bien," répondit-il vaguement, "ne nous tire pas dessus, Jerry, c'est tout!"

"Mais M. Jerrolds semble avoir découvert une cachette secrète", expliqua succinctement Miss Jencks, puis ils me regardèrent tous les deux tandis que je sortais d'une bonne main une boîte d'expédition en fer blanc, épaisse de poussière, d'un pied de long et moitié moins large. J'ai essuyé la poussière de sa surface, et sur la couverture nous avons lu (car Roger et Miss Jencks étaient maintenant à mes côtés, je vous l'assure !) écrit soigneusement avec un instrument pointu sur la surface noire en japon, le nom de *Lockwood Lee Prynne*. Les doigts tremblants, je soulevai le couvercle qui s'ouvrit facilement, puis, me rappelant, je passai la boîte à Roger. Il jeta un regard curieux à Margarita, mais elle était absorbée par sa musique et aussi perdue pour nous qu'une enfant contente. Il tenait la boîte sur ses genoux, repoussa complètement le couvercle et souleva le papier du dessus de la pile. Il était gravement brûlé sur les bords, tout comme les paquets de lettres, les colonnes découpées dans les journaux jaunis, le papier d'aspect légal au sceau décoloré et les dessins approximatifs sur papier aquarelle taché qui se trouvaient en dessous. Il n'était pas nécessaire d'avoir une imagination très développée pour déduire que le contenu de la boîte avait été jeté au feu, pour être emporté plus tard.

Miss Jencks et moi étions franchement sur la pointe des pieds, excités, mais la main du vieux Roger était ferme comme un roc tandis qu'il dépliait le parchemin jaune et raide et étendait devant nous l'acte de mariage de Lockwood Lee Prynne et Maria Teresa - hélas, la forme d'un baiser mortellement chaud. le charbon avait brûlé dans le reste du nom ! Nous passâmes avec empressement au prochain lieu d'écriture, à l'ecclésiastique officiant et à la paroisse - car le formulaire était anglais - mais là aussi la déception nous attendait, car le même charbon avait traversé deux épaisseurs de papier plié, et seule la date , 26 janvier 186-, a brisé l'étendue de l'impression. Les initiales d'un témoin « HL » et le prénom « Bertha » d'un autre avaient échappé au charbon sur le troisième pli, et c'était tout.

Roger inspira longuement.

"Alors c'est Prynne, après tout," dit-il doucement, et il déplia le papier suivant.

C'étaient quelques lignes écrites d'une écriture soignée et pas trop bien formée, sur une feuille arrachée d'un vieux livre de comptes, à en juger par les arrêts.

"24 septembre 186-. L'enfant est né à quatre heures du matin", dit-il brusquement. "Il se peut qu'il ne vive pas et elle ne le peut pas. La femme italienne l'a baptisé dans un bol en argent. C'est une chose épouvantable, car pour l'instant, s'il vit, ce sera Romish, je suppose, mais il a dit de lui laisser à sa manière, donc ça devait être. Il est presque fou. Il va se suicider, je pense. Il sait qu'elle doit mourir. Il porte le nom de sa mère et un tas d'autres noms étranges pour différentes personnes. Dès qu'elle est morte, l'Italienne retourne en Italie. Je ne le quitterai jamais.

La feuille était ici pliée et plusieurs lignes gravement brûlées. Au bas de la feuille, je distinguais juste une ligne supplémentaire.

"Je ne peux pas regretter qu'elle meure si je brûle en enfer pour cela. Hester Prynne."

Roger et moi nous sommes regardés, la même pensée dans nos têtes. J'avais imaginé beaucoup de choses sur la mystérieuse Hester, mais jamais qu'elle portait ce nom, par simple fait. Le lien avec Caliban avait dépassé mon imagination surentraînée, et Dieu sait quelles théories sans fondement j'avais tissées autour de ce qui était au mieux (ou au pire) une simple coïncidence. Pour moi, la lettre écarlate avait flambé sur ce que je sais maintenant être un sein irréprochable, et dans mon imagination excitée, une nature orageuse avait éprouvé des remords pittoresques là où, en fait, seule une dévotion profonde et patiente avait enduré son martyre inédit. d'amour indeviné et non rendu. Voilà pour la littérature !

Viennent ensuite deux demi-colonnes pliées d'un journal, l'une ne contenant que cette effroyable liste des morts que nos mères lisaient, les joues blanches et les yeux secs, en temps de guerre. En face des noms du colonel J. Breckenridge Lee et du lieutenant. J. Breckenridge Lee, Jr., étaient des croisements hâtifs et effacés. L'autre demi- colonne, découpée dans une autre feuille mieux imprimée, enregistrait avec une clarté terrible et laconique la mort choquante du vieux colonel JB Lee et de son fils le lieutenant. JB Lee, Jr., de l'armée confédérée, aux mains de son gendre, le capitaine Lockwood Prynne, qui défendait un campement des forces du Nord contre une escarmouche dirigée par les officiers rebelles. Le capitaine Prynne reconnut ce qu'il avait fait lorsque le jeune lieutenant attrapa son père dans ses bras et se retourna pour reculer, et se précipitant en avant avait tenté de les traîner en sécurité, recevant lui-même un coup de feu qui lui brisa le bras, le blessant grièvement. Son rétablissement était douteux.

Sous nos yeux compatissants, la vieille tragédie revivait, les lignes nettes et cruelles semblaient imprimées dans le sang. Il suffisait de la lettre qui se trouvait en dessous pour que tout soit clair.

"Cher Bob", commençait la lettre avec l'écriture nette et indubitable que nous avions lue sur le dessus de la boîte, "je ne peux pas vous quitter sans ce mot. Je ne peux pas vous expliquer - mon cerveau est en feu, je pense - mais essayez de juger avec La clémence. L'empoisonnement du sang s'est produit et mon père est décédé à l'hôpital la semaine dernière. Sur son lit mourant, je lui ai juré que je ne lèverais jamais la main contre son pays. Je ne peux pas répéter tout ce qu'il a dit, mais il a raison, Bob , le Sud a tort ! La sécession c'est mal. J'ai ramené le corps à la maison, mais ma mère n'a pas pu venir aux funérailles. Elle n'est pas du tout violente, mais elle ne sera plus jamais la même, elle ne me connaissait pas, Bob. Je ne peux pas décrire à quel point elle est pitoyable. Oncle James était son frère jumeau, vous savez, et ils étaient tout l'un pour l'autre. Quand nous avons entendu parler de Fort Sumter, elle était presque sauvage, et je lui ai promis, la main sur sa Bible, de ne jamais combattre le Sud. Je le pensais vraiment à l'époque – mes amis, ma maison et vous tous. Mais j'aurais réussi à la convaincre de me libérer si je le pouvais. Mais elle ne pouvait pas me libérer maintenant, et je mourrais avant de rompre cette promesse. , telle qu'elle est maintenant. Je ne peux pas rester ici. Je ne pouvais regarder personne en face. J'aimerais pouvoir être abattu. Je le suis peut-être encore. Je vais en Italie pour m'occuper de ces vers à soie pour la plantation, qui intéressaient mon père. La guerre ne peut pas durer plus longtemps et ce sera quelque chose à faire. Maman est bien soignée et je ne peux pas rester dans ce pays, ce n'est pas décent. Peux-tu m'écrire, Bob ? Je ne demande pas grand-chose, écrivez simplement une ligne. "Que pouvais-je faire?" Écrivez, pour l'amour de Dieu.

" LOCKWOOD LEE PRYNNE ."

Au-dessous de cette signature, d'une autre main, était griffonné :

"Je renvoie cette lettre. Je n'ai rien à dire.

"RSL"

Hélas, hélas, c'est dommage ! La mousse grise et les myosotis bleus poussent ensemble maintenant sur de nombreuses tombes sans nom, et la jeunesse du Nord et la servante du Sud tirent des pétales de marguerite à côté du boulet de canon englouti ; mais l'ancienne cicatrice était profonde, et les vieux documents comme celui-ci contiennent encore assez de chaleur pour brûler les nerfs de nous qui avons peut-être tremblé dans le ventre maternel, lorsque ces listes noires de blessés tremblaient dans les mains de notre mère.

Quelle chose hideuse c'est ! Les cris d'un clairon peuvent-ils couvrir ces cris d'angoisse, ou des rayures écarlates absorbent-elles le sang qui se répand ? Les balles sont miséricordieuses, mes frères, à côté des trous cruels qu'elles percent dans des cœurs qu'elles n'ont jamais touchés.

Roger posa respectueusement les papiers et la lettre de côté, et moi, qui lisais par-dessus son épaule, je me frôlai les yeux avec impatience. (Je n'étais pas encore tout à fait un homme en bonne santé, rappelez-vous !) Sous le journal se trouvait un acte signé, cédant officiellement une parcelle de vingt acres de terrain, soigneusement mesurée et décrite, à Lockwood Lee Prynne, ses héritiers et ayants droit, et tout le reste. du jargon juridique. Celui-ci n'a pratiquement pas été brûlé.

Des deux minces paquets de lettres, l'un était très carbonisé : des parties tombèrent entre les mains de Roger, alors qu'il l'ouvrait avec précaution. Je ne peux pas les transcrire littéralement, ni même dans une grande longueur, car ils sont trop tristes, et il ne servirait à rien de commémorer à quel point cette fournaise féroce de la guerre civile a brûlé les liens naturels entre parents, voisins et foyer. Assez pour que les quelques membres restants épargnés de ce qui devait être une petite famille aient définitivement coupé d'eux le père de Margarita, dans des termes qu'aucun homme n'aurait pu essayer de modifier avec le moindre respect de soi. Son père, un Nordiste, qui s'était identifié depuis son mariage dans le Sud aux intérêts et aux proches de sa femme, avait perdu contact avec les siens, et quelques avis de décès, glissés au milieu des lettres, semblaient témoigner d'une solitude presque totale, ce que Roger vérifia par la suite. L'autre paquet ne contenait que deux lettres, l'une en italien (langue que j'ai apprise, en quelque sorte, pour la lire), l'autre en français. La lettre italienne était non seulement gravement roussie, mais tellement boursouflée – il n'était pas nécessaire de demander comment – que certaines parties en étaient tout à fait illisibles. L'écrivain, un homme évidemment, un jeune homme sans doute, exprimait dans une satire si vive, un mépris si amer, une haine si implacable, qu'il était difficile de croire à une lettre d'un frère à sa sœur. Sous les phrases polies et méprisantes, au vitriol pour un cœur tendre et jeune, surgissait une tempête de rage primitive qui renvoyait à la Renaissance, avec ses poignards et ses sourires. « *Laissez-moi donc vous dire une fois pour toutes* , » dit une phrase violemment éclatée, « *qu'il n'y a qu'un seul pays sur terre qui puisse vous abriter, vous et ce scélérat, le sien ! Là, je dédaigne de mettre le pied ou permettez le pied de n'importe quel membre de votre famille, mais laissez-le ou sa victime le quitter - et aussi longtemps que je vivrai, ma vengeance vous traquera et effacera cette insulte à ma maison, à mon pays et à mon église !* " La page d'ouverture avait disparu et le dernier était gravement brûlé, nous n'avions donc absolument aucune idée du nom de famille.

Roger et moi avons réfléchi suffisamment à la situation pour comprendre vaguement quelle devait être la situation, et lorsque nous avons lu la deuxième lettre, tout était clair. Cette seconde lettre était également brûlée et cloquée, mais ses répétitions simples et naïves, sa tendre terreur, sa persistance courageuse et affectueuse, ne laissaient pas grand-chose, même dans leur état fragmentaire, à deviner. Je n'en donnerai qu'une page ici et là.

" *J'ai essayé pendant quatre mois de ne pas écrire, mais ce que tu m'as dit la dernière fois s'est avéré trop fort pour moi et je dois.... Oh, ma chérie, ma plus que sœur en ce monde, comment aurait-on pu te permettre ce péché mortel ? Peut-être serai-je damné même pour cette seule lettre, ma seule, car il ne faut plus m'écrire. Sœur Lisabetta me soupçonne déjà, et m'a demandé la semaine dernière pourquoi je devrais parler si secrètement avec la fille du boulanger ? Alors si elle apporte une autre lettre, je lui dirai de la détruire. Ne m'écrivez plus* .

Ah, maintenant nous le savions ! Étrange était en effet le sang qui coulait dans le poignet aux veines bleues de Margarita ! Aucune passion légère et passagère ne l'avait amenée au monde.

"*... Quand je me souviens que c'est moi qui t'ai apporté la première lettre, je pleure pendant des heures. Dieu me pardonne, ainsi que Notre-Dame, mais je pensais que ce n'était qu'une vaine absurdité de Sœur Dolorès, elle était toujours si légère " Dolorès ! On l'a renvoyée en Espagne. Je sais que tu l'aimais le plus ! Sœur Lisabetta a trouvé un morceau de ta robe accroché au cyprès. Comment as-tu osé risquer ta vie ainsi ? J'ai juré de ne rien savoir, et moi non plus, à propos de ce qu'elle m'a demandé. L'archevêque est venu....* "

Il me semble voir la petite silhouette glisser de branche en branche sous les étoiles, l'odeur de toutes les vignes est dans mes narines, le clapotis de la fontaine du Couvent résonne à mes oreilles !

"... Je n'ai pas pu dormir la nuit après cette méchante lettre disant combien vous l'aimez - comment osez-vous, une religieuse jurée, écrire des paroles aussi pécheresses ? Ce doit être, comme on dit, mal de prier pour vous ! Ne le faites pas. essayez de vous excuser parce que votre frère vous a dévoué contre votre gré - vous étiez heureux jusqu'à ce qu'il grimpe sur l'arbre et vous voie ! Seul Satan peut faire en sorte qu'un méchant regard entre les yeux rende un homme et une femme fous - je ne le ferai pas souviens-toi de cette lettre pécheresse, je ne le ferai pas ! Maria, tu es perdue !"

Et ainsi, même si elle et Roger regardaient et ne pouvaient pas détourner le regard et ne se perdaient jamais les yeux, malgré cela, sa mère regardait son amant et le regardait, perdant (du moins c'est ce qu'elle pensait) son âme ! La roue tourne toujours, comme Alif me l'a appris.

".... À quoi peut servir un tel mariage ? Aucun catholique ne pourrait vous épouser, j'en suis sûr. Ce n'est pas un mariage. Votre frère vous a écrit la vérité. Je ne m'étonne pas que vous ne lisiez plus jamais ou ne prononciez plus jamais un mot italien. " - vous avez déshonoré l'Italie. Mais comme il le dit, vous n'êtes pas un vrai Italien - votre mère anglaise et son sang protestant ont rendu cette chose horrible possible. Sa mort était un jugement contre vous. "*

Oh, ces femmes cruelles et douces ! Et sur ces seins on a envie de poser la tête !

"... Je ne m'étonne pas que tous ses compatriotes soient contre lui et qu'il doive vivre seul tous ses jours. Même dans ce pays sauvage, le blasphème a donc ses mérites. Mais je ne peux m'empêcher d'être heureux pour vous que sa parente sera votre serviteur, car vous n'êtes pas fait pour cultiver du maïs avec les sauvages peints, ma plus douce ! Mais comme il est étrange que même un parent éloigné d'un si comme il faut soit de nature à faire cela !

" Hélas, je parle comme si j'étais encore du monde ! Si Raoul n'était pas mort, j'aurais été... "

Ici, la lettre a été effacée, méconnaissable, sur une page entière, écrite de manière serrée. Il devait être tendre ici, et on voit la pauvre Maria l'embrasser en morceaux. J'étais reconnaissant envers l'écrivain.

".... Que tu sois mère ! Et bientôt ! Je n'arrive pas à le comprendre. J'ai la tête qui tourne. La Révérende Mère a rêvé de toi ainsi, en l'allétant, avec une auréole autour de la tête, et elle s'est réveillée terrorisée et l'a dit à Sœur Lisabetta , qui l'a laissé sortir. Le diable l'a mis dans son rêve, pour la tenter, dit sœur Lisabetta, car elle vous aimait toujours trop. Elle a jeûné trois jours et on l'entendait gémir dans la nuit - elle était blanche comme du papier " Oh, Maria, le sentir contre sa poitrine, en le tirant là ! Je crois que je deviens fou. N'écris plus jamais, car je ne le lirai jamais, et je ne saurai jamais s'il est né. "

En vérité, Dieu permet des choses étranges. Et pourtant le célibat est aussi vieux que la civilisation, et la Volonté de Vivre s'est niée dès qu'elle était consciente. Il ne peut pas être piqué et rejeté, par vous, moi ou un autre.

"... J'apporterai ceci à la fille du boulanger, et alors quand je serai sûr qu'il n'y en a plus, je confesserai tout, et quelle que soit la pénitence que la Révérende Mère m'imposera, je n'en serai que heureux. Il se peut que je le sois retranché de Notre-Seigneur plus longtemps que je ne peux le supporter, et alors je mourrai, mais je pense qu'on me pardonnera enfin, car quelque chose me le dit, et jusqu'à ce que je vous donne la lettre, ce jour-là près de la fontaine, je ne peux pas penser d'un très grand péché, n'est-ce pas, Maria ? Nous avons toujours été sages, nous trois. Mais maintenant je suis seul, car ils ne laisseront jamais revenir Dolorès. Elle est devenue si maigre que mon cœur me faisait mal pour elle.

" Adieu, adieu... j'ai essayé de te haïr, comme je devais, mais tes yeux gris me regardent et me regardent dans la nuit, et je sens que tu tapes sur mes doigts comme tu le faisais... oh, s'ils me le permettent, je priera pour toi tous les jours jusqu'à ma mort, et Notre-Dame se souviendra que tu as toujours été bonne jusqu'à ce qu'il te regarde !

" Pour la dernière fois-

" Votre Joséphine. "

Sous cette lettre était caché un petit dessin grossier du bout du cloître de quelque bâtiment sur une feuille de papier à dessin, et près de lui, juste à l'extérieur d'un haut mur, la belle silhouette d'un cyprès épais. Il n'y avait rien d'autre dans la boîte.

Nous n'avons jamais non plus appris un autre mot ou une autre syllabe de la vie de ces deux-là dans leur chaumière isolée. Que Prynne l'ait construit lui-même ou ait embauché des ouvriers pour le travail, nous n'avons jamais essayé de le découvrir. Qu'il s'y enterra avec la passion de sa vie solitaire, que ces amants enflammés, rejetés par Dieu et par le monde, se croyaient bien perdus pour ce qu'ils trouvaient l'un en l'autre, qui peut en douter ? L'amour qu'elle lui a inspiré, je le comprends, car j'ai connu sa fille ; l'amour qu'il a éveillé en elle, elle étant ce qu'elle était, je n'ose le deviner. Quelle devait être l'âme de cette femme ? Quelle tempête d'amour a dû l'emporter hors de son port-cloître, et sur quels rochers, sur quelles profondeurs éternelles ! Traitez-la avec douceur, Église de sa trahison ! Pardonnez-lui ses péchés, je vous en supplie, car elle aimait beaucoup.

CHAPITRE XXII

LE DESTIN RIRE ET APPÂTE SON HAMEÇON

Je constate avec surprise que ces chapitres décousus, destinés en premier lieu à une sorte d'étude de l'évolution de Margarita sous le choc de la civilisation appliquée, se sont plutôt développés en une chronique de l'histoire familiale, un détail de minuscules événements et souvenirs intimes. cela doit sûrement décevoir le Dr M——l, à la demande urgent duquel ces mesures ont été entreprises. Margarita était, en effet, à cette époque, un sujet idéal pour le scientifique réfléchi, et elle ne faisait guère partie de ses conversations avec ses amis mais pouvait servir de texte à quelque savante dissertation psychologique. Mais il aurait été difficile, même pour un *savant de pierre*, de décortiquer cette adorable personnalité ! Les points que j'avais l'intention de discuter se perdent, je trouve, dans son sourire ; l'intérêt de ses relations avec le monde, tel qu'il s'est présenté à elle dans toutes ses complications et ses problèmes, femme adulte, mais ignorante comme une sauvage et innocente comme une enfant, n'est rien à côté de l'intérêt de ses relations avec nous qui formions pour si longtemps son petit monde spécial. Cependant, je ne peux pas offrir à mon scientifique ni à son distingué collègue, le professeur J...s, un simple enchevêtrement de souvenirs personnels, je dois donc essayer de me rappeler, aussi précisément que possible, les circonstances de l'introduction de Margarita au christianisme orthodoxe. À la demande sincère de Miss Jencks, Roger, qui s'était vraiment attaché – comme nous tous – à la bonne créature, avait finalement cédé et lui avait permis de confier à sa charge les grandes lignes de l'histoire du Nouveau Testament. Je l'ai retrouvée plus tard, un mouchoir humide froissé dans sa main et un minuscule volume de cuir usé sur ses genoux.

"Ça n'a pas marché, alors ?" » demandai-je avec sympathie, car son visage clair et compétent était plus troublé par le chagrin que je ne l'avais jamais vu.

" M. Jerrolds, " demanda-t-elle sérieusement, " *pensez-vous qu'elle a une âme ?* Bien sûr que c'est faux, " ajouta-t-elle précipitamment, " et je ne devrais pas dire une chose pareille, mais savez-vous qu'elle la traite comme n'importe qui d'autre ? " "Une autre histoire ? Cela ne signifie rien pour elle. Elle n'a aucun respect pour les choses les plus sacrées, M. Jerrolds !"

"Mais comment aurait-elle pu, chère Miss Jencks ?" J'ai insisté doucement. "Ils ne sont pas sacrés pour elle, tu dois t'en rappeler. Elle est ce que tu appellerais une païenne, tu sais."

Miss Jencks plia pensivement son mouchoir.

"Oui, je sais", commença-t-elle, "mais pensez, M. Jerrolds, pensez avec quelle joie et avec quelle reconnaissance les païens reçoivent l'Évangile ! Je n'oublierai jamais comment le missionnaire l'a décrit lors d'un dîner avec le gouverneur général. C'était pendant le Carême, je m'en souviens, et le pauvre homme le regrettait, il avait si régulièrement mangé du poisson dans les Îles ! Il lui suffisait de raconter la simple histoire de l'Évangile, et cela les gagnait directement.

Je m'inclinai silencieusement : c'était à la fois le moins et le plus que je pouvais faire.

"Et plus encore, M. Jerrolds," continua la bonne femme, se déchargeant clairement des résultats de plusieurs journées de réflexion, "regardez ces merveilleuses conversions dans les bidonvilles ! Regardez ce que fait cette Armée du Salut ! Le gouverneur -Le Général avait l'habitude de dire qu'ils étaient vulgaires et que tout cela n'était que des bêtises, mais cela ne m'a jamais semblé tout à fait juste. Nous avons dû laisser quelque chose de côté, nous et les dissidents, M. Jerrolds, si ce Général B———h peut atteindre les gens. nous avons perdu. N'est-ce pas vrai ?

J'acquiesçai de tout cœur, et au bout d'un moment elle poursuivit.

"Eh bien, les hommes les plus grossiers et les plus vils pleurent comme des enfants quand ils comprennent le sacrifice de Notre Seigneur, M. Jerrolds, et ce qu'il a fait pour eux, et sûrement si eux, voleurs et ivrognes et - et pire encore, peuvent être si touchés, Mme Bradley ...."

"Peut-être", suggérai-je aussi doucement que possible, "est-ce simplement parce que Mme Bradley n'est ni une voleuse ni une ivrogne, et pire encore, chère Miss Jencks, qu'elle ne ressent pas le besoin de pleurer. L'émotivité du converti est une chose curieuse, et le sentiment de péché ainsi que de vagues souvenirs de cette histoire, liés à l'enfance et à l'innocence de l'enfance, peuvent produire un état d'esprit responsable de beaucoup de choses que nous pourrions difficilement attendre de Mme Bradley.

"Mais nous sommes tous des pécheurs, M. Jerrolds !" Encore une fois, je m'inclinai.

« Vous le croyez sûrement, M. Jerrolds ?

"Je ne me soucierais pas de la tâche d'en convaincre Mme Bradley", répondis-je adroitement.

"C'était là le problème", a-t-elle admis tristement. "Je lui ai parlé d'Adam et d'Ève, mais elle a dit que quoi qu'ils aient fait ne la regardait pas, et que manger des pommes ne pouvait pas être une erreur, de toute façon, m'a-t-elle dit, elles étaient si bonnes pour la voix."

Je me suis un peu étouffé ici.

"Elle est très littérale", dis-je précipitamment, "et la pomme a symbolisé la discorde dans plus d'une mythologie."

"Je lui ai montré cette belle photo de la Crucifixion", a ajouté Miss Jencks d'une voix basse et troublée, "et savez-vous, M. Jerrolds, qu'elle a refusé de la regarder ou d'en entendre parler dès qu'elle a compris ! Elle a dit C'était une histoire horrible et l'image lui faisait froid dans les mains. Elle a dit que cela ne servait à rien de tuer qui que ce soit parce qu'elle *avait* mal agi. "La religion est trop sanglante, Miss Jencks", a- t-elle dit. "Je ne pense pas que j'aime ça. ... Si j'étais vous, j'essaierais de l'oublier. N'est-ce pas terrible, M. Jerrolds ? »

Pauvre Barbara Jencks ! Vous étiez Anglaise et c'était il y a vingt ans !

« Laisse ta sœur quand elle prie », dit le poète, et avec tout le respect que je dois à sa présumée noblesse d'intention, c'est certainement la voie la plus facile à suivre ! J'ai quitté Miss Jencks.

Elle me suivit cependant un peu plus tard et me dit qu'elle n'était pas entièrement sans espoir, car Marguerite avait été très émue par la Révélation de saint Jean le Divin et en avait mémorisé des chapitres entiers, avec une rapidité incroyable, disant que ça ferait de la belle musique. Le soir même, elle nous l'a chanté, ou plutôt elle l'a chanté, en faisant jouer sur le piano, le pur grégorien, des accords d'une dignité et d'une beauté inexprimables, en guise d'accompagnement. Il était impossible qu'elle ait pu entendre de tels accords, car elle n'avait jamais assisté à un service religieux de sa vie et de tels intervalles ne faisaient pas partie de son enseignement vocal.

Ensuite, je lui ai lu l'Ecclésiaste, et elle a fait la même chose, disant que c'était la plus belle chose qu'elle ait jamais entendue – d'ailleurs, elle n'aimait pas Shakespeare, ni à l'époque ni plus tard. Tip Elder est venu chez nous pendant une semaine à ce moment-là, et les larmes brillaient dans les yeux de cet honnête homme tandis que Margarita, la tête renversée, les yeux fixes et sombres, sa voix riche et tremblante vibrant comme un glas qui sonnait, envoyait nous a fait part dans sa belle et claire énonciation de l'avertissement du prédicateur.

Souviens-toi maintenant de ton Créateur aux jours de ta jeunesse, jusqu'à ce que les mauvais jours n'arrivent pas....

Oh, sa poésie, sa beauté intemporelle !

Ou bien le cordon d'argent sera-t-il détaché, ou le bol d'or sera-t-il brisé...

Sa voix était grave, comme celle d'un garçon, et pourtant combien riche de promesses subtiles ! C'était doux, comme celui d'une femme, mais pas doux à cause des bleus – c'est le seul moyen, Mme. M——je me l'ai dit une fois. Ces pauvres femmes !

Alors la poussière retournera à la terre telle qu'elle était, et l'esprit retournera à Dieu qui l'a donné.

Je la vois maintenant... Il y en a, je le sais, qui ont deviné mon pauvre secret, et qui s'étonnent que je ne me « console pas », selon l'expression idiote du jour. Comment pourrais-je? Le gazouillis des filles hawaïennes ressemble à celui des oiseaux de plage à mes oreilles, après cette voix d'ivoire doré !

C'est en octobre, je crois, qu'elle commença à s'inquiéter. Roger était plein de projets pour l'hiver prochain et était même allé jusqu'à accomplir les formalités de location d'une maison à New York, lorsqu'elle nous surprit tous en me demandant quand j'avais l'intention de partir pour l'Italie.

"Car je viens avec toi", conclut-elle placidement.

"Je crains que non, *chérie* ", dit Roger, "Je dois me mettre au travail, tu sais. Tu peux prendre des cours à New York, autant que tu veux."

"Mais je n'ai pas envie d'aller à New York", répondit-elle tranquillement. "Je préfère Paris. Je n'ai plus besoin d'allaiter le bébé, maintenant, et je peux beaucoup chanter. Jerry peut m'emmener."

"M. Bradley veut dire qu'il doit être à New York pour poursuivre sa carrière professionnelle, chère Mme Bradley", intervint Miss Jencks, "et vous devez l'accompagner, bien sûr."

"Pourquoi?" demanda Marguerite.

"Parce que la place d'une femme est auprès de son mari", dit Miss Jencks après une pause que ni Roger ni moi n'avons voulu combler.

"Mais pourquoi?" Margarita s'enquit à nouveau. " *Je* ne peux pas faire la carrière pro-professionnelle de Roger !"

"Non, ma chère, mais vous pouvez l'aider grandement", ordonna placidement Miss Jencks (elle était d'une valeur inestimable, Barbara l'était, quand il s'agissait d'une platitude appropriée, qui coulait de ses lèvres avec la facilité de l'eau d'un robinet). — et elle le croyait aussi !) « Un homme a besoin d'une femme chez lui. Son influence… »

"Oui, je sais, vous me l'avez déjà dit. Mais vous pourriez rester avec Roger, Miss Jencks, et avoir cette influence", dit doucement Margarita, "et je pourrais aller avec Jerry." Était-elle espiègle, ou seulement naïve, je me le demande ? On ne pourrait jamais le savoir.

"Et le bébé ?" » demanda joyeusement Roger.

"Je ne vais plus l'allaiter", dit tranquillement la mère de la petite Mary.
"Madame a dit que je ferais mieux de l'arrêter maintenant - ce sera mieux
pour ma voix. Donc il n'aura pas besoin de moi. Dolledge sait tout pour en
prendre soin."

"Mais, ma chère, êtes-vous sûre que ce serait bien pour Mary de ne pas
l'allaiter ? Elle n'a pas six mois, vous savez," suggéra doucement Miss Jencks.

Margarita appuya son menton rond dans la coupe de ses mains et regarda
pensivement son mentor.

"Alors pourquoi ne la soignez-vous pas, chère Miss Jencks ?" elle a demandé.

Sur ce, Roger et moi quittâmes la pièce en toute hâte. Je suis incapable de
dire ce que la défunte directrice de la famille du gouverneur général a dit ou
fait !

C'est le lendemain, je m'en souviens, que je fus appelé à New York pour
affaires liées aux petites affaires de ma mère, et pendant que j'étais là-bas, je
fus très surpris et pas peu amusé de recevoir un télégramme de Roger me
demandant de prendre lui-même le passage. , Margarita, Miss Jencks,
Dolledge et le bébé, sur mon propre bateau, si possible, sinon, pour adapter
ma navigation à la leur. Il n'est que juste de dire que Sears, Bradley et Sears
s'étaient récemment trouvés impliqués dans un procès complexe d'intérêt et
d'importance internationale, et Roger a pris la peine de m'informer des
honoraires très élevés que sa connaissance des rouages du droit anglais
combiné à sa maîtrise du français, il justifiait tout à fait d'accepter, en
contrepartie du fait qu'il consacrait la plus grande partie de son temps à cette
affaire - une affaire qui durerait presque certainement tout l'hiver et
nécessiterait sa présence à Londres et sa correspondance constante avec
Paris.

J'ai reçu cette information aussi gravement qu'il l'a offerte, mais, pour
reprendre sa propre expression, j'ai réservé ma décision quant à savoir si
l'absence de cette même affaire internationale aurait maintenu le ménage
Bradley à New York.

Je suis resté à Paris le temps de voir Marguerite et la petite Mary, avec leurs
tuteurs respectifs, installés confortablement et avec charme rue *Marboeuf*, a
dit à Roger de traverser la Manche à toute vitesse (je devinais à la forme de
ses épaules comment il se plongerait dans le travail là-bas et à quel point ses
voyages en avion vers Paris seraient bien mérités !), puis je me suis dirigé vers
le sud de l'Italie, déterminé à faire une course privée pour moi.

Il ne s'agissait rien de moins que de retracer, si possible, les ancêtres italiens
de Margarita, une mission, bien entendu, qui ne m'avait été confiée par

personne, car elle n'en savait rien et Roger, apparemment, s'en souciait moins. Mes raisons pour entreprendre cette recherche, dont je savais bien qu'elle pourrait s'avérer interminable et presque certainement longue, étaient un peu obscures, même pour moi, mais je crois maintenant qu'elles proviennent principalement de ma rage lancinante contre Sarah Bradley et son laid insinuations – un sujet sur lequel je ne me suis pas attardé dans ce récit. Mais j'y ai beaucoup réfléchi, et je crois maintenant que mon vœu a été enregistré dès l'heure de la découverte de la boîte d'expédition qui a résolu la moitié du problème.

Sue Paynter m'a été d'une grande aide ici, et par des interrogations judicieuses de Mère Bradley au couvent et des suggestions et allusions naïves lorsqu'avec les autres bonnes religieuses, auxquelles elle était honnêtement attachée et à qui elle rendait souvent visite, elle m'a effectivement procuré un quelques indices vagues, des rumeurs haletantes de ces tragédies qui dressent de temps en temps leurs têtes déchiquetées et alarmantes au-dessus des mares lisses de la vie de cloître. Les nouvelles voyagent vite et loin parmi ces retraites tranquilles ; un système de télégraphie mystérieuse relie Rome à Québec et à New York, et ce n'est pas sans le nom d'une ou deux petites villes cachées dans mon esprit et au moins trois familles nobles notés sur la couverture intérieure de mon livret de banque que j'ai j'ai commencé ma chasse à l'oie sauvage.

Mais ils étaient tout à fait inutiles. Deux des familles nobles n'avaient pas considéré de plus grand pécheur qu'une postulante dont les ardeurs s'étaient refroidies pendant son noviciat, et la troisième avait payé ce qui était au mieux (ou au pire) une légère indiscrétion avec un esprit brisé et une santé rapidement défaillante. Il n'était pas nécessaire d'exercer de grands pouvoirs de détective pour mendier le génial petit médecin de chaque petit quartier pour des leçons d'italien et j'ai appris de chacun bien plus que sa langue. C'étaient de véritables réserves de potins et d'informations de toutes sortes, et mon carnet, toujours prêt et insoupçonné, contenait bien plus que des contractions de verbes et d'étranges caprices d'idiomes locaux.

Mais ce n'est d'aucun d'eux que j'ai eu mon premier indice, mais du batelier qui m'a emmené au coucher du soleil pour l'heure tranquille et agréable que j'aime le plus en Italie et que son nom me fait toujours penser. Rafaello était une grande créature brûlée, belle comme Antinoüs et simple et fidèle comme un chien. Il a pris un immense plaisir à m'apprendre tous les termes pittoresques de son dialecte de pêcheur, et nous avons eu maintes discussions profondes, je contemplais le soufre brûlant des nuages, lui avec ses traits mobiles clignotants et ses doigts bruns classiques jamais immobiles, tandis qu'il m'a exposé son étrange fatalisme, mi-païen, mi-chrétien. Il était du Sud, « bien vers Boot Heel, signore », mais Amour, le maître marin, l'avait fait dévier de sa route et l'avait amené à moins de cinquante milles de Rome pour courtiser une beauté inconstante des collines, dont le frère avait est venu pour couper du bois et a été amical envers son costume.

"Ces gens des marais sont pauvres", dit Rafaello avec mépris. « Non pas que je leur prendrais une femme, à Dieu ne plaise ! Ici, ils ont de grandes étendues, avec des buffles et des cochons sauvages – oui, je les ai vus moi-même, fouillant dans le chêne sauvage – mais ont-ils l'esprit d'inviter les *signoris étrangers* ? "Non. Ont-ils même la force de couper leur propre bois? Encore une fois, non. Ils mentent et grelottent à cause du paludisme. Non qu'ils ne se sentent pas un peu mieux maintenant", a-t-il admis en déplaçant la voile pour que nous regardions vers les promontoires de la Sardaigne, entre lesquels s'étendait une nuée de moucherons latins, « maintenant ils labourent les plaines, les bateaux sont dehors, les bœufs s'affairent et le vent donne un peu de force aux pauvres créatures. Je jure que le meilleur d'entre eux est une vieille femme que j'ai emmenée en *felouque* pour faire plaisir au frère de ma fille - elle l'a soigné une fois lorsqu'il s'était coupé le pied près de sa hutte, juste au bord des collines. Soixante-dix ans, ou presque, et pourtant elle est dure et nerveuse, et elle peut parfaitement aider avec un bateau. Et de l'argent de côté aussi, mais est-elle oisive ? Jamais. Elle file son chanvre, tisse des paniers d'osiers et les échange contre des jambons de chèvre. Celui avec *de la polenta* la garde tout l'hiver – et bien aussi. Elle est très proche. L'argent, personne ne sait d'où il vient. »

ELLE TIRE SON CHANVRE, TISSE LES OSIERS EN PANIERS ET LES CHANGE POUR DES JAMBON DE CHÈVRE

Ainsi babillait Rafaello, se dirigeant intelligemment et brusquement vers l'une des vastes lagunes insalubres qui abritent tant de visiteurs hivernaux ailés d'Italie – visiteurs non enregistrés dans les hôtels, inaperçus des guides, mais d'un plus grand intérêt que de nombreux touristes.

Moi, l'écoutant paresseusement, j'ai repris mon souffle au vol de flamants roses et flamboyants qui éclairaient l'intérieur des terres, juste au-delà de nous, des miracles d'une beauté florale.

"D'Egypte, *excellenz'* : Ils n'arrivent qu'en novembre, mais l'hiver sera froid et ils sont partis tôt. En mars, ils repartiront. Pourquoi ? Comment le saurais-je ? Qui envoie le canard sauvage, d'ailleurs ? Je J'en ai vu un demi-mile sur un vol à destination de cet endroit. Il se peut que le bon Dieu les prévienne et qu'ils s'en aillent.

"C'est possible, Rafaello."

" Mais alors, *Excellence* , envoie-t-il aussi les poules d'eau brunes, et si oui, pourquoi ne pas leur parler du jeune noble que j'ai amené ici pour abattre la semaine dernière ? Est-il probable que Dieu ne savait pas que j'amènerais lui ? Bien sûr que non.

"Peut-être qu'ils le savent, mais ils doivent quand même partir", risquai-je, et nous restâmes silencieux et pensifs. Ont-ils? Ont-ils fui, impuissants, vers la mort, liés par une certitude fatale ? Alif avait-il raison, et est-ce écrit pour nous tous ?

"Ce jeune Romain a été très généreux", reprit Rafaello au bout d'un moment. "Quelques autres comme lui, et elle y réfléchira à deux fois avant de refuser à nouveau. Comment je le supporte, je ne peux pas le dire. Elle est mesquine, certes, mais oh, *signore* , charmante, charmante, comme *une angiolin'* ! C'était d'un noble – un étranger, en tout cas, je suppose que ce n'est qu'un –, cette vieille « Cina a reçu son argent, pense Lippo. Il chassait aussi, dit Lippo, et « le frère de Cina le servait – il venait de ces régions. Il a ensuite emmené son frère avec lui dans le nord, et il l'a bien fait aussi, car peu de bons catholiques voulaient l'aider dans ce qu'il faisait, et ce frère était assez méchant, je suppose. Elle-même a peu de religion, la vieille femme - ils "Je dis que son argent sert à faire la paix avec l'Église. Car quand il s'agit du dernier râle dans la gorge, *excellenz'* , les plus audacieux sont heureux d'un peu d'aide", dit Rafaello en connaissance de cause.

La nuit était tombée sur nous maintenant, et moi, sachant pertinemment que l'air était toxique pour moi, je ne pouvais pas me résoudre à ordonner au bateau de rentrer chez lui. Là, tandis que Persée brûlait au-dessus de nous et s'éloignait vers Rome, Orion était suspendu comme une lampe dans un sanctuaire, je me perdais dans d'étranges et profondes pensées, et les marais étaient le désert pour moi et Alif et Rafaello étaient les mêmes, et moi - qui étais-je? Qu'étais-je ?

"Le *signor* dort ?" » demanda timidement l'homme. "Je pense que ce n'est pas bien de dormir ici. On y retourne ?"

"Je ne dors pas, Rafaello, mais je suppose que nous ferions mieux de nous retourner. J'ai entendu tout ce que tu as dit. Et qu'a fait ce méchant étranger ?"

"Il a volé une religieuse d'un saint couvent, *excellenz'* ", dit Rafaello à voix basse.

J'ai senti mon cœur bondir.

"Près d'ici?" Ai-je demandé, aussi négligemment que possible.

" Oh non, très loin... je ne sais pas. Personne ne le sait. C'est seulement que Cina et sa sœur sont venus d'ici. Mère de Dieu, la *signore* pense-t-elle qu'une femme née par ici aurait assez de sang pour cela ? Écoutez, *signore* , elle est descendue d'un arbre et est allée avec lui dans la nuit ! Une religieuse professe ! Oh ! sans doute elle brûle maintenant, celle-là ! Car aucune femme n'a besoin de prendre le voile, c'est clair, mais une fois pris, on est comme c'est aussi bien que d'être mariée à Dieu lui-même, et puis de prendre un homme après ! Oh, non. Elle brûle certainement", a conclu Rafaello avec une simple conviction.

"Mais je pensais que tu avais dit qu'elle était vivante et qu'elle faisait des paniers," dis-je, toujours stupide.

"Non, non, le *signore* se méprend. C'est Cina, qui l'accompagnait au départ, envoyée chercher par son frère. Le méchant est mort, bien sûr, et Cina est revenue avec tout l'argent. Elle a failli Elle est morte elle-même sur le grand navire. Elle n'a rien mangé, ni une bouchée ni un morceau, pendant quatre jours, elle était si malade.

"C'était un Anglais, je suppose ?"

"Non. Du pays *du signore* . Non, bien sûr, qu'ils soient tous comme ça", ajouta poliment Rafaello, "mais il faut dire la vérité, il l'était."

C'est maintenant que mes études sur le tempérament italien m'ont été d'un secours tout aussi puissant que ma connaissance du *patois grossier des pêcheurs* . L'Italien ne doit pas être interrogé ni savoir que quelque chose d'intéressant ou d'important dépend de sa réponse. Même en tant qu'Oriental, il doit être manipulé avec ruse, et c'est avec un bâillement sournois que j'ai écarté le sujet.

"Il faut un Italien pour croire à cette histoire folle, Rafaello", dis-je. "J'ai bien peur que votre vieille 'Cina se moque de Lippo. Tout cela me semble louche. Sommes-nous presque arrivés ? J'ai froid."

"En effet non, *signore* , c'est la vérité. (Nous serons là dans huit minutes sous la montre *du signore* .) 'Cina ne parlera plus jamais à un Anglais ou... ou à un habitant du pays *du signore* . C'est un vœu. Elle le ferait. Lippo a eu l'occasion de se tenir debout pendant qu'elle filait pour qu'un Anglais fou fasse un tableau - beaucoup d'argent pour cela aussi ! - et elle lui a craché au visage. Peut-être que le signore le *croira* ?

Encore une fois, j'ai bâillé.

"Ces histoires ne veulent rien dire", dis-je en frémissant d'impatience. " Ce ne sont que de vieilles légendes sans noms, ni dates ni lieux. Les vieilles femmes comme 'Cina ne peuvent jamais donner ces noms, ces dates et ces lieux. Elles ne savent pas si c'était il y a dix, vingt ou cinquante ans, ni si l'homme était là. " Autrichien ou anglais, ou la femme italienne ou française ou espagnole. Épinglez-les et ils commencent à trouver des excuses. Mais je ne sais pas pourquoi nous en discutons – ce n'est pas très intéressant, même si c'est vrai. Néanmoins, et parce que tu sembles offensé, Rafaello, et que je veux seulement te montrer que j'ai raison, je te donnerai volontiers un bon souverain anglais, ou à Lippo, ou à la vieille femme elle-même, si elle peut seulement te dire le nom de ce fameux nonne et le nom de son séducteur. Vous constaterez qu'elle ne peut pas, et puis, puisque je suis prêt à parier quelque chose, vous devrez m'emmener pêcher gratuitement toute une journée, en felouque... *Est* -ce une bonne affaire ?

Ses dents brillaient alors qu'il jurait que c'était une bonne affaire et je le regardais quitter le quai avec une excitation que je n'avais pas ressentie depuis ma guérison. Que découvrirait-il ? Pour cela, il découvrirait quelque chose dont je ne doutais pas. Quelle était la mère de Margarita ? Une pêcheuse dont le père avait conquis une femme de chambre anglaise avec son sourire éclatant ? La fille d'un petit commerçant ? Enfant, peut-être, d'un brin de noblesse, attiré par une paire d'yeux anglais froids et gris ? Je ne le savais pas, mais j'étais certain que l'ancienne 'Cina le savait.

Je ne peux pas m'attarder trop longtemps sur cette partie de mon histoire, qui s'étend déjà bien au-delà de mon vain projet, et c'est assez dit quand je vous dis que le nom que m'a apporté Rafaello, enfantin et triomphant, m'a ouvert les yeux et a pincé mes lèvres dans un sifflement étonné. .

Notre petite Margarita ! Voilà de quoi surprendre même le vieux Roger. Seuls quelques noms en Italie sont dignes de figurer à côté de la splendide mais pauvre Maison obligée par l'orgueil de placer sa fille célibataire (car sans dot) dans le couvent qui n'a pas besoin de *point* . Obscur dans le seul domaine financier, il n'a fallu que peu de recherche pour mettre le doigt sur l'épitaphe de ce frère de la lettre cruelle (un cardinal avant sa mort), sur le visage cruel représenté du père – il dédaignait de manger avec les champignons Romanoff ! – sur les montants sculptés des portes où entraient les empereurs aux grandes époques italiennes, jusqu'à la magnifique cheminée sculptée vendue par le grand-père de Margarita, un jeune frère impétueux au moment de son mariage fou avec une beauté anglaise, jaillirent de la scène, dont Les archives contemporaines croyaient qu'elle était destinée à devenir l'ornement le plus brillant s'il ne l'avait pas littéralement portée, haletante, depuis la scène de son premier triomphe.

Les gloires sombres et fanées du palais moisi

J'ai eu une idée des mains de fer implacables qui ont apprivoisé cette créature brillante et déconcertée – et c'était la seule souche de Margarita qu'il fallait faire appel au génie pour justifier ! le jour propre, sur les gloires sombres et fanées du palais moisi. Elle a toujours été hérétique dans l'âme, marmonnait le vieux bavard, avec des regards furtifs depuis ma pièce d'or vers les seigneurs représentés au-dessus d'elle, comme s'ils avaient peur qu'ils se vengent de ces bavardages hérétiques et légers. Serviteur ou duc, marchand de fleurs ou Son Eminence, tout ne faisait qu'un selon ses folles notions anglaises. Et la vérité – comment la folle l'a dit ! Je l'ai laissé échapper à tout le monde, pour qu'ils soient finalement obligés de la faire taire. Et elle aurait ses chiens autour d'elle, mangeant comme des chrétiens ! Et pas d'argent, en fin de compte. *Ses enfants?* Quatre fils, tous morts maintenant, et leurs âmes avec Christ – un, du Sacré Collège. Jamais une génération sans chapeau rouge, Dieu merci. Pas de filles. *Pas même un seul ?* Pourquoi devrait-il y en avoir ? Certaines ont été épargnées par leurs filles, alors qu'il n'y avait pas d'argent, et aussi une bénédiction.

Quelle silhouette avait été découpée dans ce groupe de quatre jeunes, taillée de telle sorte qu'une petite main qui tenait une tasse et un ballon apparaissait clairement contre la manche de l'un des frères ? Elle ne savait pas – comment le ferait-elle ? Peut-être un cousin. Il a été peint par un Anglais célèbre et conservé car il pourrait rapporter de l'argent un jour. *Alors pourquoi le couper ?* Comment devrait-elle le savoir ? Il n'y avait pas de filles et l'heure était écoulée. Le *Signore* la suivrait-il ?

Et Sarah était alarmée à cause du sang de Bradley ! Sarah craignait pour la pollution de ce fluide sacré dérivé des yeomen anglais (au mieux), filtré à travers les expatriés de la classe moyenne d'une nation elle-même désespérément bourgeoise à côté de la pure souche d'une race de rois qui était ancienne et majestueusement oubliée avant que Romulus ne soit rêvé! En remontant, à travers ces mystérieux Étrusques, jusqu'aux dieux eux-mêmes, une ligne absolument ininterrompue s'étendait sur les ancêtres de Marguerite. Bien avant que Bethléem signifiait plus que tout autre village obscur, bien avant que son bébé mystique n'y commence son chemin de croix et ne mette fin au Calvaire au sacrifice qui envoya ses agents outre-mer pour civiliser les Britanniques sauvages et rendre possibles ces yeomen de la classe moyenne. , les ancêtres de Margarita avaient oublié plus de dieux que ces agents n'en avaient déplacé et avaient depuis longtemps cessé leurs propres sacrifices sanglants et anonymes à un Jupiter plus âgé que Paul n'en avait jamais connu. Les galères étrusques envahissaient la mer, le bronze et l'or étrusques s'entrelaçaient en de jolies lignes, les bols étrusques étaient portés vers des lèvres luxueuses et charmantes lors de fêtes somptueuses, dans un rituel magnifique, avant que les indigènes d'une certaine île brumeuse n'aient avancé vers la décoration en pastel bleu ! Les tombeaux de son peuple reposent calmes et méprisants sous le sol meuble et friable de cette terre tragique qui a souffert à la fois des Romains, des Perses et des Goths (me relèveras-tu un jour, ô Mater Dolorosa ? Le cercle est-il presque bouclé ? Voudrais-je te voir dans le soulèvement !), ils gisent aussi sous les formes anguleuses et allongées de nombreuses touristes britanniques célibataires, panoplies en Baedeker et en bottes à semelles robustes, aux dents larges et aux membres longs, mangeant ses sandwichs sur les voûtes fraîches et placides où les sièges et les bières en pierre, les poteries noires et rouges, les bijoux d'or inimitables, les casques et boucliers d'or, l'ivoire et l'émail, l'ambre et les amulettes, attendent l'inévitable antiquaire teutonique. Les cendres mêmes du grand prince et chef Lucomo, couchées sous cette digne femme, quoique quelque peu peu séduisante, disparaîtraient dans l'air avec horreur, si l'un de ses dieux, Vertumnus peut-être, ou l'un des bienheureux Dioscures, lui offrait un tel compagnon. ou laissez-lui entendre que la créature était de la même espèce que les beautés aux seins ronds qui se jouent sur les fresques de sa tombe, parmi les fleurs de lotus.

Pauvre Sarah, je peux lui pardonner quand je considère son pathétique.

PARTIE SEPT

DANS LEQUEL LA RIVIÈRE SAUTE UNE FALAISE SOUDAINE
ET DEVIENT UNE CATARACTE

Oui, croisez votre front et croisez votre poitrine
Car vous ne sourirez plus jamais, Sir Hugh !
Vous avez bafoué ceux qui vous aimaient le plus,
Maintenant vous devez boire comme vous avez brassé.

Syne, elle était chaude contre toi,
Et maintenant elle chante la lune montante,
Elle flottera sur la marée flottante,
Et tu la tiendras bientôt et tu la perdras bientôt !

Sir Hugh et les sirènes.

CHAPITRE XXIII

LE DESTIN TEND SON FILET

[DE SUE PAYNTER]

PARIS , le 4 mars 188—

JERRY CHER :

Frédéric est mort ici il y a une semaine. Son cœur, vous le savez, n'a jamais été très bon et la tension de ses derniers concerts était trop forte pour lui. Ils eurent beaucoup de succès, et juste avant mon arrivée, le pauvre garçon m'avait envoyé... dans une de ses réformes périodiques, *Dieu merci !* — de beaux bijoux, des chaînes, des aigrettes et un magnifique collier de diamants, me suppliant de les vendre, mais en aucun cas de les porter, comme si je le voulais ! Je les ai plutôt bien vendus, c'est tout pour les bébés, vous savez. Pauvre Frédéric, je ne suis pas sûr que ses réformes n'aient pas été les plus dures à supporter !

Il a été si longtemps moins que rien pour moi que le sentiment de liberté est saisissant. Je suis content d'être venu dès que j'ai appris qu'il coulait – ce n'était pas si soudain. J'étais avec lui jusqu'au bout, et les gens les plus étranges sont venus le voir, c'était tragiquement drôle. Il me paraissait comme un frère pauvre et de mauvaise réputation, et rien n'avait vraiment d'importance, si ce n'est de lui apporter le peu de réconfort possible.

J'ai amené les enfants et je pense que nous resterons ici indéfiniment. J'ai un joli petit *appartement* pas très loin des Bradley, mais bien sûr, je ne pouvais pas me permettre d'y vivre ! et une si chère et sensée bonne (*à tout faire* , bien sûr) qui amène les enfants au parc tous les jours pour moi quand je suis occupé. Car je suis très occupé, et comment, pensez-vous ? J'ai écrit une longue lettre bavarde à Alice Carter qui adore *les mousselines* , la pauvre âme, même si Madame Bradley ne lui en donne pas beaucoup, lui disant ce qu'on portait, où et comment, et lui ai fait un petit récit d'une fête à la *mode* qui un de mes amis me l'avait décrit, et la chère créature a effectivement pris la peine de le copier, en omettant bien sûr les personnalités, et de le montrer à un ami de Walter, un jeune homme étonnant qui lance un magazine féminin au tirage phénoménal. , déjà. Il lui en a proposé un très bon prix et m'a dit que si je faisais le même genre de lettre tous les mois, il me paierait cent dollars pour chacune, soit cinq cents *francs* ! Bien sûr, j'ai accepté et maintenant je passe deux jours par semaine dans les magasins, à trouver des idées et à réaliser des croquis. Tu vois, je suis vraiment une femme d'affaires, Jerry. J'ai toujours pensé que beaucoup de femmes feraient mieux dans les affaires de leur mari et les laisseraient embaucher des femmes de ménage ou s'occuper elles-mêmes de la maison ! Regardez les Françaises !

Ça a l'air si bon d'être ici – ça a toujours été d'accord avec moi, *la belle France* , et les enfants aussi semblent bien – pour eux. La petite Susy a vraiment de la couleur. Ils aiment particulièrement le *parc Monceau* , et cette charmante vie au grand air, si facile ici, leur fera des merveilles, j'en suis sûr. Ce vent d'est de Boston… pouah, comme je le déteste !

Je me sens tellement occupé et tellement respectueux de moi-même que l'indépendance me convient. Vous voyez, avec mes quelques centaines de dollars de mon père, et ces lettres, et le peu de revenus que Roger a gagné pour moi, avec le principal mis de côté pour les enfants, je m'en sortirai très bien et je ne devrai « rien à personne ». Et quand Susy sera assez grande, je lui ferai apprendre quelque chose : un métier ou une profession, *n'importe !* — cela la rendra aussi indépendante que je le suis aujourd'hui. Je pense que c'est criminel de ne pas le faire. Alors elle n'a pas besoin de se marier à moins qu'elle ne le veuille.

Je me demande si vous réalisez combien de femmes se marient pour s'éloigner de la maison ? Peu d'hommes le font, j'imagine. Ce n'est pas particulièrement flatteur pour vous, *messieurs* , mais c'est la vérité. J'avais quatre sœurs, et je sais !

Vous avez entendu, je suppose, que Margarita est en train de s'entraîner pour l'opéra ? C'était très excitant, Madame. M... i est vraiment au fond, je pense, même si tout le monde est d'accord avec elle sur ce point : l'enfant a vraiment un talent extraordinaire, et avec son visage et sa silhouette elle sera sûre du succès, semble-t-il. Bien sûr, sa voix n'est pas phénoménale – je doute qu'elle soit assez grande pour l'opéra de New York. Comme Frédéric se moquait de cet immeuble ! Ils voulaient qu'il joue là-bas une fois, vous savez, pour un gros bénéfice. Il a toujours dit qu'aucune voix humaine respectable ne pouvait y être jugée : il semble que l'acoustique soit mauvaise. Mais c'est néanmoins une voix exceptionnellement belle, si pure et si intacte. Elle n'avait littéralement rien à désapprendre et son jeu, dit Madame, est superbe. Elle peut tout mémoriser, et en si peu de temps !

Mais pour un Bradley ! Madame est furieuse qu'elle soit mariée. Il y a de quoi avoir des bébés et vivre en Amérique, dit-elle, sans sa petite Marguerite ! *M. le mari* n'apprécie pas quel bijou il veut faire taire, dit-elle... mais je n'en suis pas si sûre ! S'il va vraiment la laisser faire ou s'il se contente de lui faire plaisir, je ne sais pas. C'est une situation plutôt embarrassante, *au fond* , parce que vous savez ce qu'elle est, calme, charmante, enchanteresse, ce que vous voulez, mais absolument inébranlable ! Le raisonnement n'a aucun effet sur elle, et puis, à vrai dire, elle a ses propres raisons. Son désir est très fort et son affection pour Roger n'est apparemment pas assez forte pour l'obliger à se sacrifier. Pensez-vous qu'elle a vraiment une âme ? Je veux dire, ce que nous entendons par là : quelque chose qui prend plus de deux ans de vie ordinaire pour se développer. Passionné, oui. Intelligent, oui. Mais une vraie âme ? *Je m'en doute.*

"Bien sûr que j'aime Roger, Sue", m'a-t-elle dit, "mais pourquoi ne devrais-je pas faire ce que je veux juste parce que je l'aime ? Je peux l'aimer et chanter aussi."

Puis Miss Jencks entre dans la mêlée, avec d'agréables platitudes sur le fait de renoncer à ce que nous aimons pour ceux que nous aimons.

« Mais Roger m'aime aussi, dit *la Marguerite* , pourquoi ne renonce-t-il pas à ce *qu'il* aime parce qu'il m'aime ?

Tableau! *Que faire alors ?*

C'est vraiment assez compliqué, je pense, Jerry, même si vous ne serez probablement pas d'accord avec moi lorsque j'expliquerai ce que je veux dire. J'ai beaucoup réfléchi au cours des années qui ont suivi mon mariage – j'y ai été obligé. Des choses qui ne me seraient jamais venues à l'esprit ne me seraient jamais venues à l'horizon si, par exemple, j'avais épousé Roger ; des choses qui, je le vois, ne seraient jamais susceptibles d'apparaître à l'horizon des mariés heureux (et prospères), me sont venues et j'ai été obligé, à ma pauvre manière, de philosopher sur elles.

Avez-vous déjà lu la pièce d'Ibsen, la « Maison de poupée » ? Je ne pense pas que cela ait été joué en Amérique, et ne le sera probablement pas, sauf peut-être à Boston. Mais récupérez-le et lisez-le. Il s'agit de montrer qu'une femme est une personnalité, au-delà de ses relations familiales, et qu'elle doit vivre sa vie, enfin, elle-même. Au moins, donc je le comprends. Il doit être joué prochainement à Londres, et je vais essayer de le voir : le théâtre semble avoir bien plus d'importance, de ce côté-ci de l'eau ! On le prend vraiment au sérieux, d'une certaine manière, au même titre que les autres arts. Mais alors, il n'y a aucune taxe sur l'art ici !

Veux-tu me dire, Jerry, pourquoi, si Margarita est vraiment une artiste et a un grand don, elle ne devrait pas l'utiliser ? Ce n'est peut-être pas ce qui plairait le plus à son mari (et tu sais, Jerry, je me couperais la main pour Roger ! Mais je dois dire ce que je pense) mais si elle voit s'ouvrir à elle une carrière de gloire, d'argent et de satisfaction, pourquoi le fait de son mariage devrait-il l'empêcher ? En ce qui concerne la renommée, elle pourrait être plus connue que Roger ; en ce qui concerne l'argent, elle pourrait presque certainement gagner plus que lui ; dans la mesure où *Nora* , dans la pièce dont je parlais, appelle « ses devoirs envers elle-même », elle pourrait sûrement se développer plus pleinement. Autrement dit, s'il est nécessaire pour une femme de se développer pleinement, sauf au sens physique – n'est-ce pas ?

Tout cela est très perplexe et j'aurais tellement aimé que cela arrive à quelqu'un d'autre qu'à Roger ! Il est très blessé, je le sais, même s'il le cache bien, bien sûr, avec sa manière calme et ferme. Quel homme! Il ne voudrait jamais, j'en suis sûr, retourner exercer sa profession à New York et laisser Margarita seule en Europe, exposée à toutes les tentations, scandales et dangers qui semblent presque inévitables dans la vie à laquelle elle se prépare. Dans ce cas, ils pourraient tout aussi bien être complètement et légalement séparés. Il a bien assez d'argent sans exercer le droit, bien sûr, mais il ne resterait jamais inactif, il adore son travail, et quant à traîner comme son chef d'entreprise, j'aurais aimé qu'on voie sa tête quand Madame le lui a proposé ! Je lui ai expliqué que ce n'était pas exactement le genre de chose à laquelle sa famille était habituée. Bien sûr, elle ne comprend pas : elle a l'idée française de l'avocat. Quand je lui ai dit que M. Bradley était vraiment *un vrai propriétaire* et aisé en dehors de sa pratique, elle avait plus de respect pour lui.

« Alors il n'aura pas besoin de s'occuper, dit-elle triomphalement, et tant mieux. Qu'il loue un domaine et vive *en gentilhomme* !

Elle a promis de retourner en Amérique pendant deux mois cet été – elle pourra y apprendre ses *rôles* , dit-elle, et Roger veut y aller. *Eh bien !* Il faudra attendre.

L'enfant est beau, si fort et si bien, et si ridiculement l'image de Roger. Elle essaie de se lever maintenant, pensez-y ! Mes pauvres petits rats avaient deux ans avant de pouvoir le faire.

A vous toujours ,

POURSUIVRE EN JUSTICE .

[DE MES AVOCATS]

SEARS, BRADLEY ET SEARS

Avocats et conseillers juridiques

Adresse du câble, Vellashta

2— COURT STREET, BOSTON, MASSACHUSETTS .

10 mars 188—

WINFRED JERROLDS , Esq.,

Cf., Coutts Bros.,

Le Caire, Egypte.

CHER MONSIEUR :

Conformément à nos lettres d'il y a six semaines, nous avons demandé à notre M. James de se rendre à la plantation de Caroline du Nord pour enquêter et faire un rapport sur la propriété. Presque aussitôt, il fut approché avec des offres d'achat de la propriété à des conditions qui le surprirent. Il a communiqué avec nous et nous avons pris la responsabilité d'envoyer un de nos meilleurs experts miniers examiner le terrain. Nous avons découvert que les hommes de Pittsburg avaient fait de gros achats de terres à quelques kilomètres à l'ouest de la chaîne et qu'ils avaient également acheté des étendues adjacentes à vos terres, au nord et au sud ; ils avaient également organisé une troupe d'ingénieurs partout sur vos terres sous couvert d'une partie de pêche.

L'expert, M. Minton, a rapporté qu'il avait trouvé de gros affleurements de charbon des deux côtés de la vallée, d'excellente qualité fumante. Les veines s'étendent apparemment à travers vos terres jusqu'aux terres plus élevées au nord et au sud des vôtres. À l'ouest de vous, à quelques kilomètres seulement, les habitants de Pittsburg ont acquis de grandes réserves de minerai de fer. Mais le fait le plus important de tout est que la vallée est la route la plus pratique pour un chemin de fer traversant la chaîne à l'ouest de vous, depuis la côte jusqu'aux terres sidérurgiques déjà mentionnées, sur de nombreux milles dans les deux sens.

Nous négocions depuis trois semaines avec ces gens de Pittsburg et ils nous ont finalement fait une offre que nous citons ci-jointe. En bref, cela équivaut à 300 000 $ à cinq pour cent. des obligations hypothécaires, 250 000 $ en actions (d'une valeur problématique) et une redevance de dix cents par tonne sur tout le charbon extrait sur vos terres, avec un accord pour extraire au moins 50 000 tonnes par an jusqu'à ce que vos mesures de charbon soient pratiquement épuisées.

Compte tenu de votre réticence à venir ici et à créer vous-même une société de développement rivale, sans parler de la difficulté de mobiliser des capitaux adéquats face aux achats déjà effectués par nos amis de Pittsburg, nous pensons que vous ne pouvez pas faire mieux qu'accepter cette offre. Il est douteux que nous puissions en obtenir un aussi bon plus tard. Nous vous promettons une réponse par télégramme dans les trois jours suivant la réception de cette lettre.

En vous félicitant pour ces plus heureuses découvertes, nous restons,

Très respectueusement,

SEARS, BRADLEY ET SEARS .

[DE TIP ELDER]

20 mars 188—

CHER JERRY :

Je n'ai pas besoin de vous dire à quel point mes félicitations sont chaleureuses pour votre bonne chance, n'est-ce pas ? Quel succès ce fut ! Et quel bel usage vous en faites aussi ! Bien sûr, j'aiderai autant que je peux. Je dois me dépêcher d'attraper ce bateau postal, je vais donc couper court et dire simplement que Latham et Waite, d'Union Square, semblent avoir fait la meilleure offre pour les travaux et je leur ai dit de vous envoyer le budget détaillé. et les contrats dès qu'ils peuvent les préparer. Ils ont des relations avec une grande briqueterie du Tennessee et disent qu'ils peuvent vous héberger dans un très bon petit hôpital, trois salles, une salle d'opération, six chambres privées, une cuisine diététique, un dispensaire, un dortoir d'infirmières et une suite pour le surintendant, y compris un ascenseur, pour près de 65 000 $, avec de très bonnes conditions de paiement. Cela comprendra tous les aménagements (quincaillerie, etc.) et deux belles et grandes places, avec des aménagements pour un solarium, si vous le souhaitez. Egalement quatre salles de bains. Miss Buxton a choisi le site, comme je suppose qu'elle vous l'a écrit, et Miss Bradley a trouvé une autre infirmière diaconesse pour le personnel permanent. Le jeune Collier s'en sort à merveille là-bas, et la généreuse dotation que vous offrez permettra de prendre soin de deux autres garçons, dit Miss Buxton. Le Dr McGee dit que Collier a un réel don pour la chirurgie. Je pense que j'ai une bourse pour lui à Johns Hopkins, l'année prochaine.

Quelle belle petite femme cette infirmière ! Elle ne peut pas parler de toi sans que ses yeux se remplissent de larmes. Je l'ai un peu taquinée en lui disant que si elle ne vous avait pas supplié d'utiliser cette ferme abandonnée sur vos terres comme maison de convalescence, vous n'auriez jamais entendu parler du charbon et n'auriez probablement jamais vendu la terre pour une chanson, alors le le mérite lui appartenait vraiment – il aurait fallu voir les étincelles dans ses yeux !

"Vous avez vraiment fait de lui un homme riche", lui dis-je.

"J'aurais aimé pouvoir le faire", dit-elle très sobrement, "mais ce n'est pas de l'argent dont M. Jerrolds a besoin."

Que penses-tu qu'elle voulait dire ? Quoi qu'il en soit, tu l'as, mon vieux, que tu en aies besoin ou non, n'est-ce pas ?

La centaine que vous m'avez envoyée (vous saviez que je n'avais pas besoin de « frais ») a servi à aménager le gymnase de mon club. Cela s'est également bien passé. Les suggestions de Mme Paynter me manquent : c'est une bonne femme d'affaires. Quelle délivrance, la mort de ce canaille ! Des mots forts pour une ministre, pensez-vous peut-être, mais je vous le dis, mon sang bout quand je pense à ce qu'elle a enduré. J'ai abandonné l'enfer de mon grand-père, il y a longtemps, mais certains hommes donnent envie de croire au purgatoire !

J'ai entendu de manière détournée par le beau-frère de Roger, Carter (Yale '8 —, n'est-ce pas ?) que Mme Bradley montait sur scène. J'en avais peur l'été dernier.

Miss Bradley est une bonne femme, mais elle ne ressemble pas beaucoup à Roger, n'est-ce pas ? Bizarre, comment les gens entrent dans la même famille.

En espérant que vos rhumatismes vont bien maintenant et que vous vous servirez de moi de toutes les manières possibles, je suis

Cordialement votre,

"TYLER FESSENDEN, AÎNÉ" .

[DE LA SŒUR DE ROGER]

NEWTON, MASSACHUSETTS ,

2 avril 188—

CHER JERRY :

Je ne peux résister, malgré votre avertissement, à vous faire savoir à quel point nous apprécions profondément votre offre généreuse pour les enfants. Vous savez bien sûr que nous n'avons jamais ressenti la moindre réclamation. De toute façon, cela n'aurait pas été si important s'il avait été divisé, et mon père a toujours pensé que les gens avaient le droit de laisser leur argent comme ils l'entendaient, s'ils avaient le moindre droit sur cet argent, a-t-il déclaré. Je crois qu'il pensait que cela devrait aller à l'État, ou quelque chose du genre. Lui et M. C-l S-z en parlaient le soir, je m'en souviens.

Mais de pourvoir si généreusement à leur sort dans votre testament, c'était vraiment gentil et Walter le ressent beaucoup. J'espère qu'il leur faudra du temps avant de l'obtenir, Jerry. Bien sûr, Roger aura un fils un jour et vous le donnerez ensuite à Roger Bradley, comme vous le dites, et il ne sera pas vraiment sorti de la famille – vous avez été comme l'un d'entre nous pendant tant d'années. Et plus cher à Oncle Win qu'à chacun d'entre nous, j'en suis sûr.

Avec encore une fois la plus profonde gratitude de Walter et de moi-même, et j'espère que vous allez bien maintenant,

Toujours le vôtre,

ALICE BRADLEY CARTER .

CHAPITRE XXIV

NOTRE DEUXIÈME ÉTÉ À EDEN

Cet hiver-là avait été mon introduction en Égypte. Depuis, je n'ai jamais laissé passer plus de trois hivers au maximum sans revisiter cet endroit étrange et hanté ; Après Nippon, le pays des fées, il m'est le plus cher de tous les coins chauds de la terre — et j'y ai traîné mes muscles tiraillants et torturés. L'hiver dernier seulement - cela fait bien des mois que j'ai copié ces dernières lettres dans mon manuscrit, et j'ai payé cher une dernière tentative de février à New York - je me promenais dans les rues du Caire, aspirais avec reconnaissance dans mes narines l'extraordinaire mélange d'odeurs qui différencie Le Caire de tous les autres endroits du monde (comment les grandes villes sont marquées de manière indélébile chacune de sa propre atmosphère sans nom, d'ailleurs ! Et pourtant pas tout à fait sans nom, car celle de Londres est basée sur la boue des rues et les plateaux de fleurs, Rome est l'ail et de l'encens, Paris c'est de l'asphalte arrosé, New York c'est des chevaux sans soins et de la fumée de tabac, et Tokyo c'est de la paille de riz) et pendant que je me promenais, une chose étrange m'est arrivée.

Je passais devant un vendeur ambulant de scarabées, un misérable à l'air traître, dont les yeux roulants jetaient un regard convoité sur le scarabée, meilleur que n'importe lequel des siens, que je portais au nœud de mon écharpe, et se pressait contre lui pour éviter un grand scarabée noir. avec un plateau de bols et de plats en laiton sur la tête. Juste devant moi, un marchand de limonade poussait son petit cri gémissant, et tandis que la foule se bousculait dans l'étroite et sale ruelle, mon regard fut attiré par une femme couleur café, une grande Junon, avec des dents éclatantes et un cou comme un tour en bronze. Sur ses épaules était assis un bébé nu qui tenait son équilibre par ses deux mains potelées enfouies dans ses épais cheveux noirs, une jambe retombant sur chaque magnifique sein. Elle a attiré mon attention et a éclaté de rire tandis que l'enfant sortait d'un gros pied et frappait les cuivres du plateau, qui basculaient et se balançaient dangereusement.

Je me tenais là, perdu dans le dédale des rues du Caire, et le babel des ânes hurlants et vêtus de bleu était le cri des mouettes à mes oreilles et le soleil sur les plateaux de cuivre ondulants était le reflet d'un cadran solaire poli. . Les turquoises sur le plateau du vendeur de scarabées étaient des turquoises autour de la taille de Margarita, la limonade était portée par Caliban, et l'enfant qui chevauchait ces fortes épaules avait des cheveux comme de la soie de maïs brûlée au soleil et des yeux aussi bleus que n'importe quelle turquoise ! Car c'est ainsi qu'elle avait tenu son bébé, marchant de ce pas libre et noble, et ainsi elle avait ri et rencontré mon regard, et ainsi l'enfant s'était agrippé à ses cheveux, au cours de l'été qui venait de passer.

L'impression était si vive que je me trouvais, comme je l'ai dit, dans un labyrinthe, et que le vendeur de scarabées et celui du plateau de cuivre me maudissaient de tout cœur alors qu'ils luttaient pour trouver l'équilibre au milieu de la foule qui se bousculait, hurlait et puait. Comme cette phrase « la vraie vie » n'a aucun sens ! Des années et des années d'événements réels dans ma vie ont été moins réels que ces secondes dans les rues du Caire, lorsque, dans les ruelles du son et de la vue, à travers le réseau complexe de ce tissu spongieux et gris de mon crâne, ce minuscule et immortel , un souvenir sans importance a éloigné mon âme du présent et m'a laissé, un jouet mécanique inconscient, stupide, pour bloquer la circulation du Caire, tandis que moi, le vrai moi, vivais loin. En réalité, les poètes et les enfants sont nos seuls réalistes, et le Temps et l'Espace nous ont tous trompés sans pitié.

Je trouve que de tels souvenirs insignifiants m'intéressent bien plus dans l'enregistrement que mes sensations d'homme riche. Ces derniers étaient en effet étonnamment peu nombreux. Au-delà du plaisir d'acheter à la vieille Jeanne un châle en cachemire, de l'ambition cachée de sa vie et de donner des ordres pour l'hôpital d'Harriet (car il me semblait avoir fait tomber les indigènes de Caroline du Nord sur mes épaules, d'une manière ou d'une autre - et cela sans le moindre intérêt pour eux !) ma chance extraordinaire m'a fait moins d'impression, en fait, que le premier héritage de l'oncle Winthrop. Qu'avais-je à faire avec ça ? Roger refusait de toucher un sou ; ma mère, outre une petite augmentation de son fonds de charité et un poney phæton, était simplement déconcertée lorsqu'on lui demandait de faire des suggestions, et elle aurait remis des bourses à tous les vagabonds de la Nouvelle-Angleterre si on lui en avait donné les moyens ; les gens de mon père étaient aisés, et de toute façon, conférer des bienfaits a toujours été difficile pour moi. Le seul moyen pour moi serait de jeter la nuit des pièces d'or sur des seuils nécessiteux et de m'enfuir – une occupation surprenante pour un célibataire rhumatismal, assurément ! Je ne sais pas comment recevoir des remerciements, ils me gênent affreusement. Me tenir debout avec un sourire philanthropique pendant que la veuve et l'orphelin pleurent autour de mes genoux est quelque chose que je serais toujours incapable de réaliser. L'hôpital d'Harriet n'était pas une œuvre caritative – c'était quelque chose pour occuper cette créature ridicule – son yacht, sa galerie de photos, son haras, si vous voulez.

Quant à moi, je n'avais aucun de ces goûts. J'ai acheté une ou deux photos dont j'avais toujours rêvé, qui étaient dans mes moyens (la plupart d'entre elles n'étaient à la portée de personne !) J'ai installé un piano dans mes nouvelles chambres, j'ai mis un peu de vin pour mes amis reconnaissants, j'ai personnalisé les images non partagées. les services de Hodgson, qui m'était malheureusement nécessaire maintenant que chaque jour soudain et humide me paralysait l'épaule droite (il venait me voir avec un de mes vieux costumes, d'ailleurs) et installait une nouvelle vedette à vapeur dans le hangar à bateaux caché de Roger. J'ai offert à Margarita un autre cadeau, plus grand, de perles, il est vrai, mais sans un dixième de l'excitation étouffante avec laquelle j'avais serré cette première seule sur son cou.

La dame elle-même, cependant, a équilibré cette équation ; elle était très ravie, et si elle n'avait pas, peut-être, parfaitement apprécié la première offrande, plus qu'expiée par sa reconnaissance ravie de la seconde.

"Et combien ils ont dû coûter !" elle a pleuré. "Jerry, tu es trop généreux, mais je les aime!"

Penser à Margarita estimant la valeur d'un cadeau !

Nous avons eu des discussions célèbres en août, pendant que Roger transpirait pour sa nouvelle tâche – construire une île pour nous, rien de moins ! – et que *la petite Marie* ramassait des coquillages et les enterrait dans de minuscules tombes lavées par les vagues.

Elle s'est mise à lire cet été-là, et j'ai lu à haute voix *Pendennis* et *David Copperfield* et elle a brodé de grands papillons gris sur toute sa robe grise pour *Faust* , et le gros chien bringé dormait à nos pieds près des ruches.

"Lequel tu préfère?" Lui ai-je demandé avec curiosité.

"Oh, celui sur M. Pendennis est le plus joli," répondit-elle promptement, "J'aurais préféré aimer l'homme qui a écrit ce livre. Mais M. Dickens sait plus de choses. Il crée plus de types de personnes différents."

"Thackeray a été traité de cynique", suggérai-je.

"Qu'est-ce que c'est, Jerry ?"

J'ai expliqué et elle a secoué la tête.

"Oh non, ce n'est pas cynique. C'est ainsi que les choses se passent, Jerry. Sauf que tout le monde ne le dit pas."

"Pensez-vous", ai-je demandé, "que les gens parlent vraiment comme M. Micawber ? Je n'ai jamais entendu personne. Et certainement personne n'a jamais parlé comme sa femme."

"Non," dit-elle pensivement, "moi non plus, je ne l'ai jamais su. Mais il doit y avoir beaucoup de gens *comme* eux, Jerry, j'en suis sûre. Et s'ils connaissaient autant de longs mots que M. Dickens, c'est comme ça qu'ils *je* parlerais, je pense."

Je n'ai jamais entendu de meilleure critique du géant littéraire du XIXe siècle.

Elle n'a jamais fait le moindre secret de son affection pour moi ni de notre parfaite compréhension mutuelle et de notre similitude de goûts. Toujours tranquille ou presque toujours avec Roger, avec moi elle bavardait comme un oiseau, et je pouvais lui donner mon avis sur bien des sujets dont il ignorait tout.

"Jerry et moi aimons Botticelli, les sandwichs au caviar, les chansons de rue et l'Egypte, mais pas Roger", a-t-elle dit un jour à Clarence King - je l'entends rugir maintenant.

« Je peux mieux parler à toi qu'à Roger, me confia-t-elle un jour sur les rochers ; "Si c'était l'habitude d'avoir deux maris, Jerry, je te voudrais pour l'autre, mais ce n'est pas le cas", ajouta-t-elle tristement.

J'ai accepté cela avec regret et elle a continué pensivement.

"Tu vois, Roger n'aimerait pas ça, même si c'était *la* coutume, donc je ne pourrais pas, de toute façon."

"C'est très aimable de votre part", dis-je.

"C'est étrange comme je pense toujours à ce qu'il voudrait", a-t-elle ajouté, avec une parfaite sincérité, j'en suis sûre. « Un jour qu'il ne me donnait plus de pain – c'était si mauvais pour ma voix, vous savez – je me suis mis très en colère et je lui ai parlé avec colère, mais il ne voulait toujours pas, et je lui ai dit que comme il ne le faisait pas, veux que je chante, il ferait mieux de me laisser gâcher ma voix, si je le voulais - et tu penserais qu'il le ferait, n'est-ce pas, Jerry ?

"Non," répondis-je sobrement, "non, Margarita, je ne le ferais pas. Il savait que tu voulais vraiment ta voix plus que le pain, alors il t'a donné ce que tu voulais."

"Oui. Mais ce jour-là, j'étais tellement en colère, j'ai imaginé à quel point je serais plus libre s'il venait à mourir - n'était-ce pas terrible, Jerry ? - et puis je me suis tellement intéressé que je ne pouvais pas m'arrêter, et j'ai fait un mourant. maladie pour lui comme celle de mon père, et Miss Buxton est venue, et puis j'ai eu une robe noire comme Hester quand mon père est mort, et puis nous – vous et moi – avons fait une tombe pour lui avec la tombe de mon père sur la petite pointe, et puis (tout cela était dans ma tête, tu vois, Jerry) J'étais si triste que j'ai pleuré et pleuré - comme je le fais dans *Marguerite* , sur mes joues, et puis, qu'en penses-tu ?

"Mon Dieu, mon enfant, que puis-je penser ? Je ne sais pas," dis-je en chancelant, tournant Dieu sait quoi de possibilités dans mon cœur présomptueux et égoïste.

"Eh bien," dit-elle simplement, "je me sentais si mal que je suis allée voir Roger (dans ma tête) pour lui en parler et lui montrer la belle tombe que nous avions faite et ma robe noire (j'avais un petit bonnet pointu avec des sous la devanture, comme les veuves de Paris) et tout à coup je me suis rappelé que je ne pouvais pas le montrer, il serait mort ! Vous voyez, cela aurait été très mauvais, car j'avais tout le temps prévu qu'il serait là pour... à... eh bien, *qu'il serait là* ! Tu vois ce que je veux dire, n'est-ce pas, Jerry ? Roger doit être là.

"Oui, je vois," dis-je très bas, rempli d'une honte écoeurante, "il doit être là, ma chère."

"Et donc j'ai arrêté directement toute cette maladie de mourir", a-t-elle poursuivi confortablement, "parce que c'était trop idiot, si je ne pouvais pas lui en parler après, voyez-vous.

"Et pourtant, il m'en voulait beaucoup à propos du pain", éclata-t-elle enfantinement. "Pourquoi je pense qu'il doit être là, Jerry ? Il ne peut pas me parler aussi gentiment que toi - il ne comprend pas. Pourquoi doit-il être là ?"

Je me suis étouffé et j'ai ri immédiatement.

"Parce que tu l'aimes, idiote Margarita !" J'ai déclaré.

"Ça doit être ça," acquiesça-t-elle en me regardant longuement et sérieusement avec ses yeux couleur d'eau profonde.

Ah, moi !

Comment nous avons travaillé sur ce canal ! Caliban et deux Italiens basanés, Roger et moi, car j'en ai tracé le tracé selon une courbe astucieusement naturelle et j'y ai mis les piquets. Il y avait environ quatre-vingts pieds de long dans la partie de la péninsule que nous avions choisie, et cela semblait juste de nous épuiser tous et de durer éternellement, jusqu'à ce que je profite d'un voyage d'affaires qui emmena Roger pendant quatre jours et engagea une grande bande de des ouvriers qui ont tout terminé, de sorte qu'il est entré dans sa maison insulaire en traversant une passerelle, pour son grand plaisir d'enfant. Quel grand garçon il était, après tout ! Non pas que je ne partageais pas son plaisir sur l'Île : cela me procurait un délicieux sentiment de sécurité et d'éloignement du reste du monde. Avec l'aide de la bande, j'ai pu élargir considérablement notre canal et il a fallu un pont très respectable pour combler le fossé. Nous avions fait des plans pour un pont-levis ordinaire, mais plus tard nous les avons abandonnés et avons même abattu l'ancien. L'eau a lavé, lavé et usé depuis, du côté de l'île, et maintenant il faut vraiment se pencher sur la nage qui veut s'aventurer parmi les rebords déchiquetés et les biefs de moulin que mon dynamitage a créés.

Nous avons également fait passer notre source – une beauté – à travers la cave laitière jusqu'à la cuisine, et Caliban a évité bien des voyages fatiguants. Quelques années plus tard, j'ai tenté ma chance lors d'une autre absence du seigneur de l'île, et une équipe de plombiers pressés et étonnés a installé une luxueuse salle de bains dans chaque aune de la chaumière – une surprise pour son anniversaire. Profitant d'un hiver aux Bermudes, j'ai copié leurs réservoirs sur le toit, en permettant un à chaque aune, poncé à l'extérieur, blanchi à la chaux à l'intérieur, une mesure architecturale qui rendait l'horizon encore plus rocheux et sauvage, en apparence, depuis l'eau. Avant de partir, cet automne-là, nous plantâmes cinquante conifères, pins, pruches et épicéas, dans une large ceinture juste en face de l'île, la masquant complètement du rivage, et à peine une année se passa après cela sans épaissir et allonger ce mur de dissimulation. Oh, nous avons gardé notre joyau, je peux vous le dire !

C'est cet été-là, je pense, que Whistler est venu nous voir et a dessiné cette série de croquis sépia qui encadrent la grande cheminée. Ils sont sur le plâtre lui-même – une sorte de fresque exquise – et les voiles de Venise, les moulins à vent de Hollande et les quais de Londres se regroupent autour des briques fanées avec un effet fascinant indescriptible. A ma demande pressante, on m'a permis de les protéger avec de fines tuiles de verre rivetées dans les coins dans le plâtre : comme les collectionneurs ont l'eau à la bouche à leur vue !

Stevenson est arrivé quelques années plus tard : tous les conforts pittoresques et les beautés intimes cachés derrière les rochers ont clairement attiré son imagination elfique et enfantine - c'est lui qui a construit la petite grotte au-delà du lit d'asperges, bordé la piscine de coquillages inhabituels et colorés. des cailloux, installa ici et là des morceaux de miroirs et écrivit un poème sur une pierre lisse près de la porte pour la petite Marie, à qui il le dédia.

"Le bassin violet de coquilles de moules, Tout plein d'odeurs salées de l'océan, Les branches de corail dans le mur - Et toi la reine sirène de toutes..."

Elle récitait tout cela avec beaucoup de charme. Roger n'a jamais voulu qu'il soit imprimé dans le *Jardin des vers de l'enfant* , à sa place, l'un des meilleurs d'entre eux, à mon avis.

Lui et Margarita parlaient ensemble d'heure en heure et j'ai vu ses yeux bruns de chien fixés sur elle une heure à la fois. Je lui ai demandé une fois s'il avait l'intention de « la mettre dans une histoire » – la question surannée du profane, si étrangement irritante pour l'homme de livres – et il a secoué lentement sa tête aux cheveux lâches.

"Ils disent que je ne peux pas faire de femmes, vous savez", a-t-il déclaré, "et personne ne la croirait si je la mettais dedans, elle est trop efficace artistiquement."

Et voilà, je le fais ! Les imbéciles se précipitent ...

Cela peut paraître étrange que Roger et moi ne discutions pas du monde de l'opéra, mais nous ne l'avons pas fait. Que cela lui faisait mal, je le savais, car je connaissais Roger. Anglo-saxon dans l'âme, la position dans laquelle sa femme, en tant que star de l'opéra à succès, doit le placer ne pouvait que lui déplaire. C'est une chose d'arracher sa femme de la scène, comme l'avait fait le noble grand-père de Margarita, et de profiter d'elle chez soi ; c'en est une autre de la voir arrachée de chez vous à ce stade, après que vous l'ayez épousée. Mais je n'ai jamais connu d'homme plus juste, et bien qu'il parlât peu des « droits » des femmes, et d'une manière brève et directe qui aurait terriblement exaspéré le sexe en pleine émergence, il respectait néanmoins les droits de chaque être humain. créature le plus scrupuleusement. Même s'il avait une appréciation personnelle des avantages incontestables de l'isolement dans un harem, partagé par tout homme en bonne santé, il n'aurait jamais enfermé Margarita dans une maison new-yorkaise ou sur une île de lune de miel contre sa volonté, et je pense qu'il était trop fier pour le faire. raisonner avec elle sur les seules lignes qui lui sont ouvertes. Je pense également que son refus discret de prendre des mesures énergiques peut être fondé, en partie, sur la pleine appréciation du risque qu'il courait en épousant un ensemble de possibilités aussi diverses que Margarita. L'une des plus grandes passions (je le crois fermement) qui ait jamais uni deux personnes l'avait fait sortir du courant conventionnel de sa vie, et parce qu'elle l'avait, dans son cours, entraîné dans les rapides, il était assez homme pour s'installer. ses dents et prenez-le tranquillement, sachant que lorsqu'il a quitté le ruisseau calme et bordé de verdure pour l'aventure de la marée montante, il l'a fait les yeux ouverts – un homme adulte. Du moins, je suppose qu'il a raisonné : il a agi comme si c'était le cas.

Encore une fois, il m'aurait été difficile d'aborder la question pour une autre raison que la réserve parfaitement caractéristique de Roger. Même si je regrettais que ce problème ait dû se poser dans la maison de Roger, j'avais, comme Sue Paynter, une sympathie secrète pour Margarita. Roger n'a jamais aimé la scène, et moi oui. Il préférait la musique de chambre et la symphonie à l'opéra et ne fut jamais profondément sensible à la voix soliste, bien qu'il en soit un bon critique. Le glamour de la scène, cette lumière qui a ébloui éternellement les fils d'Adam, n'a eu que peu d'effet sur lui : il fut le dernier homme au monde à épouser une actrice. Maintenant, je ne l'étais pas. Judie, la coquine, avait autrefois son charme pour moi. J'ai été parmi une foule pour voir le Jersey Lily, et la reine des comédiennes anglaises aurait pu m'avoir pour un tour de ses cils épais – avant que je connaisse Margarita. Ma grand-mère paternelle était en partie française, et j'ai toujours observé qu'un mélange de sang prédispose ses héritiers à des triomphes dramatiques – ou à des jouissances, si ce n'est plus.

Il creusa donc son canal et Margarita répéta son Jewel Song (c'était un peu haut pour elle : elle n'était pas une pure soprano, mais avait une de ces mezzos flexibles qui tentent leurs entraîneurs à toutes sortes de tours de force) et Dolledge s'est occupé de Mary et Miss Jencks a développé Caliban.

La bonne femme était tout à fait malheureuse sans un sujet sur lequel exercer ses facultés d'éducation vraiment remarquables. La servante de Mary en voulait amèrement à tout rival dans sa sphère certes bien remplie, et Margarita était désormais bien au-delà de son ancien mentor et la considérait avec la tolérance affectueuse d'une princesse envers sa vieille nourrice. Cela était dur pour la dévouée Barbara, car elle adorait Marguerite, et se retrouver doucement à glisser jusqu'au pied du piédestal, quand on n'a pas si longtemps été occupé à modeler la statue, ne peut pas être très vivifiant, bien qu'on ne soit jamais aussi occupé. philosophique.

En vérité, j'ai eu à ce moment-là une sensation étrange : je me suis aperçu que j'avais insensiblement dérivé dans un état d'esprit dans lequel nous cinq, Roger, Miss Jencks, Dolledge, Caliban et moi, semblions être chez nous, contents, occupés, attachés par tous les intérêts domestiques et romantiques, jusqu'au lieu qui nous était le plus cher sur la terre, tandis que Margarita, un brillant oiseau de passage, mais s'attardait un moment avec nous, avant d'entreprendre son voyage à travers le monde - pour cela elle était destinée à le monde, qui pourrait en douter ? Nous étions, pour reprendre la vieille figure simple, comme un cercle de poules maternelles, regardant avec fatalisme, tristesse ou dégoût, selon nos différents tempéraments de basse-cour, notre caneton audacieux et irisé alors qu'elle traversait le flot (qui lui était) familier.

Car c'était familier : il y a des gens pour qui, même s'ils viennent du coin le plus reculé de la terre, non préparés, indisciplinés, non avertis, le grand monde, l'éclat de ses feux de la rampe, le choc de ses tournois, la cruauté ses victoires, la froideur de sa négligence n'ont absolument aucune terreur. Ils y font face superbement, comme on devrait faire face à une foule, et le grand monde, comme toute foule appropriée, leur lèche les pieds et les flatte. L'admiration leur est due ; la dévotion n'est rien de plus que le ciel au-dessus d'eux ou la terre au-dessous d'eux ; ils gardent la *hauteur divine et attendante* de l'enfance et nous gouvernent, comme les enfants, par notre pitié et notre émerveillement. Et Margarita en faisait partie.

CHAPITRE XXV

LE TOMBE DE L'ÎLE

Mais revenons à Miss Jencks et Caliban. C'était Harriet Buxton qui avait suggéré que le garçon n'était pas si sourd que nous le pensions, mais simplement stupide, et que son mutisme pourrait céder aux méthodes alors utilisées avec tant de succès avec cet enfant affligé qui a depuis si brillamment triomphé de plus que des humains. obstacles. Cependant, comme Harriet l'a souligné, j'ai toujours eu le sentiment qu'on accordait alors trop de crédit à l'élève et trop peu au professeur. La distance entre les mots anglais d'une syllabe et la tragédie grecque n'est qu'une question de temps : la distance entre le chaos vide et ces mots d'une syllabe aurait bien pu paraître éternelle !

Non pas que Miss Jencks ait une telle tâche devant elle. Caliban avait été habitué à une propreté implacable et à une régularité presque mécanique du travail de routine. C'étaient ses mains maladroites qui avaient disposé les capucines enflammées dans le bol d'argent sous la gravure de Henner, sa pantomime grossière qui achetait l'os bihebdomadaire pour la mystérieusement nommée Rosy, sa sagesse météorologique qu'on recherchait lorsqu'il s'agissait d'une longue période. fête de voile. En fait, j'ai tendance à penser, au vu de ses progrès ultérieurs, qu'une partie de son ignorance était feinte, comme c'est souvent le cas dans ces cas d'arrêt du développement mental. Quoi qu'il en soit, à l'occasion de cette visite je l'ai trouvé merveilleusement amélioré, ses cheveux coupés, ses vêtements indéfinissables évolués vers une sorte de livrée modeste, son vocabulaire n'étant plus une série de grognements, sa pantomime elle-même plus élastique. Margarita n'a jamais changé ses anciennes méthodes de communication avec lui, mais le reste d'entre nous, à la demande sincère de Miss Jencks, nous nous sommes fatigués aimablement pour obtenir les « oui », les « non » et les « je ne sais pas » gutturaux qu'elle avait si laborieusement enseignés. lui.

Mieux encore, son caractère s'était considérablement modifié, et cette amélioration de son ancienne hargne nous fut d'une grande aide dans l'occasion que je dois maintenant raconter.

C'est moi – étrangement destiné à découvrir tant de maillons de cette chaîne merveilleusement entrelacée qu'est la vie de Margarita – qui suis tombé par hasard sur le dernier qui était réellement nécessaire pour achever l'histoire. Zélé pour la perfection de notre île, j'ai choisi un ravin profond, rempli de branches lourdes et de rochers disgracieux, comme prochain point à améliorer, et j'ai fait appel aux services de Caliban à cet effet. A ma grande surprise, car il était attaché à moi et se montrait toujours heureux de me ramer lors de mes visites, il refusa catégoriquement de m'aider et tenta même, par une série de ruses maladroites, de me mettre au travail ailleurs. Vexé, mais sans méfiance, je me mis seul à arracher les branches supérieures, espérant qu'il lui ferait honte de m'aider avec les pierres, qui semblaient avoir été jetées là dans une sorte de dépotoir. Lorsqu'il s'aperçut que je persistais dans mon projet, il s'assit au bord du ravin, enfouit son visage dans ses mains maladroites et pleura en silence, frissonnant à chaque branche que je soulevais. Très intéressé à présent, j'ai appelé Roger et nous avons travaillé ensemble, aidés par le bon enfant italien retenu maintenant comme jardinier et assistant batelier (il s'appelait Rafaello et c'était un célibataire pas trop malheureux, car, comme il le disait : une fille qui s'enfuirait avec le rival d'un homme une semaine avant le mariage n'aurait fait qu'une épouse douteuse pour le plus patient des maris !)

À mesure que nous approchions du fond du ravin, Caliban devenait de plus en plus excité : tantôt il regardait à l'intérieur avec crainte, tantôt il s'enfuyait sur quelques mètres, mais il ne pouvait jamais s'éloigner très loin, car aussi grandes que soient sa terreur et son chagrin, la curiosité était plus forte. et il devait être proche, semblait-il, à tout prix.

AH, FIDÈLE CALIBAN, QUELLES HEURES DE COURS TERRIBLES ONT RENDU TA TÂCHE CLAIRE POUR TOI !

Soudain, alors que la dernière branche pourrie était soulevée d'une extrémité du ravin, mon regard fut attiré par une série de pierres d'une taille merveilleusement assortie, huit ou dix d'entre elles disposées en une sorte de croix grossière, et quand, avec un rapide frisson de appréhension, j'écartai le pin desséché qui recouvrait le reste des pierres, le pied de la croix s'allongea, et l'on vit le symbole du Calvaire s'étendre sur un monticule de terre oblong, légèrement surélevé. Il n'y avait aucun doute sur cette forme ni sur ces dimensions ; Quiconque a entendu le râle de cette dernière poignée impitoyable et lutté contre cette rébellion presque nauséabonde à la vue des mottes crues, si disgracieuses dans le vert lisse et paisible, connaît ce monticule pour ce qu'il est, et nous le savions. En silence, nous avons déblayé le reste, puis la tombe que j'avais discernée est tombée dans sa relation véritable et éclairante avec deux autres croix, évidemment plus anciennes, aux pieds des deux et à angle droit par rapport à elles. Dans sa mort comme dans sa vie, cette Hester décharnée et austère était fidèle, et comme le chien de pierre au cercueil de l'ancien chevalier, elle gardait le dernier sommeil de son maître.

Nous ôtâmes respectueusement nos casquettes ; nous n'avions besoin d'aucun monument, d'aucune épitaphe pour nommer pour nous ces tombeaux exilés et non bénis. Prynne avait fait le premier croisement, nous le savions, il y a vingt-sept ans ; Hester avait fait la seconde quelques jours avant que Roger ne visite l'île. Et le troisième ? Ah, fidèle Caliban, quelles heures d'enseignement terrible t'ont fait comprendre ta tâche ? Je frémis à l'image de cette infatigable femme de la Nouvelle-Angleterre illustrant dans une terrible pantomime les devoirs qui incomberaient à son grossier serviteur à sa mort. Mais la leçon avait été apprise, le troisième cercueil retiré du hangar à bateaux, le corps déposé dedans au bord de la tombe, emporté rapidement hors de la maison enveloppé dans un drap, le couvercle cloué, la terre remblayée.

Haletant, il vérifia mes questions et mes suppositions discrètes - j'ai assez de sang en Nouvelle-Angleterre pour savoir de quelle horrible prévoyance nous sommes capables ! - et lentement il se calma, voyant que nous n'étions ni effrayés ni en colère...

Une extrémité de l'île répète à petite échelle la formation de la péninsule originale. Trois cèdres rouges pittoresques se dressent pointus et toujours verts, ressemblant plus aux cyprès d'Italie qu'à n'importe quoi d'Amérique ; autour de sa plage rocheuse, les vagues battent sans cesse, mais son herbe est fraîche et verte, car il y a là une petite source. Sous les cyprès se trouvent trois tombes plates, deux côte à côte, une sur leurs pieds, et sur chacune se trouve une table plate en marbre sculpté – de riches sculptures qui s'étendaient autrefois sous trois lourdes fenêtres à meneaux au-dessus des portes arrière d'un ancien palais italien. Il n'y a que des initiales sur ces tableaux, des initiales et des chiffres d'années, mais elles ne sont pas totalement impénétrables. Le bon Parson Elder a lu sur eux le plus beau service funéraire du monde, brisé par les larmes d'un fidèle serviteur ; les enfants et les enfants des corps effondrés sous deux de ces tables se tenaient au-dessus d'eux, main dans la main ; et la nature, qui ne garde aucune rancune et n'excommunie jamais les féconds, met chaque année au soleil les jonquilles jaunes et les narcisses blancs, l'églantier et le laurier des plages, le souci et les asters que l'amour y a plantés.

Il se peut que d'autres indices, des récits plus détaillés de cette vie insulaire secrète aient été cachés dans ces cercueils ; nous n'avons jamais essayé si c'était le cas. Inconnus et solitaires, ils vivaient, inconnus et solitaires, ils avaient voulu rester dans la mort, et ainsi nous les avons laissés, à l'abri même de nous-mêmes, qui les aimions pour le merveilleux enfant qu'ils nous avaient donné. Et j'aime penser que Dieu n'est pas moins indulgent que la Nature à travers laquelle il essaie de nous conduire à Lui.

CHAPITRE XXVI

UNE POIGNÉE DE SOUVENIRS

Ils sont partis en octobre de la même année ; Marguerite pour se préparer à ses *débuts* , Roger, tranquille et impénétrable, pour travailler, comme il disait, à son traité sur Napoléon. Il s'y était profondément intéressé et y avait consacré la plupart de ses loisirs, et cela allait bien au-delà de sa première idée d'essai. Je ne les ai pas accompagnés, mais j'en ai profité pour rendre une visite filiale à ma mère et faire à contrecœur un voyage en Caroline du Nord, où j'ai regardé sans comprendre l'hôpital chaotique, un tas de briques et de débris, écouté les statistiques ennuyeuses et enthousiastes des jeunes. Collier et le Dr McGee ont distribué des papiers de bonbons à une salle de nourrissons convalescents et collants, et ont refusé d'entreprendre un voyage pénible autour des frontières de mes anciennes terres houillères. Ils n'étaient plus à moi – pourquoi devrais-je me soucier de les voir ?

Juste avant de partir pour Paris, où devait me rejoindre le capitaine Upgrove, je me suis souvenu de quelques dessins que j'avais prévu de faire pour connaître les dimensions du jardin décousu et à l'ancienne, derrière la maison, où je comptais installer un certain ancien bas-fond. j'avais en tête un bassin de pierre, puis j'ai prié Roger d'y installer la source pour en faire une sorte de fontaine-piscine. Il existait un tel bassin dans un vieux domaine en ruine, à quelques kilomètres de notre ancienne ville scolaire : Roger et moi le connaissions bien, car nous y étions souvent invités par une amie de ma mère pour boire du thé et manger des biscottes et du beurre frais. et de *la confiture* (de fraises des champs, délicieuse !) et, surtout, du lard grillé, parce que Roger en raffolait et n'en mangeait jamais à l'école. Combien de demi-congés de juin avons-nous suspendus au-dessus de ce vieux bassin sculpté, taquinant les poissons rouges, bouchant la petite fontaine jusqu'à ce qu'elle jaillisse sur nous, faisant naviguer des scarabées dessus sur des feuilles de tilleul, ou nous prélassant, repus et paresseux, fumant des cigarettes de contrebande. de caporal ! Je savais bien combien il serait heureux quand il verrait ce dauphin battu qui jetait l'eau et les drôles de petites grenouilles de pierre à chaque coin, et j'avais l'idée astucieuse que la vieille Mme Y... ne s'opposerait pas à s'en séparer, mousse. et du lichen et tout, si cela en valait la peine !

Une semaine froide et pluvieuse – l'équinoxe retardé – m'a attrapé et retenu sur l'île, blotti autour du feu, et c'est alors que j'ai conçu la fameuse idée du four. J'avais prévu là-bas de nombreux automnes agréables, car c'était désormais pour moi le meilleur de l'Amérique, et si de telles semaines étaient possibles (et probables), je n'aurais guère de réconfort loin du coin de la cheminée - ce qui n'a jamais été mon cas. d'ailleurs, mon article préféré. Caliban et Agnès, la cuisinière, une gentille Normande, ont fait de leur mieux pour moi et pour la bande d'ouvriers voraces qui travaillaient (dans les petits intervalles entre les repas !) au monstrueux tube de fer aux multiples gueules de la cave ; tandis que je m'irritais et grondais des retards, ne voulant pas quitter les hommes, las de ma chère île dont le principal joyau avait disparu, irrité par les pas piétinants et les sifflements désaccordés là où j'avais tant entendu le crépitement des pantoufles *de la petite Marie* et des riches. mélodie de la voix de sa mère.

C'est alors que je suis tombé sur la bibliothèque de Lockwood Prynne et que j'en ai appris plus sur son esprit, je crois, que quiconque ne pourrait jamais en savoir. J'aurais aimé connaître l'homme lui-même. Le peu que j'ai pu découvrir sur lui dans le Sud (la guerre a pratiquement anéanti la famille) n'a fait que confirmer ma première idée de lui. En fait, j'ai réussi à retracer un vieil album de daguerréotypes dans une cabane sombre et sans changement et à identifier une photo de lui en tant que garçon provenant d'une mère noire à moitié aveugle, avec l'un de ses pères en grand uniforme et une tête singulièrement belle dont je suis sûr qu'elle provenait d'une mère noire à moitié aveugle. la ressemblance du front et de la paire d'yeux devait être celle de sa mère, même si ici le vieil esclave ne pouvait ou ne voulait pas m'aider. J'ai également sauvé pour Margarita une riche chaise en acajou sculpté provenant d'une étable à vaches ("la chaise de paye du vieux Marse Lockwood") et une gracieuse table de service aux poignées en laiton, "ce que son grand-père a laissé au petit Marse Lockwood". Je vais le rappeler. J'ai acheté une coupe en argent lors d'une vente aux enchères en bordure de route (et j'ai fait une offre élevée contre un marchand de la Cinquième Avenue) gravée des armoiries de sa mère, et j'ai incité sans vergogne Margarita à la prendre, plus tard, et à me donner en échange l'argent. bol qui est resté si longtemps sous la gravure de Henner. Il est toujours là, mais pas à son ancien emplacement. Pas Caliban, mais Hodgson remplit ce bol aujourd'hui et chaque jour que je suis en Amérique avec les plus belles fleurs que l'argent de l'oncle Winthrop puisse acheter ; bien que Lockwood Prynne ne repose plus dans le lit militaire qui lui fait face, c'est l'un de ses meilleurs amis qui l'aime - un ami qui ne l'aime pas moins, qu'il n'a jamais vu son visage.

Eh bien, nous avons installé ce fourneau et cinquante tonnes de charbon aussi, remorqués dans un vieux chaland et enfermés dans la cave, et quand j'ai vu les factures de ce dernier, j'ai eu l'impression (que je n'ai jamais pu complètement abandonner) que j'ai dû être sous-payé pour ces terres houillères !

Nous en avons maintes fois discuté depuis, avec un étonnement curieux et effrayé : pourquoi cette fournaise aurait-elle dû me paraître si importante ? Au mieux, nous pensions ne passer que quelques jours sur l'île alors que cela aurait pu être nécessaire ; Margarita avait grandi au milieu des hivers de l'Atlantique et avait brisé la glace de l'aiguière de sa chambre à maintes reprises ; un caprice aussi luxueux ne serait jamais venu à l'esprit de Roger, qui, comme la plupart des hommes de son genre, attendait de chacun qu'il soit aussi robuste que lui – combien de générations de ses ancêtres s'étaient stoïquement grillé les tibias pendant que leur dos gelait ! Il faut, comme Margarita le souligne d'un ton taquin, que mes soins pathétiques pour mes vieux os rhumatismaux étaient à l'origine de tout cela, et que j'assimilais rapidement l'une des doctrines cardinales de la bourse gonflée, selon laquelle aucune somme ne pouvait être mal dépensée quand dépensé pour mon confort.

Bon, bon, n'en parlons pas – pour reprendre l'expression bluffante et pertinente du présent. Bien que Barbara Jencks serait morte avant de lâcher prise, je vous l'assure, et qu'elle a consacré de nombreux moments d'efforts timides et persistants à me faire comprendre l'intérêt impénétrable et insomniaque de la Providence, un intérêt qui avait pour but , de l'époque de l'Exode, si je comprends bien son idée, qu'une centrale à air chaud devrait compléter la résidence d'été de Roger Bradley — un homme qui s'intéressait moins à la Providence que quiconque que je connais ! Pauvre Barbara ! Tandis que je me promenais dans la maison en ce doux automne, je tombai, plus d'une fois, dans un rire rêveur, alors qu'ici et là un meuble, un tableau, un plat ou un objet bizarre me rappelaient ses assauts innombrables et interminables contre le corps simple et sain de Margarita. et (pour la femme anglaise orthodoxe) un schéma d'existence sans fondement. Non pas qu'il aurait dû être digne d'un terme aussi philosophique que « projet » : Marguerite s'adonnait à la pratique de la vie, et non à sa théorie. Je ne me lassais jamais d'observer l'effet extraordinaire de ses processus purement mentaux sur la masse d'idées superficielles et héritées dont les bords, autrefois aiguisés et fraîchement sortis d'une menthe surprenante, nous avons émoussé et déformé avec des générations de troc irréfléchi et habitué.

Par exemple, un trésor d'un plat de fruits Spode que j'avais ramassé dans une ferme couverte de rosée dans le Devonshire, tout en crème caillée et en pomme aux joues d'enfants, a attiré mon attention alors qu'il reposait sur le piano, et je me suis retrouvé à rire en me rappelant le malheureux. tourbillon de doctrine dans lequel l'innocent morceau de porcelaine nous avait entraînés. Margarita avait demandé ce qu'illustraient les étranges figures bibliques qui y figuraient, et Miss Jencks, toute prête, lui avait expliqué la parabole des ouvriers dans la vigne et la merveille de la bonne fortune du dernier venu.

"Et c'est une très belle pensée, ma chère," conclut-elle, "n'est-ce pas ?"

Margarita la regarda avec une franche surprise.

"Beau?" répéta-t-elle, vous trouvez cela beau que tant de pauvres hommes travaillent dur si longtemps et doivent ensuite voir les paresseux qui arrivent en retard être payés autant qu'eux pour un dixième de leur travail ? tu veux dire par beau ; c'était certainement très injuste.

"Ma chérie, ma chérie !" la pauvre Barbara s'agita, "elle avait l'approbation de notre Seigneur, souviens-toi."

"Il ne faisait probablement pas partie de ceux qui avaient travaillé toute la journée, alors", répondit doucement Margarita.

"Ce n'était pas un événement réel", dit Miss Jencks un peu froidement, alors que le rire irrépressible de Roger résonnait depuis le porche extérieur, "c'était simplement une parabole, une leçon."

"Oh!" (La mélodie exquise et descendante de ce simple monosyllabe exprime si parfaitement, à travers un larynx si entraîné, tout soudain manque d'intérêt !) " Cela n'est donc jamais arrivé ? Alors bien sûr, cela n'a pas d'importance. Mais pourquoi appelez-vous cela un leçon, Miss Jencks ?

"Parce qu'il enseigne la charité chrétienne", dit Barbara avec fermeté.

Margarita se détourna et écarta le sujet.

"Si jamais je me suis engagée auprès de quelqu'un, je préférerais qu'on lui enseigne l'équité plutôt que la charité chrétienne", observa-t-elle, et elle laissa Miss Jencks s'agripper pathétiquement à l'assiette de fruits, ses yeux fixés désespérément sur moi. Car c'était toujours ma tâche délicate d'apaiser la pauvre dame après ces rencontres théologiques : le traitement intransigeant de Roger face à la situation ressemblait en quelque sorte à celui de sa femme !

"Vous savez, chère Miss Jencks," commençai-je aussi sérieusement que possible, "elle n'est pas vraiment cynique - elle n'est pas plus irrévérencieuse qu'une enfant. Certains de vos élèves, parfois..."

"Jamais, M. Jerrolds, jamais !" » le rempart de la famille du gouverneur général a protesté en larmes : « jamais, je vous l'assure !

"Eh bien, eh bien," dis-je, "c'est pareil, c'est peut-être le cas. Vous voyez, elle fait à ces choses le grand compliment de les prendre au sérieux, et littéralement. Et elles ne fonctionneraient pas, Miss Jencks, certaines d'entre elles. " Si on les essayait, vous savez. Pensez simplement aux syndicats : supposons que Roger paye ses ouvriers sur ce principe : ils lui jetteraient son argent à la face. "

IL L'A CROQUÉE AU FUSAIN, HABILLÉ (IL L'AURAIT) EN NOIR

"Alors que diriez-vous au fils prodigue ?" elle m'a tiré dessus avec défi.

"Je dis que c'est très beau et que je suis assez vieux pour espérer que ce soit vrai", lui dis-je, "mais pour l'amour du ciel, Miss Jencks, n'essayez pas Mme Bradley avec ça - pas tout de suite, à en tout cas !"

Puis il y avait sa guitare, une petite, en poirier couleur citron, curieusement incrustée : Whistler la lui avait achetée dans un de ces vieux prêteurs sur gages près des quais de Londres, et on se demandait quel heureux marin, brûlé et avide de la ville, l'avait amené pour quelle jeune fille qui l'attendait tout au long des kilomètres, et comment il s'était finalement glissé, honteux et taché, dans ce tombeau crasseux à trois boules de tant d'espoirs et de souvenirs. Il la dessina au fusain, vêtue (il le voulait) de noir, avec un peigne espagnol dans les cheveux et la guitare sur un large ruban d'un étrange bleu chinois profond ; derrière elle, sur un perchoir aérien et élancé, se tient un perroquet mexicain criard. Pour nous qui la connaissons bien, elle ne lui ressemble pas (bien que, curieusement, tous les étrangers la considèrent comme une ressemblance extrêmement belle), mais c'est un *tour de force* remarquable, et parmi le mobilier saxon sobre du salon de l'île. il se détache avec une vivacité extraordinaire – un morceau indubitable de l'Europe du Sud, la sophistication parfaitement consciente des vieilles villes et des rues secrètes et ensoleillées, usées de manière inégale et décolorées avant que Raleigh ne traverse les mers.

Roger n'a jamais aimé ça, je crois, et j'ai toujours soupçonné l'espiègle James de nous mettre délibérément face à face avec la souche étrangère de Margarita et le gouffre minuscule et profond qui la coupait, dans certaines parties de sa nature, si désespérément de nous. Et il nous l'a fait voir aussi, ce Puck de tous les peintres, comme il l'avait prévu, et nous avons été obligés de l'en remercier, car c'était trop beau pour avoir été défait, et il le savait. Et Jimmie est mort, pire chance, et l'un de ses collectionneurs les plus dévoués m'a dit la semaine dernière qu'il pensait vraiment que le moment psychologique de vendre était arrivé, car il n'irait jamais plus haut ! Et nous sommes tous de l'herbe, cela aujourd'hui est et demain va au four, et cela ne fait aucun doute, mes frères.

Mais comme elle chantait *O sole mio* , avec ce cri italien doux et perçant, un vrai *cri du cœur* (sauf pour ce petit fait qu'il n'y avait pas plus de cœur, en réalité, que dans la plupart des chants italiens ! je suppose) que si l'art du chant demeure chez les enfants des hommes, cet enfant particulier qui sait le plus facilement jeter sa voix dans ce que Mme M... j'appelais « le devant du visage » et la détacher de la gorge, où les vrais sentiments sont saisis, continuera à faire vibrer les autres enfants avec son "cœur dans la voix!") Et comment elle traînerait le rythme, délicieusement, intentionnellement, et ombrerait les notes descendantes, et suspendrait son souffle trop longtemps sur les fins de phrases, comme seuls les Italiens osent ! Et comment l'essence distillée de l'Italie s'écoulait de ces chansons populaires succulentes, tendres et moqueuses, jusqu'à ce que les vignobles soient trempés devant nous, et les places blanches de la ville cuites au soleil de midi, et que l'ardent marin chante à sa fille brune au-dessus du Des filets pittoresques, flottants et lestés !

Les hommes qui ont creusé la glacière, empilé le mur côtier et creusé des tranchées pour le drainage s'arrêtaient et s'appuyaient sur leurs pioches, quand son bourdonnement résonant et doré, comme une abeille contralto somnolente, flottait des vignes de la véranda vers eux : Je J'ai vu leurs visages clairs et leurs yeux ternes se concentrer soudainement sur quelque souvenir lointain et chéri, tandis qu'ils se sont repliés pendant une minute précieuse dans un passé que vous pensez n'être que du pain, du fromage et de la bière, parce que, en vérité, ils ne se sont jamais assis à côté de vous dans des gants blancs quand Margarita chantait !

Allez... il y a eu Spring et une fille pour chaque homme, une fois, et les deux étaient les mêmes que la vôtre.

Je devais me rendre dans sa chambre à ce moment-là, pour m'assurer que le sol ne soit pas trop gâché et que, selon mon mauvais jugement (Roger aurait dû tout planifier, en fait), les registres pourraient être inséré aux meilleurs endroits; et alors que je me déplaçais parmi les luxes délicats qui remplaçaient la nudité presque sordide de cette pièce lorsque je l'avais vue pour la première fois, je réalisai, avec surprise mais avec une nette certitude, que le changement n'était qu'apparent, et non profond ou inhérent. Ils étaient tous là, bien sûr, le joli attirail que la femme moderne (et ancienne aussi d'ailleurs !) a trouvé nécessaire pour conserver et augmenter son mystère et son charme ; ivoire, argent, cristal, volants cannelés et soie parfumée. Oh, oui, ils étaient tous là, mais il n'y avait aucune atmosphère de Margarita parmi eux tous : elle s'était échappée d'eux et leur avait donné le coup aussi efficacement qu'au bon vieux temps de la brosse, du peigne et de la robe imprimée. une patère dans le placard non parfumé. Elle n'était tout simplement pas là, c'était tout, et l'amant le plus entiché de tout le Décaméron aurait estimé qu'ici n'était pas le lieu pour des ravissements complaisants. Margarita utilisait sa chambre à coucher comme un escargot utilise sa coquille ou un oiseau son nid : elle était impersonnelle, déserte, hors d'usage, maintenant - la chambre, simplement, d'une belle femme, qui aurait pu être n'importe quelle femme, avec un regard de femme. besoin de confort, de chaleur, d'air pur et de propreté poussé à une arrogance de pureté physique.

La chambre de ma mère lui appartenait aussi définitivement que ses mains pointues aux veines bleues ; Celui de Sue Paynter, dans lequel je suis allé une fois pour emmener son petit fils atteint d'une de ses maladies, était comme aucun autre au monde, individuel, intense ; même la vieille Madame Bradley's, dans ses blancs clairs et son bois sombre poli, traduisait dans mon âme d'enfant et de respect un sentiment de son caractère impénétrable.

Mais pas celui de Margarita. Elle était meublée et décorée dans des tons gris-bleu, parce que je l'avais suggéré. Il y avait d'étranges touches de rose grisâtre, parce que Whistler avait insisté pour que ce soit le cas. Elle était garnie de vieil acajou, parce que Roger aimait ça et le collectionnait ici et là. Mais de toute la personnalité que son père-amant avait su construire dans sa maison d'exil, il n'y en avait absolument aucune.

Était-ce parce qu'il n'y avait pas de corbeilles à ouvrage, de dentelles et de morceaux de rubans renversés, pas de photographies, pas de souvenirs, hideux peut-être, mais chers pour ce qu'ils représentent, pas de livres d'enfance usés, pas de jouets honteux qui traînaient de la crèche, pas de détritus de un autre membre de sa famille ? Peut-être. Mme. Modjeska à l'époque, et encore aujourd'hui l'une des plus grandes actrices de notre scène, qualifiait cette pièce de salle peu féminine, mais je ne suis pas sûr que ce soit précisément ce qu'elle voulait dire.

Non, l'impression la plus vive que la pièce pouvait me faire était celle qui me rappelle un rire évocateur, même aujourd'hui. Alors que mon regard tombait sur l'antique coiffeuse, il me sembla voir, tout à coup et de manière risible, Margarita, dévalant les escaliers, enveloppée dans un *peignoir gonflé* , les cheveux dénoués, les yeux brillants furieusement, dans son doigt et son pouce étendus, tenus comme on tiendrait une vipère nocive, une fine cravate bleu marine.

"Est-ce à toi?" » demanda-t-elle tragiquement à son mari.

"Eh bien, oui, je le crois", dit Roger avec la grave politesse que des années d'intimité ne pourraient jamais lui enlever.

"Je l'ai trouvé *sur ma coiffeuse* !" tonnait-elle, et sa voix résonnait comme une voûte en colère, « *sur... ma... coiffeuse* !

Elle le laissa tomber à ses pieds comme un crapaud, nous balaya tous de l'éclair de ses yeux, froidement, de mauvais goût, et monta les escaliers à la nage, déesse vengeresse, sourde aux excuses terre-à-terre de Roger, aveugle aux rougissements désapprobateurs de Miss Jencks. . Quant à moi, j'ai toujours été tellement sous le charme de cette voix que je jure que je la croyais à peine utilisée, la renarde chérie !

HUITIEME PARTIE

DANS LEQUEL LA RIVIÈRE S'ENVERSE DANS DES RAPIDES PÉRILS

Viens, ma mère qui m'a porté,
Fais de moi ce soir un vieux sort !
Essayez si ma femme sorcière aime la mer,
Ou si elle choisira les vagues ou si elle choisira pour moi,
Alors hé, pour le paradis ou ho, pour l'enfer !

Faites le tour de la Croix sur le sable de minuit,
Allumez le feu et murmurez le charme,
Appelez-la vers vous, l'âme en main,
Aveugle et nue face à la lune, elle se tiendra debout,
Puis vers la mer ou dans mes bras !

Sir Hugh et les sirènes.

CHAPITRE XXVII

NOUS APPORTONS NOTRE PERLE AU MARCHÉ

Je n'ai entendu Margarita chanter à l'opéra que le soir de ses *débuts* dans *Faust* . Roger, au contraire, a été autorisé à assister aux dernières répétitions : Margarita souhaitait honnêtement ses critiques, dont elle savait, du fait même de son éloignement total de ses intérêts professionnels, qu'elles seraient parfaitement impartiales et sincères. Ce ne fut pas sans un secret frisson de plaisir dû à ma déception que j'acquiesçai à son décret ; Je savais qu'elle serait nerveuse avec moi, à cause de ma sympathie même pour elle.

Je vois l' *Opéra* maintenant, les lumières, les bijoux, les moustaches, les poitrines de chemises blanches, les lorgnettes, les grosses femmes à programmes, le grand rideau qui les enveloppe.

Sue était là, pâle d'excitation, et Tip Elder, qui était venu passer des vacances bien méritées, et Walter Carter, qui avait fait une course en Allemagne et qui avait (entre toutes les personnes inattendues !) convaincu Madame Bradley que son dur orgueil ne devrait plus être contraint de régler les inimitiés de ses enfants et venir tendre le rameau d'olivier à Roger.

J'étais aussi nerveux que possible et Roger, je pense, n'était pas aussi calme qu'il le paraissait et se mordait régulièrement la lèvre inférieure.

Mais Margarita, on pourrait le supposer, n'avait non seulement pas de nerfs, mais même aucune gêne. Elle nous a raconté plus tard qu'avant que le rideau ne se lève, elle était presque paralysée par la terreur et était convaincue que sa voix avait disparu, qu'elle lui restait dans la gorge. Elle ne se souvenait plus des paroles de la *chanson des joyaux* et son estomac était devenu glacial. Si Roger avait été là, dit-elle, elle l'aurait supplié de l'emmener et de la cacher sur l'île ! Mais il n'était pas là. Il n'y avait là que Madame et sa servante, et elle ne pouvait s'enfuir seule.

Lorsqu'elle était assise à son volant derrière les couches de gaze et que *Faust* la voyait dans son rêve, ses jambes tremblaient au point qu'elle ne pouvait pas actionner la pédale. Mais lorsqu'elle entra lentement en scène dans sa robe grise, tous travaillés avec de minuscules petits papillons presque invisibles - ils lui avaient fait mettre de côté les plus gros - elle était aussi calme et posée que le chœur autour d'elle et sa voix était aussi belle que Je l'ai déjà entendu.

"L'enfant est né pour la scène, cela ne fait aucun doute !" Sue m'a chuchoté avec enthousiasme et j'ai hoché la tête à la hâte, ne souhaitant pas perdre une note ou un mouvement.

C'était son rôle le plus connu et elle y était très charmante et magnétique, mais je ne pense pas que cela lui convenait vraiment aussi bien que les drames de Wagner l'auraient fait plus tard. C'est avec *Marguerite* comme me l'exprimait quelques années plus tard une grande comédienne anglaise, de *Juliette* : il faut avoir quarante ans pour la jouer correctement — et puis on est trop vieux pour la jouer correctement !

Mais quelle démarche elle avait ! Sa démarche s'adaptait parfaitement à la scène, son port du cou et de sa tête était tel que les grands artistes ont travaillé des années pour l'atteindre – et elle n'en était pas consciente. Ses yeux étaient bleu ciel sous la perruque blonde, et les teintes blondes étaient ravissantes, sinon aussi fascinantes et surprenantes que les siennes.

Lorsqu'elle s'arrêtait, elle fixait ses grands yeux sur *Faust* avec reproche et chantait, comme un enfant doux et véridique :

Non, monsieur, je ne suis belle ! Ni belle, ni demoiselle....

un petit soupir de plaisir parcourut le public : elle les conquit sur-le-champ. Il semblait incroyable qu'elle agisse – il semblait qu'elle devait être réelle et que les autres essayaient de l'entourer de la réalité à laquelle elle s'attendait, du mieux qu'ils pouvaient. Elle avait la douce pureté de ton – la candeur, si je puis l'appeler ainsi, souvent associée aux petites voix délicates et aux chanteurs au tempérament froid et plutôt inexpressif. Mais *Brünhilde* était le rôle qu'il lui fallait, et *Brünhilde* n'était pas cool et tout sauf inexpressive.

La seule *Marguerite* que j'ai vue depuis qui ressemblait à la sienne était celle de Mme Calvé, et l'artiste française semblait étudiée et consciente à côté de Margarita. Vous voyez, elle *était* jeune, elle *était* sincère et naïve, elle *était* mince et belle – et elle avait une voix fraîche et charmante, bien entraînée, par-dessus le marché. Elle n'aurait jamais fait une grande soprano colorature. Ni sa voix, ni son tempérament ne penchaient en ce sens. Elle appartenait, à proprement parler, à l'avant-garde de la méthode naturelle, à l'école de l'intelligence et du talent dramatique subtil. Je ne peux pas imaginer Margarita une créature corpulente, étroitement lacée, à talons hauts, s'avançant vers la rampe, le bout des doigts ornés de bijoux sur une poitrine massive, émettant une série de feux d'artifice *staccato* entrecoupés de trilles et de gammes à propos de rien dans ce monde ou dans l'autre.

De telles représentations constituaient la principale objection de Roger à l'égard de l'opéra, et bien qu'il ait été autrefois considéré comme un Philistin, il est amusant de voir comment la vague de l'opinion, même populaire, se dirige désormais vers lui.

Ainsi, dans le grand trio final, Margarita n'a peut-être pas montré le meilleur d'elle-même ; la situation semblait tendue, irréelle, et le cri final un peu aigu pour elle. Mais oh, quelle charmante créature elle était, seule dans sa cellule ! Quelles lignes sa silhouette souple donnait à la ample robe de prison, quelle douleur poignante, simple, cruellement abandonnée, coulait de ses grands yeux de jeune fille ! Et je crois que personne ne fera plus jamais un pathétique aussi exquis du retour fou de la pauvre créature à sa première rencontre avec son amant. Elle s'est si clairement imaginé cette première scène que nous l'avons tous vue aussi et l'avons revécue avec la pauvre enfant.

"Ni belle, ni demoiselle..."

C'EST APRÈS LA SCÈNE D'AMOUR DU JARDIN QU'ELLE A GAGNÉ SES RAPPELS

C'était tout l'amour trahi, abandonné, mais aimant et indulgent, cette petite phrase ; et j'insiste fermement sur le mérite du bon Papa Gounod, tout sentimental qu'il soit !

C'est après la scène d'amour dans le jardin qu'elle a gagné ses souvenirs, encore et encore. Au-dessus de la grande gerbe de marguerites de serre que j'avais envoyées vers la rampe, elle s'inclinait, s'inclinait, s'inclinait encore et souriait, et les bijoux brillaient sur ses épaules blanches et les tresses jaunes tremblaient à ses respirations profondes et triomphantes, tandis qu'elle rayonnait vers elle. nous tous, le sourire merveilleux et englobant de l'artiste-né, cela ne s'enseigne pas. Une partie de ce sourire éclatant est venue droit dans mes yeux embués, de retour dans la loge, et si extraordinaire est la puissance d'un tel succès, si complètement cette rangée de rampes coupe le vainqueur de nous qui applaudissons en bas, que moi, moi aussi , qui avait littéralement enseigné à cette fille quelques-unes des réserves ordinaires d'une société décente, qui l'avait trouvée sauvage (socialement parlant) il y a seulement deux ans, s'inclinait maintenant profondément devant elle, abasourdi, humble comme l'homme à côté de moi qui ne l'avait jamais vue auparavant .

Comme ils frappaient et pleuraient, ces Parisiens amusants, raffinés et puérils !

" *Brava, la petite !*" J'entends maintenant le vieux monsieur qui se tourne vers moi avec étonnement, bavarder comme un singe d'âge moyen bien conservé ; " mais c'est que c'est un Américain, me dit-on ? *Ça y est, alors !* C'est extraordinaire, alors, *impayable ! Je n'en reviens pas !* "

"Et pourquoi, Monsieur ?" J'ai demandé.

" Pour la raison simple qu'on sait combien elles sont froides, ces femmes, froides comme la glace, toutes. Mais celle-là... Monsieur, j'ai vu bien des *Marguerites* , moi qui vous parle, mais jamais auparavant il m'est arrivé d'envier ce gros *Faust* !"

Et moi (à qui il a parlé), je l'ai complètement cru, je vous l'assure. Bien que je doute que le ténor corpulent ait été très flatté, car il avait accepté ce rôle dans l'idée de remporter les honneurs de la soirée et, en l'occurrence, il ne montrait pas peu de cette acrimonie qui est si curieusement inséparable de toute collection. des plus grands oiseaux chanteurs du monde. Depuis que Music, la servante céleste, est jeune, elle est si notoirement en désaccord avec ses confrères musiciens qu'elle force les non-initiés à toutes sortes de conclusions cyniques ! Comme la nécessité d'une sorte de handicap pour toutes ces harmonies, d'un certain poids pour ces accords anormalement parfaits. Et ce n'est qu'aux artistes qu'il revient d'admettre qu'ils assurent courageusement ces contre-contrôles.

Eh bien, je suppose qu'ils seraient trop heureux si tout était aussi harmonieux que cela en a l'air, et nous devrions tous (le pauvre reste d'entre nous sans chant) nous suicider par jalousie ! Et si le gros *Faust* avait vraiment été aussi suprêmement heureux qu'il aurait dû l'être lorsque Margarita, avec cette torsion indescriptiblement charmante de son corps élastique, s'est effondrée hors de la fenêtre de sa maison en toile et couronnée de roses et a jeté ses bras blancs autour de son cou dans l'abandon le plus touchant et le plus suggestif que j'aie jamais vu sur la scène de l'opéra - eh bien, nous aurions été obligés à regret de le mettre en pièces, Roger et moi et Walter Carter (j'en ai peur) et le Français bien conservé !

Elle n'était pas aussi philosophique que Goethe ni aussi sucrée que Gounod, notre Marguerite, et je ne sais pas si je suis plus sentimentale qu'un autre ; mais quand la pauvre enfant, dans tout son amour, son ignorance et sa simple ivresse de ce breuvage doux et terrible que dame nature ne cesse de concocter dans ses alambics secrets, livra avec tant de confiance sa blancheur au *ténor robuste et potelé* , un soudain le dégoût et la fureur face à l' injustice imperturbable de cette même Dame impénétrable m'ont submergé comme une vague et j'aurais pu pleurer comme le stupide Français.

Ne méprisez pas trop cette triste et sordide petite histoire de théâtre, génération montante : ce n'est pas pour rien que le grand public stupide d'autrefois, ignorant aussi bien le teutonique que le chromatique, mais sage dans la pitié et la terreur, comme le savait le vieil Aristote, , l'ont pris à cœur! Ne vous embêtez pas à m'expliquer que Gretchen n'était qu'un épisode d'une grande philosophie cosmique ; Je l'ai connu une fois, quand j'étais jeune comme toi. Mais j'ai presque soixante ans maintenant – pire chance ! – et je comprends pourquoi la philosophie cosmique a été tranquillement enterrée et pourquoi l'épisode reste immortel ! Et vous le ferez aussi un jour.

Ce fut un grand succès pour Madame et elle s'en réjouit ; elle avait même un compliment pour Roger. Ensuite, lors de notre petit souper gai, nous avons tous eu un mot gentil, un mot presque pathétiquement gentil, pour Roger. Margarita elle-même n'avait jamais été aussi attentive à son égard, aussi avide de ses louanges sans réserve, aussi ouvertement affectueuse envers lui. Il était très gentil, très doux, mais d'une manière discrète il décourageait sa douceur démonstrative et l'amenait à parler de son avenir professionnel. Dans ses yeux, tandis qu'elle le regardait par-dessus son verre de vin, il me semblait voir quelque chose que je n'avais jamais vu auparavant, une sorte de pitié effrayée ; non pas la terreur d'un enfant coupé par la foule de son tuteur, mais plutôt la peur de quelqu'un qui voit un ancien camarade de l'autre côté d'un flot grandissant, et qui regrette et craint pour lui et plaint sa perte et sa solitude, mais il est conduit par le Destin et ne peut pas traverser. Je me demandais si les autres le voyaient aussi, mais je n'osais pas le découvrir.

Ce n'était pas tout à fait un joyeux *petit souper*, voyez-vous ; J'y pense souvent lorsque j'assiste à des réunions semblables, et je me demande si, dans toute la gloire et sous tout le triomphe, il n'y a pas quelque tache sombre inconnue de nous, invités flatteurs, quelque gouffre minuscule qui ne cesse de s'élargir, même si nous y ajoutons jamais autant de fleurs et de bijoux pour le remplir. La roue tourne toujours, et aucun de nos plaisirs n'est construit sur le sable mouvant de la douleur de quelqu'un, comme me l'a dit Alif.

Nous avions avec nous le *Valentin* de l'opéra, un petit Français pimpant (j'ai oublié son nom : il avait été très gentil avec Margarita et s'est plus d'une fois tenu entre elle et la jalousie insensée du grand et beau ténor) et je l'ai entendu en quittant la table, faites une remarque significative à Mme. M——je, avec un coup d'œil à Roger,

"Monsieur n'est donc pas un artiste ?"

"Ça se voit sûrement ?" » répondit le célèbre professeur en haussant les épaules.

" *Un mari complaisant, alors ?* " dit le baryton d'un ton léger.

Madame n'avait jamais aimé Roger, et était d'ailleurs une personne quelque peu prévenue, mais même ses sentiments ne pouvaient empêcher le rire irrépressible qui l'accueillit.

« N'y pensez pas, mon ami, *jamais de la vie !* » répondit-elle vivement, avec une grimace franche, en croisant mon regard et en devinant que j'avais entendu.

Non, on ne peut pas imaginer Roger comme le « mari de sa femme ». On ne pouvait tout simplement pas le supposer.

Je n'avais moi-même que très peu de choses à lui dire ce soir-là. Je me sentais maladroit et maladroit, et certain que ce que je pourrais dire serait trop ou pas assez.

C'était Tip qui, joyeux, "Comme elle allait merveilleusement bien, Roger ! Comme tu dois être fier d'elle !" a sauvé la situation et nous a donné l'occasion de nous serrer la main et de les laisser dans le coupé fleuri.

Eh bien, après, c'était la même chose. Exercice, pratique, performance, réussite ; puis dors et fais de l'exercice à nouveau, *da capo* .

Elle était désormais une prima donna, notre petite Margarita, une artiste à succès, un personnage public. « Margarita Josépha », Madame l'avait baptisée, car il y a vingt ans les simples noms américains ne trouvaient pas grâce auprès de l'impressario, et « *cette charmante Mme Josépha* », « *artiste vraiment ravissante* », etc., etc., la critique l'appelait.

En tant que *Juliette* , elle était la plus belle, en tant que *Marguerite* , elle jouait le mieux possible, en tant *qu'Aïda* , elle chantait à merveille. En effet, c'est ce dernier qui captura Londres et donna lieu à l'affaire très exagérée du Certain Personnage Royal. Elle chantait *Aïda* douze fois au cours d'une saison (allant de Paris à Londres) et les garçons sifflaient l'air dans les rues et les orchestres jouaient chaque fois qu'elle chevauchait dans le parc. J'ai moi-même vu le bracelet de diamants que Miss Jencks rendre au duc de S... (nous n'en avons parlé à Roger, d'un commun accord, que bien plus tard) et la broche sertie de perles de la reine lorsqu'elle chantait à Windsor marquèrent au moins une unanimité satisfaisante parmi les gens. membres de la famille royale.

J'ai emmené Mary, longtemps après, entendre Mme. G——i dans le rôle que Margarita a rendu célèbre à Londres, et quand les larmes ont coulé sur le visage de l'enfant alors que la pauvre *Aïda* (cette romane barbare) meurt en mélodie, corpulente quoique affamée et d'une pâleur peu convaincante, j'aurais aimé qu'elle puisse voir sa mère . Il y a eu un décès ! Rien dans la vie *d'Aïda* n'aurait pu lui devenir comme le départ de Margarita, j'en suis sûr.

Roger cessa d'y aller après les premières représentations, et en effet il fut très occupé, et traversa plus d'une fois l'océan dans l'intérêt américain de sa *clientèle française et anglaise* . Mais quiconque s'arrêtait chez lui ou y allait, quiconque applaudissait ou bâillait, quiconque approuvait ou désapprouvait le statut actuel de la famille Bradley, une silhouette décharnée ne quittait jamais Margarita depuis le moment où elle quittait sa porte jusqu'à son retour (sauf pour l'inévitable séparations de la scène réelle, et je pense qu'elle en regrettait la nécessité !) Cette figure était celle de Barbara Jencks, et les siennes étaient les yeux froids et intransigeants dans lesquels regardait le dévot ravi lorsqu'il suivait sa carte dans le salon, à elle les mains fortes et habiles qui mettaient ses fleurs dans l'eau et ses expressions de respect les plus précieuses dans leurs étuis de velours, avant de les réadresser. Elle conduisait avec Margarita, alors que Sue Paynter ne le faisait pas, et elle aurait roulé avec elle, je le crois sincèrement, si Carter et moi ne nous étions pas portés volontaires pour combler cette lacune.

C'est elle qui reçut ce baiser étonné et, je le crains, déçu de l'officier allemand à Bruxelles, lorsque les étudiants ramenèrent la voiture de Margarita de l'opéra après son étonnant triomphe dans le dernier acte de *Siegfried* . C'était un rôle absurde pour elle : elle n'avait jamais joué *Elsa* ni *Elizabeth* , et Mme. M——j'étais très en colère contre elle. Herr M...l, le grand réalisateur, a passé l'été en Italie et en Suisse et était avec nous presque tout le temps. Uniquement pour se faire plaisir, il enseigna à Margarita le rôle de *Brünhilde* dans *Siegfried* et insista pour qu'elle le chante cet hiver à Bruxelles sous sa direction. C'était merveilleux et m'a montré quel était son véritable *point fort* . Elle était *Brünhilde* , elle n'avait pas besoin de la jouer. Comme le Maître lui-même se serait délecté d'elle !

Elle était très enseignable – une des indications les plus certaines de ses grandes capacités. Sa *Marguerite* était presque entièrement la sienne, car elle n'avait pas appris à se servir de l'enseignement dramatique ; son *Aïda* était presque celle de Madame, car elle avait appris alors, et d'ailleurs ne comprenait pas le caractère ; sa *Brünhilde* était elle-même, formée et aidée aux meilleurs canons d'interprétation par un fidèle wagnérien. C'est une partie courte, bien sûr, mais elle montre ce qu'elle aurait pu faire avec le reste. A trente-cinq ans, elle aurait pu faire tout le *Ring* ; à quarante ans, je crois que personne n'aurait pu l'égaler.

Carter s'est retrouvé désespérément mêlé aux fonctionnaires du gouvernement à Berlin (il n'était pas un diplomate, bien qu'il soit un bon garçon, et il était fou de Margarita, de sorte que la pauvre petite Alice a eu plus d'un mauvais quart d'heure, j'en ai peur) et il a fallu à Roger beaucoup d'influence de Bradley auprès du consul américain et beaucoup de correspondance patiente pour démêler son malchanceux beau-frère. Cela donnait à Roger une bonne excuse pour se trouver en Allemagne et à proximité ; s'il serait resté sans cela, je ne sais pas.

Le travail sur Napoléon était terminé : il y avait travaillé à Rome pendant l'été, et Margarita avait été très gentille, refusant plus d'une invitation (à la demande pressante de Sue Paynter) de rester avec lui. Mais il n'était que trop évident qu'elle n'avait pas vraiment envie de rester et qu'une telle situation ne pouvait pas durer longtemps. Herr M... 1 la maintenait intéressée, et Seidl, qu'il envoyait chercher pour l'entendre pratiquer pour *Siegfried* , était très enthousiaste à son égard et montrait son admiration un peu trop fortement pour notre tranquillité d'esprit. Son influence se développait et se forçait, et Margarita en montrait merveilleusement l'effet ; il l'a inspirée à faire de son mieux, et Mme. M——j'étais terriblement jaloux de lui. Personnellement, je ne pouvais m'empêcher de penser que sa grande influence sur son esprit et ses méthodes représentait l'une de ses nombreuses contributions inestimables à l'histoire musicale de l'Amérique - mais je parle simplement en tant qu'observateur d'un artiste américain, pas en tant que mari !

Roger et lui eurent ce qui, il faut l'avouer, était une querelle (même si les récits de duel dans les journaux étaient, bien sûr, absurdes) sur l'opportunité de la faire chanter en privé pour un jeune prince allemand que Seidl tenait beaucoup à honorer - il présentait alors les drames wagnériens en Amérique et n'avait pas été longtemps directeur du Metropolitan Opera House de New York. Tout s'est calmé et nous avons tous convenu d'oublier cela, mais la fierté de Seidl était blessée et Roger avait fait ce que je ne l'avais pas vu faire depuis quinze ans : s'être gravement mis en colère. Il n'était pas d'humeur agréable, vieux Roger, comme tous les hommes de nature forte et contrôlée, et Margarita a appris ce jour-là une leçon qu'elle n'a jamais oubliée, je suppose. Je crois que si, sur la base de cette impression, il l'avait enlevée physiquement, l'avait jetée par-dessus l'arçon de sa selle, pour ainsi dire, et avait cessé de respecter ses droits pendant vingt-quatre heures, nous aurions tous été épargnés de bien des tensions et de souffrances. . Mais il regretta sa violence et le lui dit, ce qui lui fut fatal, du moins me semblait-il. Il y a des occasions où ne pas profiter d'une femme, c'est être injuste envers elle, et Margarita était vraiment une femme.

Eh bien, tout est fini maintenant, et nous n'avons pas à regretter de ne pas avoir essayé une autre voie. Peut-être aurions-nous dû payer un prix plus élevé, car rien ne manque de prix sur le compteur de la vie, c'est encore plus dommage, et si nous sommes trompés par de longs comptes créditeurs, plus nous sommes idiots !

CHAPITRE XXVIII

LES ARABE NUIT EN ANGLETERRE

J'avais beaucoup à reconstituer cette saison en ce qui concerne Margarita. Je l'avais trouvée autrefois, à Paris, non plus une enfant, mais une femme ; Je ne la trouvai plus seulement une femme, mais une femme du monde. Cela semble incroyable, en effet, et j'y ai réfléchi de nombreuses heures lorsque le démon de la sciatique s'est griffé à ma hanche et que les mains fidèles de Hodgson sont tombées fatiguées de ses soins. Comment elle a fait, comme une petite sauvageon inexpérimentée et émotive, avec des mains aussi promptes à frapper que les pattes d'un lionceau, avec une langue aussi débridée que celle d'un enfant de quatre ans, sans plus de religion qu'un boulevardier parisien . , avec pas un dixième de l'instruction d'un enfant d'un pensionnat de Londres - comment une telle créature est devenue en deux ans un produit (apparemment) fini de la civilisation, je n'arrive pas à comprendre. Ce qu'elle a fait, c'est certain. Mes propres yeux ont vu des brahmanes de Boston boire son thé avec gratitude ; mes propres oreilles ont entendu les gens à la mode de New York babiller dans son salon. Quant à Londres, elle a dominé toute une saison, et ne pas pouvoir s'incliner devant elle, alors qu'elle chevauchait son hongre gris du matin, c'était se disputer sans s'incliner ! Paris ne pourra jamais l'oublier, car n'a-t-elle pas inventé une *Marguerite entièrement nouvelle* ? Et la République de l'Art n'est pas ingrate. Elle aurait été une réussite sociale à Honolulu ou en Laponie, la sorcière !

Que son ancêtre le prince ou son aïeule l'actrice aient rendu son développement possible, que son grand-père du Connecticut ou sa grand-mère de Virginie lui aient appris, combien elle devait à son père bandit qui a défié le monde et à sa mère, la nonne, qui l'a gagné - tous deux pour l'amour, qui le dira ?

Quand je repense à ces mois merveilleux, je découvre que l'esprit fantaisiste dont la mission est de teinter impérissablement les tableaux choisis qui éclaireront les derniers jours gris, n'a pas choisi pour ma galerie ces heures où les feux de la rampe s'étendaient entre nous, bien qu'on aurait aimé supposons qu'il s'agisse sans aucun doute des morceaux les plus brillants, mais pittoresques et inattendus, de scènes soudaines et inédites qui se détachent comme de minuscules paysages de joyaux vus à travers un télescope inversé, ou des statues blanches soudaines au bout d'un couloir sombre.

Il y a ce délicieux après-midi où nous sommes allés ensemble à Oxford, elle, moi, Sue Paynter et un étudiant entiché, et avons mangé des fraises, des gâteaux au thé beurrés chauds et d'extraordinaires petits pains étouffés de prunes, et une respiration de miel de trèfle et de prairies anglaises. et j'ai bu d'innombrables tasses de thé anglais fort surmonté de gouttes de crème jaune et mousseuse. Mon Dieu, comme nous mangions et parlions, et avec quelle tolérance les murs chauds et gris, suspendus de lierre et ornés de niches de statues, souriaient à travers le long coucher de soleil opale anglais à nos bavardages frivoles et éphémères ! Ils ont tant écouté, ces murs, et nous périrons et vieillirons comme un vêtement, et toujours le thé et les fraises infuseront et fleuriront le long du gazon émeraude, et des jeunes amoureux croiseront leurs jambes fines et en flanelle blanche et pendent. sur la voix de leur charmeur. Ce ne sont pas les pyramides elles-mêmes qui me donnent ce sentiment de continuité des générations, le flux et le reflux de la jeunesse, les amours brûlants et les regrets brûlants de la jeunesse et le crépuscule inexorable qui rend la cinquantaine placide, tout comme ces murs gris et ces clôtures fleuries de ce que je parfois. think est le cœur même de l'Angleterre. Les compatriotes de ma mère peuvent remplir Londres de leurs caravansérails nationaux et de leurs châteaux avec les charmantes filles (bien qu'un peu nasillardes) de leur nation, mais Oxford les défiera pour toujours.

L'étudiant entiché était propriétaire d'un banjo, un instrument jusqu'alors inconnu de Margarita et au sujet duquel elle était extrêmement curieuse, et à sa demande, lui et trois de ses camarades lui chantèrent en rougissant certaines des mélodies nègres américaines alors si populaires parmi eux. Elle en fut ravie et commença bientôt à fredonner et à chanter inconsciemment, le velours de sa voix se mêlant de manière très piquante à leur doux chant anglais guttural. Peu à peu, ses tons devenaient plus forts et plus sonores : les leurs s'adoucirent peu à peu, jusqu'à ce que l'harmonie, si simple et pourtant si inévitable, se rétrécisse jusqu'à l'écho le plus proche et respire à peine les mots pittoresques et primitifs :

"Nellie était une dame... La nuit dernière, elle est morte..."

Ses tons profonds, volés à des contraltos envieux, se transformaient à nos oreilles en un violet de deuil ; une obscurité sombre et tendre nous hantait, et le chagrin de la vie, qui seul nous lie ensemble, nous qui vivons, planait comme un nuage qui s'élevait sur tous ceux qui entraient dans le rayon magique de sa voix. Les gens se rassemblaient de tous côtés comme des abeilles autour d'un nid d'abeilles ; des casquettes noires et des draperies claires et pâles dérivaient en un cercle émerveillé ; le tintement des tasses, le murmure des douces voix anglaises s'éteignirent doucement et le silence qui était toujours son droit royal se répandit autour d'elle.

"Sonnez la cloche de la belle Nell, ma sombre... Virginie... mariée !"

Qui ils étaient, ceux qui écoutaient par centaines, je ne pourrais pas le dire de ma vie. Je suppose qu'il s'agissait d'une garden-party – je me souviens distinctement des guêtres d'un évêque et des doublures colorées de la cagoule de plus d'un médecin parmi eux. Ils sont aussi soudains, aussi inexpliqués dans ma mémoire, que ces foules de rêves, si précises, si individualisées, où des visages obsédants et spéciaux se détachent, où les mains se serrent et où les épaules se touchent – et tout s'efface. Autour de la pelouse émeraude éclatante, ils se regroupent, et Margarita, une perle aux lacets nacrés, est assise sur un banc de pierre, défiguré et moussu, au centre, au fond ; les garçons adorent à ses pieds, le banjo fait tinter des poignées d'accords à intervalles réguliers, les oiseaux voltigent dans le lierre au-dessus, le gazon arrosé sent fort et doux dans les rayons en éventail du lent soleil ; des crayons brillants de lumière jaune tombent comme des vitraux parmi le lierre immémorial ; la journée se déroule doucement, pensivement....

"Sonnez la cloche de la charmante Nell..."

"Ah-hh !" ils soupirent et fondent, et je ne vois plus rien. Mais la photo est en sécurité.

Ensuite, il y a eu la célèbre fête à la maison dans le Surrey, où les élus d'Angleterre, pour une raison ou une autre, semblent graviter ; que ce soit parce que les longues journées d'été du Surrey leur semblent la dernière étape sur le chemin vers un paradis paisible et bien ordonné, au cas où ils espèrent y passer l'éternité, ou un réconfort temporaire, au cas où ce ne serait pas le cas ! Sue, à qui toute l'Europe musicale avait ouvert ses portes à cause du pauvre Frederick, avait emmené Margarita, à qui les portes s'ouvraient volontiers d'elle-même, dans l'une des célèbres maisons de campagne d'un comté célèbre pour de tels joyaux, et lorsque Roger et J'y suis arrivé, qui devrait être notre hôte sinon un de mes anciens camarades d'école de Vevay, fils cadet d'un fils cadet donc, et sans importance jusqu'à un certain point, mais avancé depuis par une de ces séries d'holocaustes familiaux qui changent tant les comtés anglais. histoire, être à la tête d'une grande maison et seigneur de plus d'acres qu'il n'y paraît assez discret — jusqu'à ce qu'on soit en mesure de donner une tape sur l'épaule du seigneur !

Pour Sue et moi, le luxe des chaussures souples, le confort studieux et mûr du grand établissement couvert de haies étaient franchement merveilleux, habitués comme nous l'étions aux nombreux degrés et étapes de la prospérité domestique entre cette aisance bordée de roses et ce petit a- année; mais Margarita, pour qui le vieux maillot rouge de l'île n'était pas plus réel que les atours barbares d'*Aïda*, *qui acceptait* avec un égal *sang-froid* les coquillages de Caliban ou les diamants de *Méphistophélès*, montrait une indifférence à son environnement aussi royale que sincère. . En effet, les deux personnes les plus simples de cette fête (célèbre depuis des années dans les annales des maisons de campagne comme le rassemblement le plus brillant de rangs et de talents bien mélangés qui ait jamais combattu avec cet ennemi juré des classes aisées, *Ennui* , et l'a étranglé avec succès pendant soixante-douze heures) était l'épouse d'un avocat américain et le fils aîné du plus grand duc d'Angleterre – le *parti le plus éligible* du Royaume-Uni, un jeune à la lignée époustouflante et aux possessions fabuleuses.

Ils étaient assis ensemble sur le sol d'une salle de petit-déjeuner recouverte de chintz, faisant tourner des piquets sur la cire polie, pendant deux heures pluvieuses avant le dîner (dont la réception a été retardée d'une demi-heure pour leur plaire, au grand étonnement des petits invités). et les amusements apoplectiques du père du jeune pair) et étaient les seuls occupants de la grande maison, à l'exception de trois chiots colley qui étaient assis avec eux, pour ne rien voir d'étrange dans le spectacle, bien que Saint-Saëns soit venu de Paris pour accompagner Margarita. le piano et la princesse d'une famille royale était vêtue de ses plus beaux atours palpitants pour la meilleure raison du monde qui n'est pas sans rapport avec le fils d'une maison historique !

Du Maurier en a dessiné un tableau pour *Punch* de sa meilleure manière (il a parcouru toute l'Angleterre) puis, à la grave demande de Roger, l'a retiré de la page presque imprimée et le lui a gracieusement présenté. C'était merveilleusement caractéristique des deux et joliment réalisé des deux côtés, selon ma façon de penser démodée.

Eh bien, c'est après cette rotation que Margarita et le Jeune Fortuné ont sauté négligemment, ont renversé les toupies et se sont précipités vers la noble salle de musique, une magnifique galerie, tout en chêne, Romney et Lely, et là le Jeune Fortuné s'assit au piano (Saint-Saëns se tenait amusé dans la courbe) et commença à jouer l'accompagnement d'une des grandes valses populaires de Tosti. Elle n'est plus à la mode, votre valse, bien que j'aie vécu assez de modes musicales pour être raisonnablement sûr de son retour au pouvoir, un jour, mais alors elle était à son apogée, et les subalternes les fredonnaient au son des militaires. des groupes, de Simla à Québec, et des yeux doux tombés sous l'épaule droite de ces subalternes et des cœurs tendres fondus tandis que le refrain était répété sur demande, et l'aube les trouvait encore dansants – bénis les jours heureux !

Or, la Providence avait jugé bon (montrant ainsi un manque étonnant de sagesse socialiste et une tendance tout à fait regrettable à donner à ceux à qui on avait déjà beaucoup donné) de conférer à ce Jeune Fortuné suffisamment de capacités musicales pour avoir fait la fortune d'un couple d'aveugles. Toms, pour qu'il puisse jouer de tous les instruments, instinctivement, apparemment, et presque aussi bien. Il jouait aussi à l'oreille, avec la plus grande aisance, les harmonies les plus compliquées, et pouvait accompagner n'importe qui chantant ou jouant de n'importe quoi, s'il en avait envie.

« C'est mille fois dommage qu'on n'ait pas pu le trouver dans le caniveau, ce garçon, me confiait M. Saint-Saëns, cela lui aurait rendu service !

Cette remarque, entendue, scandalisa horriblement de nombreuses bonnes âmes britanniques et fit rougir la jeunesse avec un plaisir parfaitement naïf et modeste.

Il s'assit devant le grand Steinway et passa vaguement ses longs doigts blancs sur les touches, et dit à Margarita, tandis que le majordome regardait avec agonie sa maîtresse et les autres invités, tous prêts pour l'un des points culminants de l'un des plus beaux d'Angleterre. les importations capricieuses des cuisines de France, étaient partagées entre intérêt et appréhension,

"Je dis, Mme Bradley, pouvez-vous chanter *'Bid me Good-bye and Go'* ? J'aime énormément ça."

"Je peux le chanter si c'est ici", dit placidement Margarita, "pourquoi pas ?"

"Oh, c'est sûr d'être ici," répondit-il facilement, et bien sûr, c'était là, dans une armoire à proximité.

Eh bien, c'était assez banal, Dieu sait – comment aurait-il pu être populaire autrement ? Lincoln n'était pas musicien, à ma connaissance, mais il savait qu'on ne peut pas tromper tout le monde tout le temps ! Et le bon Tosti, aussi léger qu'il puisse paraître aujourd'hui, possédait une petite information qui n'est pas toujours à la disposition des auteurs-compositeurs modernes : il savait écrire pour la voix humaine. Ce qui m'a toujours semblé une acquisition très précieuse, si l'on se trouve dans le métier d'auteur de chansons.

Ainsi, lorsque Margarita, jetant un rapide coup d'œil à la petite mélodie évidente, mit ses mains derrière son dos comme une écolière, elle était vêtue d'une petite veste moulante et unie et d'une jupe en tweed anglais, avec un col et des poignets blancs et épais. des bottes à semelles épaisses et ce qu'on appelait autrefois un "chapeau alpin" - et se mit à chanter, sur un rythme lent de valse, on ne s'attendait pas à grand-chose : en effet, le jeune homme fredonnait audacieusement avec elle, au début, et avec les autres hommes. , dont aucun n'était à de nombreux degrés de néant, battait le temps avec insouciance.

" *Y a* -t-il une seule *joie* ou une seule douleur que je ne connaîtrai peut-être *jamais* ? "

Arrêtez-vous un peu ! Qu'est-ce qui vous a pris au cœur, vous a inquiété, Colonel, et vous a poignardé un peu sous votre DSO ? Avez-vous été tout à fait juste envers cette charmante créature pleine d'entrain que vous avez épousée il y a toutes ces années ?

" *Reprenez* votre amour, c'est en vain..."

Ah, Lady Mary, vous valez bien douze pierres aujourd'hui, mais quand ce pauvre jeune cousin vous a lancé ce regard dans le jardin et que les roses ont rampé sur le vieux cadran au clair de lune, vous étiez plus mince et plus cruel !

« *Dites* -moi au revoir *et* partez ! »

C'était une valse, oh, oui, mais c'était une véritable Danse de Mort pour ceux d'entre nous qui avaient une séparation en tête, qui a changé notre vie - et nous ne pourrions plus jamais revenir en arrière et l'améliorer ; plus jamais. C'est ce qui a si bien coupé, et Margarita, sombre et mince comme un rossignol brun uni, qui laisse son plumage au paon rauque parce que peu importe ce qu'elle, la vraie reine de nous tous, porte - Margarita l'a épelé sans remords, au air d'une valse de mess, et nous disait que la jeunesse n'est qu'une fois et si douce et pour si peu de temps ! Et le garçon à côté d'elle souriait de plaisir et brodait son phrasé riche et clair, l'annotait et y jetait des bijoux et des fleurs aux accords inattendus et se moquait de son fatalisme triste et charmant comme seule une jeunesse dépensière peut le faire.

" *Tu* ne *m'aimes pas* , non ! *Dis-* moi au *revoir* et pars..."

Cruelle Margarita, comment as-tu pu faire couler les larmes sur les joues de la pauvre petite princesse, qui savait ce qu'on attendait d'elle et n'avait pas de plus grand péché sur la conscience qu'une petite mèche de ses cheveux jaunes, toujours chaude, maintenant, dans la poitrine. d'un ridicule cousin germain dans un élevage de moutons dans l'extrême Dakota, aux États-Unis ?

"Au *revoir* , au *revoir* , c'est mieux ainsi..."

Ils sont si immobiles sur cette photo, ces grands Britanniques évasifs, chacun se rongeant un peu la lèvre sous la moustache tombante ; les épaules des femmes sont ivoire sur fond de chêne lambrissé et de bols de roses de Gueldre dans des bols chinois ; cette belle ligne depuis la base de la gorge jusqu'au sommet du *corsage* que l'Amérique n'a pas encore à donner à ses filles, se soulève et s'affaisse ; les Romney sourient derrière leurs bougies de cire en appliques. Ce n'est qu'une valse de la rue, mais elle nous a ensorcelés, notre Margarita aussi.

Mais la plus forte et la plus claire de toutes, vive dans la lumière et dense dans l'ombre comme un Rembrandt, je vois cette nuit extraordinaire à Trafalgar Square, cette nuit qui reste sûrement unique dans la mémoire de Nelson et des Lions, même si la plupart de ceux qui l'ont partagée, et ils sont sans aucun doute – car ils n'étaient pas pour diverses raisons des classes de personnes ayant vécu longtemps – morts et poussières à présent. Comment et pourquoi nous nous sommes retrouvés à Trafalgar Square, je ne pourrais le dire, même si je suis allé au bûcher à l'instant même. Mais je pense que Margarita voulait probablement se promener dans les rues, une forme d'exercice pour laquelle elle avait des envies intermittentes à des moments étranges, et que, comme c'était le plus souvent le cas, je l'accompagnais.

Nous étions tous seuls, car Roger, qui partageait habituellement nos promenades, quand il n'était pas trop occupé, venait de partir pour Berlin une heure plus tôt, pour une de ses patientes dénouements des embrouilles diplomatiques de Carter.

Cela avait été une journée maussade et humide – le genre de journée qui éprouva terriblement Margarita en Angleterre, car elle était très influencée par le temps, et *le beau temps* faisait ressortir son plumage comme son perroquet mexicain dans le portrait de Whistler. En y repensant, il me semble aussi, sans aucune raison précise, qu'elle était perturbée et excitée par quelque chose qu'elle seule connaissait, car elle était étrangement irritable pendant notre promenade, me contredisait farouchement, demandait avec humeur qui Nelson pouvait l'être, alors il m'a reproché d'être un vieux maître d'école sec, quand je lui ai dit, et des caprices semblables à des caprices inséparables, je croyais, de son sexe en général et de son tempérament en particulier. Si je n'ai jamais pris la peine de me défendre de l'accusation de penser La Perle parfaite dans ses relations un peu gâchées avec ses meilleures amies à cette époque de sa vie, c'est parce que j'ai toujours considéré que les gens trop inélastiques dans leurs Les vues sur la nature humaine pour comprendre que Margarita a simplement présenté *les défauts de ses qualités* (car qui d'entre nous ne le fait pas, à un moment ou à un autre ?) sont indignes même de mes capacités argumentatives, qui ne sont pas grandes, comme je le comprends parfaitement.

Alors elle dégaina ses petites griffes féminines acérées et me tapota sans pitié avec elles, et s'arrangea pour me faire passer pour moi-même comme un imbécile maladroit et maladroit cette nuit-là, marchant tranquillement à côté de moi, pendant ce temps, comme un garçon, bien qu'elle ait refusé. pour changer ses pantoufles en bronze à talons hauts contre des chaussures plus pratiques et portait la traîne déraisonnablement longue de sa robe de soirée en dentelle noire sur son bras. Roger ne l'aimait pas en noir, et elle le portait rarement, mais il l'avait commandé il y a quelques jours au grand Worth, qui dirigeait alors ces dames chanceuses qui pouvaient se permettre de se compter parmi ses sujets avec une emprise qu'il a depuis, On m'assure que j'ai été contraint de se diviser entre d'autres monarques – les seuls monarques qui restent aujourd'hui dans une République qui n'a jamais nié cette succession divine unique à travers toutes ses révolutions. Pour cette monarchie, Paris ne chantera jamais *ça ira* ; pour ce principe, elle ne connaît aucun cynisme ; ce formidable poids lourd qu'est la Mode ne traversera jamais la Manche, semble-t-il !

Je m'étais moqué d'un sentimentaliste et d'un faiseur de belles théories quand j'avais cru déceler un peu de défi dans sa première interprétation de cette robe noire de minuit, avec ses coraux surprenants sur son bras et son cou, et le peigne d'aspect étranger derrière ses hauts. -des cheveux coiffés, le tout faisant ressortir nettement cette souche continentale qui amusait Whistler (le vilain Jimmie !) et déplaisait à Roger. Mais lorsqu'elle y apparut ce soir-là, elle était décidée à un dîner où la plupart des convives déplairaient beaucoup à Roger, qui s'était félicité d'avoir passé une soirée tranquille à la maison ; alors qu'elle l'y avait entraîné au risque de perdre son unique train et l'avait taquiné honteusement tout au long de tout cela par le flirt le plus ridicule avec l'un des pires *roués* d'Europe (Margarita était si foncièrement honnête et si profondément attachée à son mari qu'une telle les représentations ne pouvaient lui être que doublement douloureuses, puisqu'elles étaient manifestement intentionnelles malveillantes) lorsqu'elle le renvoya avant la fin du long dîner sans autres *adieux que les plus occasionnels* et sans la moindre intention de l'accompagner, j'étais inconfortablement forcé de conclure que cette longue robe d'encre était une véritable livrée du diable, qu'elle l'avait mise délibérément et qu'il n'y aurait aucun moyen de l'arrêter tant que l'ambiance ne serait pas mauvaise.

Et maintenant, je me retrouve sur le point d'écrire une chose des plus injustifiables, compte tenu de la possibilité que ces souvenirs vains tombent d'une manière ou d'une autre, un jour, quelque part, entre les mains de ce jeune omniprésent pour qui tous les imprimés sont gratuits comme l'air en ces jours éclairés. En Amérique, la règle a été de supprimer les imprimés qui ne pouvaient braver cette liberté ; en France, supprimer autant de jeunes que possible ! Il y a quelque chose à dire sur les deux méthodes, et chacune a peut-être ses défauts ; l'un produit des Jeunes plus stimulants, l'autre jouit d'une prose plus virile.

Quoi qu'il en soit, je suis tout à fait conscient que mon devoir envers la jeunesse anglo-saxonne devrait m'amener à affirmer, tristement mais fermement, que la conduite dont Margarita a fait preuve la nuit en question n'aurait pu avoir qu'un seul résultat : celui de remplir moi, son amie et admiratrice, avec un mécontentement et un dégoût douloureux ; que son insouciance peu féminine quant aux sentiments des autres et son mépris aveugle des souhaits et du confort de ceux qui auraient dû lui être les plus chers l'ont abaissée dans mon estime et ont grandement diminué son charme à mes yeux. Mais je n'écris pas spécialement pour la Jeune Personne et la franchise m'oblige à affirmer qu'elle m'intéressait toujours autant ! Je ne pensais pas qu'elle avait traité Roger très gentiment, c'est vrai ; mais Roger savait qu'il épousait une délicieuse renarde lorsqu'il épousa Margarita, voyez-vous, et si j'avais commencé à lui faire la leçon, il y en avait trop d'autres qui n'auraient été que trop ravis de la débarrasser de ma société. Elle abusait parfois de son pouvoir, je l'admets, mais ensuite, elle avait le pouvoir ! Et oh, le baume qu'elle a gardé pour les blessures qu'elle a infligées !

Comme je l'ai dit, je n'ai pas la moindre idée de comment ni pourquoi nous avons affronté Nelson et les Lions, je ne peux, par aucun effort de mémoire, nous voir arriver ou partir ; mais je me vois m'arrêter dans ma conférence sur l'histoire anglaise, alors qu'un transparent éclairé, une foule dispersée et une fanfare se précipitent sur nous soudainement sortis de nulle part. C'est une sorte de foule pauvre et vicieuse, les balayeurs de caniveaux de Londres ; des garçons pâles et rabougris, des salopes hagardes et oisives, une poignée de femmes de la rue, un trio de demoiselles d'honneur vulgaires. Autour de la fanfare, qui se révèle n'être qu'un gros tambour et un tambourin claquant, un groupe d'hommes et de femmes en uniforme vaguement familier, les femmes en affreux bonnets de seau à charbon.

"Qu'est-ce que c'est, Jerry ?" dit Marguerite.

"C'est l'Armée du Salut, entendons-nous bien", répondis-je.

Mais elle ne le fera pas, car elle est curieuse, et je me résigne à l'inévitable et j'attends. Leurs appels bruts sont des symboles nés d'une profonde connaissance du cœur humain pour lequel ils se battent – lumière étincelante et tambour rythmé : le premier tâtonnement de la sauvagerie, le dernier sommet du spectacle religieux le plus hautement organisé que le monde ait jamais élaboré. Ils se rassemblent près de la fontaine, se regroupent autour de leur bannière allumée, et une voix cockney traînante afflige l'air. Je vois maintenant le cercle : ils se forment dans l'amphithéâtre classique qui ne connaît ni siècle ni pays ; une baleine à bosse poussant une brouette remplie de quelque chose devant elle s'arrête près de nous ; une femme, toussant effroyablement, s'appuie dessus, marmonnant pour elle-même, regardant la tête enveloppée d'un foulard de Margarita.

Le discours du cockney commence par "Ô mes frères..." mais je n'y participe pas : je veux faire sortir Margarita de la foule grandissante, apathique, mais soulevée un instant de leur sordide tapis roulant de l'existence par la lumière et l'étouffé, le béguin rythmique et le chant aigu. Ils ont dû suivre un long chemin, car ils viennent de la lie de Londres et sont étrangers à Trafalgar Square, et l'officier qui les patrouille les regarde avec assez de méfiance.

« Ne voulez-vous pas nous donner une chanson, lieutenant ? dit soudain l'orateur, "allez là-haut, mes amis - beaucoup de pécheurs ont sauvé leur âme avec une chanson - n'en feriez-vous pas partie ? Êtes-vous prêt, lieutenant ?"

Je la vois si clairement, la jolie petite créature usée ; pâle comme la mort et pas en état de chanter dans la rue, évidemment, mais courageux et porté par le zèle même des croisés. L'autre femme, qui ne sait pas chanter, secoue le tambourin, un grand gaillard costaud, un terrassier sauvé, frappe le tambour, et sa petite voix douce et maigre s'élève, aiguë, mais merveilleusement attirante, à travers la nuit.

"J'ai besoin de Toi à chaque heure, Seigneur Très Miséricordieux !"

Il n'est pas difficile de comprendre maintenant pourquoi la foule a suivi ; sa voix est comme celle d'un enfant perdu dans la forêt, mais courageuse et sûre d'une protection ultime ; cela fait un curieux effet de campagne et de haies. Ils écoutent avec attention, ils aiment ça.

" Viens, Margarita, je crois que nous devrions partir. La foule devient de plus en plus nombreuse. Les gens nous regardent. "

"Non, non, Jerry, laisse-moi tranquille ! Oh, vois la pauvre femme, elle est trop malade pour chanter ! Elle a perdu la voix, tu le sais ?"

Et c'est ce qu'elle a fait. Avec une prise à la gorge et un regard pathétique vers l'orateur, le petit lieutenant secoue la tête et reste muet. Il la fait asseoir adroitement sur un tabouret de camp à côté du batteur, lui tapote l'épaule, envoie un sympathique rat de gouttière au visage de voleur sournois chercher de l'eau et se tourne vers la foule.

"Allez maintenant, mes amis, le lieutenant avait perdu votre voix et essayait de vous sauver ! Ne pouvez-vous pas intervenir, certains d'entre vous ? Si certains d'entre vous voulaient bien chanter un peu avec nous, maintenant, peut-être que nous serions capables de ramener *une* âme à Christ avec nous ce soir. Vous ne pouvez pas chanter ?"

"Je chanterai!" dit quelqu'un près de moi – et c'est Margarita !

Je serre violemment sa cape, mais elle glisse dans ma main et elle est au tambour, et le chemin qui s'est ouvert pour elle se ferme pour moi, et je me bats en vain pour l'atteindre... Oh, ce doit être un rêve !

"J'ai *besoin* de toi toutes *les heures* ..."

Ah-hh ! La foule soupire avec la vieille joie familière, la magie de la voix dorée glisse comme un voile sur les angles cruels de leurs vies brisées et de leurs brumes et adoucit tout.

Elle a un bout de papier imprimé à la main et le lit sérieusement ; quelqu'un tient le transparent près de son épaule pour éclairer – ses épaules blanches, nues à Trafalgar Square !

ILS SONT TOUJOURS COMME LA MORT, EN TRANSÉE DANS CES CLOCHES LIQUIDES

"J'ai *besoin* de toi à chaque *heure* ,
Seigneur
très *miséricordieux* , aucune voix *tendre comme la tienne*
ne peut me permettre *la paix* ..."

Ils sont toujours comme la mort, en transe dans ces sonneries liquides. Le grand tambour frémit, comme il frissonnait autrefois, tam-tam, à travers le désert africain ; le vieux frisson primitif se glisse dans mon sang – mon Dieu, est-ce de la peur ? Est-ce de la superstition ? *Est-ce la religion ?*

"J'ai *besoin* de toi, oh, j'ai *besoin* de toi !"

La femme sanglote comme une âme damnée à côté de moi ; un homme tousse d'une voix rauque. Personne ne l'arrêtera-t-il ? Ils m'ont coincé à tel point que je ne peux plus respirer, je les sens se rassembler dans les rues voisines. Et elle se tient là, du sang corail sur son cou nu, le foulard tombé de ses cheveux noirs, la supplication de toute l'humanité déversant un grand flot de mélodie angoissée de sa gorge blanche.

"J'ai *besoin* de toi oh, j'ai *besoin* de toi,
à chaque *heure* j'ai besoin de toi !"

Le tambourin frémit barbareusement sous le flot doux de sa voix : c'est le fracas picotant des Mystères grecs — et je l'avais trouvé vulgaire !

J'entends tinter les cabines. Que dira Roger ? Il les tuerait tous, s'il le pouvait, je le sais, et pourtant personne ne lui ferait mal à un cheveu de la tête – et n'appartient-elle pas au public ?

Dieu sait que les pauvres diables ont besoin de quelque chose – est-ce donc cela ? Est-ce une chose réelle ? Est-ce que les gens se battent pour cela comme ça ? Car cette Voix impérieuse souffre pour quelque chose et le tambour est le battement de son cœur.

« Dieu est terriblement dur avec les femmes », gémit la pauvre créature à côté de moi, et voilà, le petit lieutenant muet est miraculeusement à ses côtés, et comme un kaléidoscope changeant, la foule les laisse passer et elle s'agenouille, tremblante, près du tambour.

Leurs visages blancs s'empilent devant moi ; dessinés, loups, brutaux dans les lumières flamboyantes qu'ils scrutent, haletent et sanglotent, comme des habitants grossiers d'un autre monde - attends un peu, Jerry, c'est quand même ton monde, et peut-être en es-tu responsable ? Pouah!

"J'ai *besoin* de toi..."

"Mon Dieu, c'est la petite Joséfa !"
La voix anglaise claire traverse le silence et,
"Quelle alouette !" répond une basse plus profonde.
C'est aujourd'hui un personnage très important et très conventionnel, ce dandy rose et élancé, avec cinq filles adultes et une circonscription ; mais si, par hasard, il lisait ceci, je parierais qu'il oublie un instant ce qu'il regarde réellement et voit, sur fond d'ombres noires et de brouillard nocturne montant de Trafalgar Square, une belle femme en robe noire ornée de coraux rouges soulevée vers un tumulus vide par deux dandys enthousiastes et tenu là par un gigantesque garde – le meilleur escrimeur d'Europe, autrefois !

Oh, Bertie, la très honorable maintenant, la toujours honorable alors, sais-tu qu'il y avait des larmes sur tes joues roses ? Et votre noble ami, qui a détruit le lendemain son établissement de St. John's Wood et fondé le Petit Ordre des Fils de Saint François, sait-il que le coup de foudre qui l'a aveuglé comme Saul de Tarse et l'a fait chanceler de Piccadilly jusqu'aux bidonvilles, éclaira un instant, en tombant, le chemin d'un célibataire américain hébété et rhumatismal, qui voyait la terreur dans ses yeux et la sueur sur son front alors qu'il tenait son coin du tumulus et que Margarita le conduisait à son Dieu ?

"À chaque *heure* , j'ai *besoin* de toi..."

Le brouillard nous enveloppe, les lumières éclatent à travers une mer de brume ; l'honorable Bertie sort un fiacre, apparemment de sa poche, et la gravure sauvage et sombre est effacée comme une image d'enfant sur une ardoise.

Margarita s'endort sur mon épaule, je reprends progressivement mon contrôle philosophique habituel et je réalise, maintenant que les échos de cette supplication angoissante ont cessé de perturber mon âme, que la femme à côté de moi n'est même pas chrétienne, techniquement parlant, et ne savait pas , littéralement, ce qu'elle a fait !

La magie de la Voix Dorée – ah, quelle magie peut y faire face ? De tous les tableaux qu'elle a peints pour moi sur ces murs miraculeux aux tissus gris où vit la mémoire, cette étrange esquisse aux teintes grossières, très Hogarth dans ses contrastes impitoyables, se démarque le plus clairement. La nuit, quand je ferme les yeux et pense « Londres », alors cette pauvre sœur de la rue me gémit que « Dieu est terriblement dur avec les femmes », et se fraye un chemin jusqu'à Margarita – qui a été favorisée plus que la plupart des femmes, et ne connaît pas Dieu – du moins, pas cette divinité implacable des bidonvilles de Londres ! Chaque fois que j'entends ou lis l'expression « Armée du Salut », je vois un jeune exquis avec un camélia blanc à la boutonnière, regardant comme un voyant indien hypnotisé un transparent grossier maculé de textes peu convaincants, puis se précipitant pour fonder un ordre célibataire. de Marguerite, qui n'était pas plus célibataire que Cérès la généreuse !

Eh bien, la Voie est un mystère, comme l'a dit Alif, et qui suis-je pour espérer le résoudre, alors que les rois et les philosophes ont échoué ? En tout cas, mes photos sont en sécurité.

CHAPITRE XXIX

LE DESTIN S'AGIT DE SON ÉPUISETTE

Elle chanta ses rôles français en Allemagne et trois fois dans *Siegfried* , et se préparait de nouveau pour Paris lorsqu'une longue lettre d'Alice Carter nous suppliait tous de venir à Boston le plus vite possible. La vieille Madame Bradley avait été soudainement frappée de paralysie. Un côté de son corps était hors de tout mouvement, mais l'autre n'était pas encore affecté, et par une série de questions, ils avaient découvert qu'elle voulait voir Roger – et la femme de Roger – avant de mourir. Cela ne suffisait pas non plus, car la vieille créature fière et affligée, quand son ingéniosité avait échoué, traçait de la main gauche sur une ardoise, avec un effort infini, mes initiales : visiblement elle voulait faire sa paix dans ce monde avant de le quitter.

Margarita s'est un peu opposée et, pour ma part, je devrais être le dernier à lui en vouloir. Une meilleure connaissance du monde et surtout sa connaissance de Walter Carter, qui n'hésitait pas à blâmer sa belle-mère, lui avaient appris à apprécier la négligence de Madame Bradley, et son sentiment de mort n'avait rien du respect sacré que l'habitude engendre en nous. - du moins extérieurement. Elle venait tout juste de commencer à étudier *Lohengrin* et une charmante semaine dans un *château français* avec Sue lui avait donné le goût de la société qu'elle aimait et ornait si bien. Elle a suggéré que Roger et moi partions seuls, la laissant avec Sue, et nous (Sue et moi) avons tremblé du résultat, car elle nous semblait plutôt déterminée.

Mais nous n'avions pas suffisamment compté sur le sens de Roger du bien et du juste. Ce qui pourrait être considéré comme une atteinte à ses prétentions personnelles, il pouvait le supporter patiemment ; ce qui était dû à sa famille et à sa position, il ne pouvait pas l'ignorer. En silence, il annula les premiers contrats de Margarita, obtint le passage et renvoya les domestiques.

"Soyez prête à naviguer samedi, *chérie* ", dit-il, "je veux beaucoup que ma mère vous voie, et Mary aussi."

"Très bien", dit Margarita, les yeux ronds et la respiration rapide, et Barbara Jencks frappait sans bruit dans ses mains. Elle adorait Roger, comme d'ailleurs tous ses serviteurs et personnes à sa charge.

Nous sommes arrivés à Boston avec les premières neiges et, même si le visage de sa mère était ferme et sa main ferme lorsqu'elle la posait sur sa tête, je pense qu'ils se comprenaient et étaient reconnaissants de tout leur cœur pour cette heure de réconciliation. Pour Margarita, la silhouette majestueuse aux cheveux argentés, aux traits immobiles et au regard fixe et retiré, avait un charme inattendu et inexplicable. Elle embrassa volontiers Madame Bradley, posa la petite Mary sur ses genoux et séduisit l'enfant avec toutes les ruses gracieuses pour qu'elle rie, chante et expose son petit vocabulaire. Elle chantait d'heure en heure, de sorte que la maison sombre, désormais éclairée pour la santé du bébé, résonnait de ses belles notes. Les Bradley, les Sears et les Wolcott affluèrent à sa rencontre et répandirent sa renommée et son charme à l'étranger ; et Roger oublia un moment le fardeau qu'il portait et se retrouva à nouveau lui-même. Même Sarah a capitulé, et cela aussi peu de temps après. Je l'ai vue essuyer une larme alors qu'elle regardait Madame Bradley soulever avec beaucoup d'effort son doigt blanc et froid et tracer le contour du visage de son petit-enfant : la petite Mary était l'image de son père et d'un beau Bradley, avec seulement les mouvements rapides de sa mère. et un sourire mobile pour rappeler cet aspect de son ascendance.

Bien sûr, Madame Bradley n'était ni démonstrative, ni même cordiale, d'un point de vue ordinaire, mais de son point de vue, et à la lumière de ce que nous savons d'elle, il y avait une énorme différence. Elle avait déjà offert à la petite Mary une belle croix en diamant et le célèbre service à thé en argent Bradley. Sarah aussi s'était merveilleusement adoucie et semblait penser que puisque sa tante n'était pas morte, il lui incombait de payer sa dette envers le ciel en enterrant la hache de guerre. Je ne pense pas avoir jamais vraiment rendu justice à Sarah, en ce qui concerne ses sentiments pour Madame Bradley : elle semblait profondément et sincèrement attachée à elle et était malade d'anxiété lorsque l'accident vasculaire cérébral l'a emportée. Elle partageait parfaitement les sentiments de la grand-mère à l'égard du bébé, et le bon goût de Margarita en présentant à Roger un Bradley si parfait était mis à son honneur avec une justice vigoureuse. Car elle n'a jamais pardonné à la pauvre Alice les petits Carters bruns. Les enfants d'Alice ressemblaient à leur père, et ceux de Sue (presque petits-enfants, dans cette maison) étaient maladifs et relativement peu attrayants ; mais la fille de Margarita, d'une santé parfaite, belle comme un bébé ange, active, audacieuse et d'une affection enchanteresse, satisfaisait complètement l'orgueil de la vieille dame et elle restait assise pendant des heures, contente, à la regarder s'étendre sur une couverture indienne posée sur le sol.

Ou bien le confort des relations renouvelées avec ses enfants a amélioré sa santé, ou bien la fatalité du choc a été surestimée, car elle n'est pas morte, ni à ce moment-là ni avant de nombreuses années, mais a vécu, peut-être plus heureuse dans son affliction qu'avant, grâce au lien entre elle et Roger et Mère Marie, renforcée lorsqu'elle se préparait à la mort, ne s'est plus jamais relâchée, et plus d'une fois, une silhouette en robe noire et coiffée de blanc a visité la maison de son père comme une ombre élancée et a emporté avec elle l'une des plus grandes bénédictions de l'Église, sans aucun doute : la guérison des vieilles blessures et la restauration des amours humaines.

neuvième partie

DANS LEQUEL LA RIVIÈRE TROUVE LA MER

Comme un serpent blanc sur le sable
Elle se tord dans l'écume croustillante,
Elle tient son âme dans ses mains ouvertes,
Et maintenant elle chancelle et maintenant elle se tient debout,
Et maintenant elle court vers la maison de son mari !

J'ai vu une femme au repos,
Qui chante le bébé sur ses genoux,
Elle se couche sur le sein de son bon homme
, Aussi douce qu'un oiseau au nid,
La sirène a sauvé son âme de la mer !

Sir Hugh et les sirènes.

CHAPITRE XXX

UNE TERREUR DANS LA NEIGE

Eh bien, ils restèrent presque un mois dehors, puis Roger eut envie de voir l'île en hiver, et moi, serrant contre ma poitrine la conscience de cette fournaise, je me laissai facilement persuader de les accompagner : nous sommes en janvier, février et mars. qui me punissent si terriblement dans le Nord, et en réalité seulement les deux derniers. J'avais trouvé Margarita un peu *dérangée* et froide envers nous tous, vers la fin, et je craignais qu'elle n'en veuille pas à son exil : elle a fait un court voyage à New York, accompagnée, bien sûr, du fidèle Jencks, et j'ai eu des visions d'Américains. contrats, mais Roger n'en a jamais parlé – il ne lui a même pas demandé pourquoi elle y était allée, je crois, elle détestait ainsi qu'on l'interroge.

Nous avons trouvé tout en excellent état (j'avais écrit à l'avance pour allumer le four) et il fallait voir la tête de Roger lorsqu'il a remarqué les caisses dans la grande salle ! Comme celui d'un garçon lorsqu'on lui joue un tour bon enfant. Supposons que nous n'en ayons pas eu, ni le charbon : cela me fait froid maintenant d'y penser.

Je trouve que je ne peux pas en parler de manière très complète, après tout, et je dois être pardonné si je coupe court. C'est un peu trop proche, pourtant, après toutes ces années. Je sais que je ne veux plus jamais revoir la neige : c'est le bleu-blanc le plus cruel du monde.

Nous nous sommes arrêtés la nuit, bien sûr, et le matin, Roger et Margarita sont allés se promener sur la croûte, car il avait neigé toute la nuit et la veille au soir - les gros nuages gris et gras en étaient pleins - et nous pensions que nous nous allions connaître une autre tempête de neige comme celle de l'année dernière. Cela s'était un peu calmé, comme on dit là-bas, mais Roger avait peur de risquer de s'en aller jusqu'à ce que cela soit définitivement terminé, alors ils sont allés se promener et j'ai discuté avec Miss Jencks près du feu. Ils étaient partis depuis environ une heure lorsque nous avons entendu un grand grattement et des gémissements à la porte (j'ai cru un instant que c'était Kitch) et Rosy a bondi à l'intérieur, claquant des dents et jetant un regard craintif. Nous avons tous deux bondi et il s'est précipité vers moi et a attrapé ma manche entre ses dents - pendant un moment, je l'avoue, je me suis senti un peu bizarre, car je l'avais vu lancer Caliban et le retenir - puis, alors que je reculais, il a dit : le hurlement le plus déchirant que j'aie jamais entendu, et je me suis retourné sauvagement, et à ce moment-là, j'ai soudainement senti que quelque chose se passait et que j'étais recherché. Miss Jencks l'a ressenti exactement à ce moment-là aussi et a couru chercher mon manteau avant que je le lui demande.

Elle dit que j'ai dit,

"Où sont-ils, mon vieux ? Va chercher !" mais je ne m'en souviens pas. Je sais qu'elle a dit à voix basse :

"Je ne serai d'aucune utilité - je ne peux pas courir - mais j'aurai tout prêt", même si elle dit que j'ai dû l'imaginer.

Rosy a franchi la porte en courant et je l'ai suivi — elle a eu la bon sens de m'apporter mes lourdes surchaussures arctiques, sinon j'aurais dû glisser en une minute — et j'ai couru sur une cinquantaine de mètres.

Puis quelque chose m'a arrêté. D'où cela vient, *qu'est-ce qui* l'a fait, je ne le sais pas et je ne le saurai jamais, mais je jure que j'ai entendu une voix basse et distincte près de moi (pas un cri, remarquez, mais une voix douce et rauque) disant :

"Prends une corde. Prends une corde."

J'ai vérifié comme un cheval effrayé et j'ai failli tomber.

"Prends une corde", ai-je encore entendu, " *prends une corde* ".

Puis, me maudissant d'être un imbécile, je me suis retourné, Rosy me montrant les dents, et je me suis précipité en arrière (tous ces précieux mètres !) Et j'ai attrapé un tas de corde que Caliban avait sorti pour attacher de grosses bûches pour le transport et abandonné sous les combles à notre arrivée sur l'île. Rosy était désormais loin devant, mais il avait traversé la croûte à intervalles réguliers et c'est grâce à cela que je l'ai suivi.

Je me suis penché sur la berge et j'ai pleuré parce que j'étais là, mais elle ne s'est jamais arrêtée – c'était terrible.

Soudain, le vent - il soufflait un vent constant derrière moi - tourna et j'entendis une succession de cris terribles, de grands cris rauques et aigus, qui ne ressemblaient à rien d'humain et pourtant qui ne ressemblaient à aucun animal. C'étaient des cris muets et déchirants, et j'ai répondu, contre le vent frontal,

"J'arrive ! J'arrive ! Attends ! J'arrive !" jusqu'à ce que je tousse, que je m'étrangle et que je doive m'arrêter.

Comme j'ai couru ! Je ne l'ai jamais fait auparavant et je ne pourrai certainement plus jamais le faire. Les traces de Rosy se courbaient et se tordaient, et j'avais l'impression de perdre du temps, mais je n'osais pas risquer de les manquer, car je me rapprochais progressivement de cette horrible voix, même si elle résonnait de sorte que j'aurais dû être impuissant sans aucun autre guide.

Eh bien, je les ai trouvés. Roger jusqu'aux épaules dans l'eau glacée, la tête en arrière, blanche, sur son bras, et elle jusqu'à la taille sur une corniche glissante sous le point culminant de la berge — la berge que j'ai fait sauter ! Elle était, je le voyais, accrochée sur une pointe déchiquetée par sa lourde jupe de laine (elle était confectionnée à Londres, Dieu merci !) et devait d'ailleurs lui coincer le pied d'une manière ou d'une autre, car elle supportait tout son poids ; ses lèvres étaient bleues. Elle portait une cape rouge sang, toute joyeuse et digne de Noël sur les rebords blancs, et ses cheveux flottaient au vent. Sa tête était rejetée en arrière comme celle d'un chien et des cris à glacer le sang en sortaient ; ses yeux étaient fermés. De temps en temps, Rosy aboyait à côté d'elle, grattant la neige, et là où l'eau n'était pas gelée dans les bassins protégés, elle tourbillonnait comme un course de moulin autour des méchants rochers pointus.

Je me suis penché sur la berge et j'ai pleuré que j'étais là, mais elle ne s'est jamais arrêtée – c'était terrible. Finalement, j'ai fabriqué un nœud coulant et j'ai réussi à le lui lancer par-dessus la tête – Roger m'avait appris à faire ça à l'école, il y a vingt ans – et cela l'a arrêtée, lui a frappé la joue et elle a ouvert les yeux.

"Mettez-le sous ses bras, pouvez-vous ?" J'ai pleuré, et après plusieurs efforts, car elle était presque gelée, la créature courageuse et intelligente a pleuré, et je l'ai contournée autour d'un arbre à la lisière. Puis je m'arrêtai, haletant, car je réalisai que je ne pouvais plus faire. La course m'avait fait perdre toute ma force – je n'aurais pas pu traîner un chat – et elle se trouvait à un peu plus d'un pied en dessous de moi !

Je ne peux pas écrire à ce sujet. Mes bras me font mal maintenant, tout comme mes épaules infernales me faisaient souffrir alors de cette douleur paralysante et engourdie.

"Écouter!" J'ai pleuré, car elle avait recommencé à crier : « Écoute, Margarita, ou je te bats ! Est-il inconscient ?

Elle acquiesça.

"Pouvez-vous tenir cinq minutes, avec son poids disparu ?"

Elle cligna des yeux dans une sorte d'assentiment stupide.

"Pourriez-vous en prendre dix ? Êtes-vous bien préparé ?"

Elle cligna de nouveau des yeux et, inspirée, je plongeai ma main tremblante dans la poche de mon pardessus et en sortis une flasque de cognac. Miss Jencks l'avait pris dans le buffet.

Je l'ai attaché dans mon mouchoir, je l'ai ouvert et je l'ai balancé vers elle, et elle a passé ses lèvres autour et l'a toussé. Il a agi instantanément et elle a pu bouger un peu, et tandis que je l'encourageais, et après plusieurs échecs déchirants, qui ont failli renverser tout l'eau-de-vie, elle l'a mis dans sa bouche entre ses dents, tandis que son gros corps se balançait dans le nœud coulant. Elle lui coulait sur le menton et le long du cou, mais une petite quantité pénétrait et ses paupières tremblaient. Bientôt, il toussa et je n'osai plus attendre une seconde.

"Je vais chercher Caliban," dis-je très distinctement, "nous allons vous retirer dans quelques minutes. Laissez-le tranquille et accrochez-vous, vous entendez ? Ne criez plus, vous êtes en sécurité. Versez tout le cognac. en lui... dites-lui qu'il est attaché solidement. N'essayez pas de bouger, vous pourriez glisser et déchirer votre jupe. Attendez !

Puis je leur ai tourné le dos et j'ai couru, ou plutôt j'ai trébuché. Je me suis penché et j'ai d'abord embrassé son front.

Je me souviens avoir marmonné : « Je n'ai jamais demandé auparavant : si vous ou quelqu'un êtes là, sauvez-les ! Prenez-moi et sauvez-les ! et puis je suis tombé encore et encore....

C'était pas trop long. Caliban arrivait avec son grand traîneau en bois et d'autres cordes et couvertures, et lorsque je l'aperçus, la pensée la plus extraordinaire me vint à l'esprit, qui fonctionna avec une clarté épouvantable, car je les voyais se raidir, s'enfoncer et s'éloigner à chaque seconde. . Rosy a aboyé à ce moment-là, et alors que mon cœur se serrait, car je pensais qu'ils étaient partis, je me suis soudain rendu compte quel devait être le nom de Rosy !

"C'est *Rosencrantz* !" J'ai marmonné, "et celui que Margarita insiste sur le fait qu'il s'appelait 'Gildy' était *Guildenstern*, et ils étaient les amis *d'Hamlet* - pauvre Prynne!" Ce n'était peut-être pas idiot : j'ai ri en trébuchant !

Eh bien, ils étaient là, et Roger se contentait lui-même de frapper un peu avec ses pieds et d'éviter de nous gêner, s'il ne pouvait pas grand-chose. Je lui ai confectionné un autre nœud coulant, et elle s'y est accrochée pendant que Caliban le traînait — l'homme avait la force d'un bœuf et montrait une dextérité merveilleuse — et plus tard rampait sur les rochers et lui coupait la jupe avec son grand couteau à fermoir. C'était elle qui était la plus difficile à déplacer, car son pied était coincé : c'est tout cela qui l'a sauvée. Je pensais qu'on devrait lui casser la cheville avant de pouvoir l'avoir.

Nous les avons déposés sur le traîneau, enveloppés dans des couvertures, avons versé encore du cognac, et Caliban y a attaché Rosy par son col — un vieux truc de lui, semble-t-il — et ils nous ont tous traînés à la maison, car mes jambes sans valeur ont complètement lâché.

Miss Jencks et Agnès les ont frottés et leur ont donné un bain de moutarde et j'ai écrit des télégrammes pour que Caliban les prenne dans la chaloupe - je les ai écrits de mon mieux dans les griffes d'un violent froid, avec mes dents comme des castagnettes et mes mains paralysées - et même pendant que je l'écrivais, je me suis rendu compte que Margarita avait répété de façon monotone, tout au long du chemin du retour, d'une voix rauque et douloureuse (mais, heureusement, basse) « prends une corde, prends une corde, prends une corde ».

C'est la voix que j'avais entendue qui m'a fait revenir !

Elle allait bien, mais elle était très faible, endolori et avec un peu de fièvre — pas beaucoup. Au bout d'une heure, elle fut parfaitement consciente de tout et nous en raconta : elle avait glissé et Roger s'était cogné la tête et s'était efforcé de la poursuivre. Elle croit l'avoir tenu sous les bras dix minutes, en criant tout le temps ! Elle a finalement renvoyé Rosy, même si au début il a refusé de partir.

Roger a déliré pendant cinq jours et a été très gravement malade pendant trois semaines : c'était une double pneumonie. Miss Jencks l'avait déjà vu et ce sont ses mesures rapides avant que nous puissions trouver le médecin ou Harriet qui l'ont sauvé, pensent-ils. C'était un mauvais âge pour la pneumonie ; Harriet a dit qu'elle aurait préféré laisser Margarita s'en sortir. Elle emmenait avec elle une diaconesse du petit dispensaire et l'une ou l'autre le surveillait comme un chat à chaque seconde, pendant trois semaines. C'était un cas d'infirmière, dit le médecin, même s'il s'est arrêté la première semaine.

Quand Margarita revint à elle au bout d'une heure environ, elle me demanda, et tandis que je m'agenouillais près de son lit et qu'elle tournait vers moi ses grands yeux, je retins mon souffle, car je regardais une femme nouvelle. Je ne peux pas mieux le décrire qu'en disant qu'elle avait une âme ! Il y avait toujours eu quelque chose qui manquait, voyez-vous, même si je ne l'aurais jamais admis si elle ne l'avait pas compris à ce moment-là. Mais c'était là.

C'était bien pathétique, ces premiers jours où Roger délirait : elle le déliait presque elle-même. Et pourtant, ce n'était pas entièrement du chagrin : il y avait une raison précise à cela, que nous ressentions tous, d'une manière ou d'une autre, mais elle ne voulait pas la lui donner.

"Est-ce qu'il ne me connaîtra pas pendant une minute, une petite minute, Harriet ?" elle suppliait, si pitoyablement, et Harriet la calmait et essayait de lui redonner espoir. Le cinquième jour, il était très déprimé et le médecin nous a dit de nous décider à tout : il n'avait pas dormi de la nuit. J'ai pris Harriet par les épaules et lui ai demandé si elle ne pouvait pas le rendre conscient – avant. Je ne sais pas pourquoi je lui ai demandé et pas au médecin, mais je l'ai fait. Elle m'a promis qu'elle essaierait (je pense qu'elle avait elle-même presque perdu espoir) et à trois heures du matin, elle m'a appelé et m'a dit que j'aurais peut-être une chance, qu'il pourrait nous connaître un instant. Margarita était près du lit : son visage avait de quoi briser le cœur.

« Seulement une minute, Harriet – seulement une petite minute ! » elle a supplié comme un bébé. Je ne sais pas quel vœu insensé je n'ai pas fait... Il ouvrit les yeux et ils tombèrent sur elle. Elle posa sa main sur son front et dit très clairement.

"Écoute, Roger, tu dois écouter. C'est moi... Margarita, *Chérie* , tu sais. Tu entends ?"

Ses yeux semblaient un peu conscients, et Harriet tenait son pouls et glissait quelque chose dans sa bouche. En un instant, nous avons tous su qu'il nous connaissait.

"Maintenant, dites une chose, Mme Bradley : vite !" » murmura Harriet.

Margarita se pencha comme un éclair et lui murmura très vite à l'oreille : tout son corps était tendu. Il fallait voir ses yeux : c'était encore le vieux Roger ! Je pouvais voir sa main presser la sienne et elle l'embrassa juste au moment où le flash passait, et il se remit à marmonner.

Harriet la repoussa et posa sa main sur son front, puis fit un signe de tête à la diaconesse.

"Appelle le docteur!" » dit-elle brusquement, et je crus que c'était fini....

Mais c'était le tour, et après cela, à coups de cheveux et de cheveux, ils l'ont arrêté.

"Maintenant, il le sait, Jerry", m'a dit Margarita avant de se coucher elle-même.

C'est une bonne semaine plus tard, alors que le médecin était parti et que nous respirions tous à nouveau naturellement, qu'Harriet m'a demandé brusquement si j'avais remarqué la voix de Mme Bradley. J'ai dit oui, qu'il était encore décidément rauque. Elle me regarda si tristement, si étrangement, que mes nerfs sursautèrent – nous étions tous sur les nerfs depuis un mois – et je lui ordonnai assez sèchement de dire ce qu'elle voulait dire et d'en finir.

"Est-ce que sa voix est blessée ?"

"J'en ai peur, oui," dit-elle doucement.

"Mais sûrement du temps, du repos et un traitement approprié", ai-je commencé, mais elle secoua la tête.

"Le médecin lui a examiné la gorge avant de partir", a-t-elle déclaré. "Bien sûr, il n'avait pas de laryngoscope avec lui, mais il n'en avait pas vraiment besoin. Les cordes vocales sont toutes tendues. Il a dit que les spécialistes pourraient l'aider et éliminer une grande partie de l'enrouement, mais qu'à son avis, elle ne supportera plus jamais la tension du chant public : il pense que l'excitation à elle seule paralyserait les cordes.

"Qui doit lui dire?" Dis-je doucement.

Vous voyez, nous étions tous tellement tendus que nous ne pouvions plus utiliser notre énergie en exclamations ou en regrets.

"Je pensais que tu pourrais le faire", dit-elle, mais je secouai la tête.

"Miss Jencks…" commençai-je, mais il apparut que Miss Jencks ne se sentait pas à la hauteur. Alors Harriet lui a dit, bien sûr, sur le principe que quand on a une lourde charge, autant en porter un peu plus, je suppose.

Et après tout, ce n'était pas si mal ; car Marguerite est venue me voir un peu plus tard et m'a dit qu'elle le savait depuis toujours !

"Mais, bien sûr, cher enfant," dis-je avec espoir, "le docteur... n'est pas un spécialiste de la gorge, vous savez, et nous ne pourrons essayer certains de ces types célèbres qu'un peu plus tard. Peut-être dans un an ou deux..." "

"Tu es très gentil avec moi, Jerry", dit-elle, "mais cela ne sert à rien. Je sais. Je ne chanterai plus jamais. Je suis désolée, parce que..."

"Désolé?" J'ai pleuré : "Eh bien, bien sûr, tu es désolé ! Que veux-tu dire ?"

"Parce que," continua-t-elle placidement, "ce ne sera pas grand-chose à donner à Roger."

"Donner Roger ?" J'ai bêtement répété : "Comment 'donner Roger' ?"

"De toute façon, je n'allais plus chanter", a-t-elle déclaré.

Pendant un moment, j'ai été abasourdi, puis la simplicité de tout cela m'a envahi.

"Eh bien, Marguerite !" J'ai pleuré – et c'est tout le commentaire que j'ai jamais fait.

"C'est ce que je voulais lui dire alors qu'il ne me connaissait pas", a-t-elle expliqué. "Je—j'allais lui dire la nuit—la nuit où cela s'est produit."

"Et est-ce qu'il le sait maintenant ?"

"Bien sûr. C'est pourquoi il s'est rétabli", dit-elle promptement.

Et tu sais, je ne suis pas sûr qu'elle ait tort ? Cette vie le tuait – je veux dire qu'elle transgressait ses instincts, ses sentiments et ses croyances, dans tous les sens.

Il n'y avait aucun doute qu'elle le pensait vraiment. Elle n'a plus jamais évoqué le sujet.

Il voulait qu'elle voie quelqu'un d'autre au sujet de sa gorge, mais elle refusa catégoriquement de quitter l'île avant qu'il ne soit hors du lit - Sarah arriva avec le bébé deux semaines plus tard - et ils restèrent assis près de lui toute la journée, tous les deux, et il lui lâcha à peine la main. Il avait beaucoup changé sur un point : ses cheveux étaient plutôt argentés. Mais c'était très convenable.

Je ne suis parti que lorsque je l'ai vu en robe de chambre dans une chaise longue près du feu. Harriet est retournée à son hôpital, et quand Roger a été prêt, ils sont allés un peu dans le Sud avant qu'il ne recommence à travailler.

La veille de mon départ, il a fait une chose étrange – l'une des deux ou trois choses sentimentales et peu pratiques que je lui ai jamais vues faire dans sa vie. Il m'a demandé de lui apporter son histoire de Napoléon — elle avait été mise par erreur dans leurs bagages — et l'a volontairement mise au cœur du feu ! J'ai crié et je me suis penché pour l'arracher – en pensant au travail que cela représentait ! – mais il a posé la main sur mon bras.

"Ne le fais pas, Jerry, je déteste chaque page !" il a dit.

Eh bien, je me demande depuis vingt ans si peut-être ils parleront de tout cela un jour. À l'époque, nous avons tous agi comme si c'était la chose la plus naturelle au monde pour Margarita de s'installer comme femme de ménage - peut-être *quand* Nora *aura* fini ses études sur la vie (car j'ai lu Ibsen de Sue, voyez-vous), c'est-à-dire ce qu'elle a fait, après tout !

En tout cas, je l'espère franchement. Car si toute la sagesse, l'expérience et la formation que le sexe merveilleux doit acquérir par son exode du foyer ne finissent pas par y revenir, je ne vois pas vraiment (dans ma stupidité masculine) comment il va revenir dans le monde. course du tout ! Et puis à quoi cela a-t-il servi ? J'espère que M. Ibsen le sait !

CHAPITRE XXXI

LE DESTIN VIDE SON CREEL

[DE SUE PAYNTER]

PARIS , 10 février 189—

JERRY CHER :

Que dois-tu penser de moi pour avoir tardé si longtemps à t'écrire, après les quelques mots brefs que je t'ai trouvés cette nuit-là ? J'espère que tu sais que quelque chose a dû me retenir et m'avoir déjà pardonné. La pauvre petite Susy est tombée très malade la nuit où vous avez navigué, avec de violentes douleurs et une forte fièvre. Heureusement, il y a ici un bon médecin américain, le docteur Collier, et nous l'avons sauvée, même si cela semblait douteux à un moment donné. Le médecin a décidé qu'elle souffrait d'une appendicite (je n'en avais jamais entendu parler auparavant) et l'a immédiatement opérée, ce qui lui a sans aucun doute sauvé la vie. Il semble que Mère Nature ne soit pas aussi intelligente que nous l'avons toujours pensé et qu'elle ait laissé quelque part une petite *impasse très dangereuse* , qui ne devrait pas être là, alors la science moderne l'a éliminé. N'est-ce pas étrange ? Le médecin vient de venir l'opérer quelque part en Allemagne ; il était l'assistant du Dr McGee, que vous avez envoyé dans le Sud, et il ne tarit pas d'éloges sur le magnifique travail qu'il y accomplit. Il fut très intéressé de découvrir que je savais tout et que c'est oncle Morris qui approvisionnait le dispensaire. Le monde n'est-il pas petit ?

J'espère que vous ne vous sentez pas trop mal à propos de Margarita, non. Bien sûr, je comprends ce que la scène a perdu, et vous avouerez que j'étais aussi inquiet que quiconque pour sa carrière, même lorsque j'étais le plus désolé pour Roger. Je voulais qu'elle ait ses droits en tant qu'artiste. Mais si *elle* n'en veut pas, ah, c'est une tout autre paire de manches. Elle m'a envoyé sa dernière photo et les yeux sont tout ce dont j'ai besoin. Bien sûr, je n'ai pas d'avenir aussi brillant à sacrifier, mais si c'était le cas, je suis sûr que j'en jetterais une douzaine au moulin à vent pour deux yeux comme les siens aujourd'hui !

Je ne sais pas pourquoi j'avance à ce rythme et pourquoi j'évite l'objet principal de cette lettre. Je dois m'y plonger, je suppose, et en finir.

Ne pense pas que je n'apprécie pas toute ta gentillesse, ton offre généreuse, Jerry. J'y ai pensé si souvent et si longtemps avant de vous donner cette réponse brusque. Et cela m'a tenté pendant un moment — en effet, c'était le cas. Je pense, comme tu le dis, que nous pourrions voyager très confortablement ensemble et que nous avons beaucoup de mêmes goûts —

je ne connais personne d'aussi sympathique que toi. Quant à « soigner un voyageur rhumatismal d'âge moyen à travers des climats hivernaux variés », c'est absurde, et vous le savez, même si je serais assez heureux de le faire, si c'était le cas . c'est vrai, dans la mesure où cela va. Je sais tout ce que vous feriez pour les enfants et combien vous seriez gentil avec eux. Mais pour être tout à fait franc, je n'aime pas cette partie. Je ne pourrais jamais aimer les enfants d'une autre femme (surtout si j'aimais leur père) et je ne peux pas comprendre les femmes qui le font. J'imagine donc toujours un homme dans la même situation. Et je ne peux m'empêcher de penser, Jerry, que si tu m'aimais *vraiment* – si tu m'aimais dans le sens fou de ce monde épouvantable, je veux dire –, tu ne parlerais pas si gentiment des enfants : comment le pourrais-tu ? Comment un homme pourrait-il le faire ? Je ne le pourrais pas, si j'en étais un !

Mais c'est très injuste, parce que tu n'as jamais dit que tu m'aimais de cette façon – n'imagine pas un instant que je le pense. Jerry cher, mon meilleur ami maintenant, car je ne dois plus compter sur Roger, tu penses que je suis aveugle ? Pensez-vous que je suis aveugle depuis trois ans ? Et me considérerez-vous comme un imbécile romantique et vaniteux quand je dis cela, à moins que je – même moi, une veuve et un larbin, qui ai terriblement blessé un homme bon et qui ai été bien puni pour cela ! – puisse avoir le genre d'amour que vous ne pourrez jamais donne-moi, parce que tu l'as donné à quelqu'un d'autre il y a trois ans, je ne veux pas accepter ta généreuse gentillesse ? Tu vois, je sais comment tu peux aimer, Jerry, tout comme je vois maintenant que je n'avais jamais su comment Roger pouvait le faire jusqu'à il y a trois ans. Bien sûr, lui non plus : aurait-il jamais fait la différence, je me le demande, si nous nous étions mariés ?

Et il y a aussi une autre raison. Autant le savoir, car ma vanité n'est pas vraiment de l'orgueil, et il se peut que vous le sachiez déjà. Quel que soit l'amour que Frederick n'a pas réussi à tuer en moi – et l'idée même d'un amour passionné me donne même la nausée – n'est pas en mon pouvoir de vous le donner, cher Jerry. Il se pourrait qu'un jour plus tard, il se réveille à nouveau, mais ce ne serait pas votre contact qui pourrait le réveiller.

Puisque c'est ainsi pour nous deux, ne vois-tu pas, ma chère, que les choses sont meilleures comme elles sont ? Je te promets que si jamais j'ai besoin d'aide, je viendrai à toi *en premier* , car ce que tu veux vraiment, c'est m'aider, me mettre à l'aise et me donner le plaisir de voyager, espèce de généreux homme ! Et si jamais tu as *vraiment* besoin de moi, Jerry, mais tu n'en auras pas, j'en suis sûr. Personne d'autre n'est tout à fait ce que vous êtes pour moi, ou pouvez l'être, maintenant, et nous devons toujours être ce que nous avons toujours été : les meilleurs amis du monde. Dites-moi que vous savez que j'ai raison, et n'en discutons plus jamais.

Toujours le vôtre ,

POURSUIVRE EN JUSTICE .

CLUB UNIVERSITAIRE , 20 mai 189—

CHER JERRY :

Je reviens d'un petit voyage en Occident (mon frère et moi avons échangé nos chaires pendant un mois) et j'apprends la maladie de Roger et son accident. Quelle chose terrible et quelle chance ils ont eu ! J'ai toujours aimé ce gros chien, ce brave et fidèle garçon. Le départ de Mme Bradley de scène ne m'a pas vraiment surpris : elle est venue à New York pour me demander conseil à ce sujet juste avant l'accident. Nous avons eu une longue conversation, et même si elle n'était pas du tout d'accord sur le moment avec tout ce que je disais à ce sujet, elle ne semblait pas elle-même opposée à beaucoup de choses, en fait, elle semblait très désireuse de faire ce qui était juste. ça me semblait. Elle comprenait parfaitement que plus elle faisait dans un domaine, moins elle pouvait faire dans un autre − comme c'est merveilleux de penser qu'elle n'est jamais allée à l'école de sa vie ! Il semble presque que tant de scolarité n'est pas nécessaire, n'est-ce pas, alors que l'association avec des personnes instruites peut faire tant de choses en trois ans. Ou peut-être que seules les femmes pourraient absorber si rapidement.

J'espère que les médecins se trompent à propos de sa voix. Ils disent tous que ce sera toujours un peu rauque (mais de moins en moins avec le temps) et que chanter, sauf de la manière la plus douce et la plus petite, sera impossible. Cela ne semble pas lui importer beaucoup. Elle se porte vraiment très bien (vous savez bien sûr qu'elle attend un autre enfant pour l'automne, me l'a dit Roger). Il est tout à fait magnifique avec ses cheveux épais et argentés je trouve. M. Carter, qui a dîné avec moi ici au club il y a une nuit ou deux (il a donné à mes garçons un excellent exposé sur les coutumes allemandes et les jeux militaires) me dit qu'il espère (Roger, je veux dire) pouvoir faire un grand une grande partie de son travail sur l'île, certainement tout l'été et l'automne. Il semble se transformer en une sorte d'avocat-conseil, à la manière d'un chirurgien. En plus de cette formidable affaire de manuels scolaires, je suppose que vous êtes au courant. Il dit qu'il y a deux ou trois ans de travail rien que pour cela.

J'espère que vous conviendrez avec moi que Mme Bradley est bien mieux dans la maison de son mari, remplissant les devoirs naturels de son sexe. Vous sembliez penser dans votre dernier que Mme Paynter ne le ferait pas, à ma grande surprise. Qu'est-ce qui ne va pas avec les femmes, aujourd'hui ? Où en serons-nous si les plus beaux spécimens n'ont pas le loisir de perpétuer la race ? Est-ce que seuls les gens stupides, sans originalité et peu attrayants ont cette responsabilité ? J'aurais aimé oser faire un sermon sur ces lignes ; Je peux encore essayer !

Vous connaissez bien Mme Paynter, Jerry. Pensez-vous que j'ai une chance là-bas ? Cela fait dix ans que je prouve qu'un ministre n'a pas besoin d'être marié, et je l'ai fait aussi, mais c'est uniquement parce que je n'ai jamais rencontré la femme que je voulais. Je l'ai fait, maintenant, mais elle ne veut pas de moi. Est-ce que ça veut dire que c'est définitif ? Je ne sais pas grand-chose sur les femmes, mais je ne peux pas croire qu'une comme elle refuserait qu'on lui pose à nouveau la question. Dis-moi ce que tu penses. Elle semble très décidée, même si elle sympathise profondément avec mon travail.

Cordialement votre,

"TYLER FESSENDEN, AÎNÉ" .

[DE MON JOURNAL APPROXIMATIF]

30 mai 189—

Je viens d'écrire à Tip Elder à quel point je suis désolé pour Sue, mais qu'il ferait mieux d'y renoncer. Elle ne se mariera jamais. Comme c'est curieux que nous soyons tous les trois entortillés dans le tissage Bradley !

M. si heureuse et si belle, le passé semble un rêve. Une voix toujours aussi belle, mais pas toujours sous son contrôle, et une petite rugosité qui humanise, en quelque sorte – elle était *trop* claire avant, même si cela semble absurde.

Tout le monde se demande comment les autres prendront leur retraite. Bizarrement, personne ne regrette beaucoup, personnellement, mais tous sont sûrs que les autres le feront ! Sommes-nous tous plus lucides que nous ne le pensons – ou plus sentimentaux ? Un chirurgien de Vienne a déclaré son état définitif. Ou bien c'est une merveilleuse actrice, ou bien on a surestimé sa vocation ; elle semble absolument satisfaite. Et pourtant, pensez à ses triomphes ! Et bien sûr, ses plus grands succès étaient à venir. Madame M... est furieuse, mais dit à Sue qu'elle n'a jamais fait confiance à Roger : il était toujours trop silencieux ! "Il a absorbé un grand artiste comme un buvard !" dit-elle. Mais il a dans les yeux quelque chose que Madame n'y a jamais vu : nous sommes tous d'accord là-dessus. Comment Alif l'a-t-il dit : "C'est Allah qui fixe le prix, frère : nous n'avons qu'à payer." Eh bien, elle est payée. Et le vieux Roger, d'ailleurs, et Sue, et Tip – et moi. Qui tient la boutique, je me le demande ?

CHAPITRE XXXII

LA FIN DU COUCHER DU SOLEIL

Aujourd'hui, je suis allé au mariage de Mary et cela m'a fait beaucoup réfléchir. Elle était très belle, une grande blonde épanouie, à l'image de Roger. Ils formaient un beau couple, car il la tenait sur son bras : lui paraissait plus jeune que ses soixante ans, elle plus âgée que ses vingt, car tous les enfants sont merveilleusement mûrs et bien développés.

Elle était presque aussi grande que le jeune Paynter, dont la minceur est pourtant comme l'acier. Je me souviens très bien du moment où le Dr McGee l'a emmené en Caroline du Nord et l'a soigné – une petite précocité faible et irritable d'environ douze ans. Il n'a jamais mangé ni dormi dans une maison pendant trois ans, et je pense que les oiseaux et les arbres de cette période sont entrés dans son opéra et en ont fait ce qu'il est, l'événement musical d'une décennie. Il travaille mieux à Paris et ils y vivront après une lune de miel sur l'île.

Je ne pense pas que Mary ait jamais été l'enfant préférée, même si chacun des six le pense, Margarita est tellement merveilleuse avec eux ! Elle ne peut pas me cacher, qui regarde chaque lumière dans ses yeux, que le jeune Roger, le deuxième enfant et le garçon aîné, compte un peu plus pour elle que les autres, tout comme Roger, lorsqu'il est assis seul avec Sue, la deuxième fille, Il lui parle plus confidentiellement qu'à tous les autres et surveille sa tête jaune avec le plus d'attention lorsqu'ils nagent tous, au large du quai de l'Île. Ce sont toutes les deux de belles et grandes filles, tout comme Roger et mon homonyme sont des gars bien, grands et stables, et le petit Lockwood est un bel, grand et bel enfant.

Mais mon vieux cœur insensé s'est perdu il y a longtemps dans une paire d'yeux bleu ardoise enchâssés dans un visage olive sous des vagues de cheveux sombres et fortes, et quand dans cette grande couvée blonde est arrivée une parfaite petite Margarita, une chose mince et sombre. qui a fait briller le ciel crépusculaire de l'été sous ses longs cils sombres, je l'ai réclamée pour la mienne et elle est à moi, ma Peggy. Elle est seule parmi les autres, mon précieux cygne noir : ses pensées surannées et rêveuses ne sont pas leur lucidité pratique et ensoleillée, ses errances solitaires et peuplées ne sont pas leurs joyeuses camaraderies, ses mouvements charmants et sculpturaux ne sont pas leurs dégringolades athlétiques. . Elle se tenait aujourd'hui aux genoux de sa mère dans l'attitude que S...n les avait peintes pour moi, ses yeux voilés de respect, tout comme les fleurs sur la vaste robe de velours de sa mère obscurcissaient son bleu insaisissable, le doux panache sur sa mariée... le chapeau de jeune fille s'appuyait sur la riche dentelle de la poitrine de sa mère. Comme ils étaient beaux ! Alors que je les regardais et que leurs yeux s'éclairaient au même instant avec le même sourire si cher, si bien qu'ils étaient plus que jamais merveilleusement semblables, j'entendis une femme murmurer derrière moi que le monsieur, la belle Mme Bradley et sa pittoresque petite fille qui souriaient était le parrain de l'enfant, un vieil ami – tout son argent lui était laissé ainsi qu'à son homonyme, son frère. Avant que le murmure ne soit terminé, Margarita, la femme, avait tourné ses yeux vers son mari – ils ne pouvaient pas le quitter longtemps ce jour-là – mais Margarita, l'enfant, gardait le sien sur moi, et sous eux les années reculèrent et il me sembla voir une jeune fille grave. assise sur le sable dans un maillot délavé, regardant mon cœur et me disant que je l'aimais !

Combien de fois depuis, ne l'ai-je pas vue sur cette plage, berçant ses bébés roses dans ses bras forts et lisses, murmurant avec ses filles gracieuses, jugeant avec douceur entre les prétentions de ses grands fils avides ! Combien de soirs d'été suis-je resté assis avec Peggy dans mes bras et l'ai regardée arpenter cette plage argentée avec son mari, main dans la main comme de jeunes amants ! Je crois qu'ils oublient complètement que le Temps passe, il les passe si doucement.

C'EST L'UNE DE NOS RÉCLAMATIONS PRÉFÉRÉES À CETTE MAISON QUE C'EST UNE ÎLE ENCHANTÉE

C'est l'une des affirmations favorites de ceux que nous invitons à cette maison que c'est une île enchantée, et qu'il ne fait que la frôler avec ses ailes, en planant dessus, en détournant la faux et en maintenant le sablier stable. Même les enfants le sentent : c'est chez eux une plainte mi-plaisante mi-sérieuse que les chèvres, les ânes et les poneys auxquels ils transfèrent successivement leurs affections ne pourront jamais assurer une jeunesse immortelle par un séjour annuel dans cet heureux royaume. J'ai proposé une fois de reconstruire notre vieux pont, d'en faire même un pont-levis et de garder ainsi notre trésor en sécurité, mais après un long conseil, ma proposition a été rejetée.

"Ce ne serait pas vraiment une île, alors, tu vois, cher Jerry," dit ma Peggy (toujours chargée de me lancer un ultimatum) "et nous préférons une île, n'est-ce pas ?"

Bien sûr, ce doit être une île ! Elle a été désignée comme une île lorsque les eaux ont été rassemblées et que la terre ferme est apparue. Je pense que tous les endroits heureux sont des îles ; j'aimerais en faire un en Italie. Je suis convaincu que lorsque le Jardin d'Eden sera définitivement colonisé (et le Major Upgrove essaie de me persuader de l'accompagner pour le trouver – il a une théorie), on découvrira qu'il s'agit d'une île secrète dans quelque grand estuaire ou bras de mer. ce fleuve oriental sans âge soupçonné par le major. Cette pomme mystérieuse (dont Margarita était autrefois si sceptique quant aux pouvoirs) n'a sûrement jamais poussé sur un continent vulgaire et facile à trouver ! Non, il se cache aujourd'hui dans sa propre île paradisiaque, et l'ange à l'épée flamboyante a séparé la terre de tout terrain commun, de sorte que les sillons ont fumé sous elle à mesure que les flots affluaient. Si nous le trouvons, le major et moi — on rapporte des pommes à Peggy ? En vérité, je n'en suis pas trop sûr. Pourquoi le sexe de ma chérie a-t-il tant désiré cette pomme n'est pas encore tout à fait évident – même si je ne suis pas trop bêtement obstiné pour admettre que cela pourrait le devenir un jour. Mais il n'en reste pas moins qu'Ève l'a certainement regretté, et Adam, sans doute, a dû le regretter, car depuis, il ne cesse de régler les comptes de couturière !

Quant à la place occupée par ce père de l'humanité parmi les enfants Bradley, on pourrait d'ailleurs en écrire des volumes. Supposer que Barbara Jencks, leur esclave en tout le reste, ait renoncé à un atome de son zèle en les amenant à l'état de conviction religieuse dont jouit la famille du gouverneur général, témoignerait de la plus profonde ignorance de son caractère. Et le succès n'a pas totalement manqué, car mon homonyme se réjouit des batailles des rois et la douce vie de Sue est un véritable sermon sur la montagne. Mais Lockwood continue de sacrifier Pan parmi les ruches et de favoriser le Dieu du Tonnerre avec ses chatons préférés, et Roger II a informé il y a longtemps son futur mentor, à sa grande horreur, que si un homme essayait d'être comme son père et disait la vérité et a travaillé dur, il pensait que cet homme pouvait tenter sa chance avec Dieu ! Cher garçon obstiné, avec ton menton fendu et tes yeux bleus, ce n'est pas ta grand-mère, qui laisse son Emerson et ses Psaumes sans lecture ensemble, alors qu'elle peut remplir de toi ses yeux vifs et fiers, qui reniera ta simple croyance !

Mais ma petite Peggy est devenue trop grande pour Pan et refuse d'apaiser les divinités de son petit frère.

"J'ai demandé à Roger", m'a-t-elle dit en fin d'après-midi, alors que nous étions assis sur le siège rocheux de sa mère et regardions le soleil rouge se coucher, "pourquoi le soleil était là, juste pour que nous puissions voir les choses ? Et il a dit oui. Et la lune de la même manière, pour la nuit. Mais cette petite fille aveugle que je vois dans le parc, à New York, *elle* ne peut pas voir les choses, cher Jerry. Elle ne le peut jamais.

"Je ne peux pas le dire, chérie."

"Tu ne sais pas, Jerry chéri ?"

"Non, Peggy, je ne sais pas."

"Mais quelqu'un le sait ?"

"Ça, je ne peux pas le dire non plus."

Elle tourna vers moi ses yeux sérieux et profonds.

"Mais, cher Jerry, rien ne peut être que quelqu'un... *Quelqu'un* ... ne sache, n'est-ce pas ? Ce ne serait pas juste. Il doit y avoir *quelqu'un* ?"

"Je l'espère, chérie."

Elle regardait tranquillement la boule rose qui coulait, au-dessous de nous et au loin, au bord de la mer : la mer de Margarita.

"Je sais que oui, Jerry," dit-elle simplement. "Regarde ça, comme je le fais, et tu le sauras aussi."

Et à ce moment-là, je pensais l'avoir fait...

Sue était au mariage, bien sûr, grise et un peu usée, maintenant, mais habillée *à merveille* et ravissante dans sa fierté envers son garçon génial. Sa sœur, une jeune femme merveilleuse et moderne, a appris son "métier", bien que sa mère n'en ait jamais rêvé, et décorera, meublera et fournira de tout, des portraits ancestraux aux pièges à souris brevetés, n'importe quelle structure d'un hôtel. à un yacht à vapeur que vous pourrez remettre entre ses mains compétentes et formées à l'université. La jeune Susan est une réussite remarquable : la réussite de la génération *fin de siècle* . Au petit-déjeuner de noces, elle m'a décrit son dernier « travail » ; la mise en service d'un *château* délabré du XVe siècle pour son nouveau propriétaire, le roi du pétrole - il est né dans une cabane de tourbière en Irlande et n'a jamais goûté que des pommes de terre et du remuer jusqu'à l'âge de quatorze ans. Mais Susan a ratissé l'Europe pour un service digne de lui permettre de manger son chou et l'Asie pour des tapis adaptés à ses pieds qui ne sont plus nus, et a déposé son bon chèque américain dans sa banque. Elle profite de l'occasion de sa visite aux États-Unis par une longue chasse à l'argenterie, aux cuivres et à la porcelaine pour une grande maison de campagne sur l'Hudson – sa maîtresse, qui vaut plusieurs millions, paiera bien pour ses trésors « importés » !

Susan est vraiment une leçon pour nous, et les yeux de son arrière-grand-mère seraient écarquillés si elle voyait Susan se débarrasser de ses échantillonneurs de jeune fille et draper son châle en poil de chameau derrière un pot Hawthorne. Et je dois admettre que Susan ne se mariera pas, même si sa mère se débattait avec deux enfants délicats à son âge. Non, Susan n'a pas besoin de « se marier pour s'éloigner de la maison ». Aussitôt que cette jeune femme accomplie s'installe dans une charmante maison, un envieux la lui achète, et elle emménage sereinement dans une nouvelle, une Arabe contente, qui se respecte et qui possède un compte en banque.

Ah, eh bien, peut-être que ce sera, comme le déclare triomphalement sa mère, d'autant plus d'honneur pour l'homme qui l'aura, après tout ! Nous, les vieux, ne devons pas être têtus, de nos jours.

Ma mère, comme la vieille Mme Upgrove, vit encore ; bien portants et heureux, tous deux, Dieu merci, et aussi fiers de leurs fils que si l'un ou l'autre avait jamais fait quelque chose pour le mériter. Ni l'un ni l'autre n'ont grand-chose à dire sur Margarita, j'ai remarqué, bien que tous deux caressent ses enfants, un peu distraitement peut-être, et feignent de se demander ce que nous voyons chez Peggy qui nous aveugle sur les excellences des autres – des enfants plus gros et plus respectueux, ma chère !

Et la Mort, qui les épargne tous les deux, ainsi que la vieille Madame Bradley (quatre-vingt-huit ans maintenant et à moitié paralysée depuis près de vingt ans !), qu'avions-nous fait pour qu'il nous enlève quelqu'un que nous et le monde – son monde – pouvions ainsi je vais épargner ? Est-ce que *quelqu'un* sait vraiment pourquoi, ma chérie Peggy ? J'essaie de le penser, mais c'est difficile à voir.

Il y a neuf ans, Harriet a mis Peggy dans les bras de sa mère, a félicité la petite chose et les a embrassés tous les deux, puis a dit à Roger qu'elle devait les quitter, car elle se sentait malade et ne risquerait pas la responsabilité d'allaiter davantage. Elle enverrait une bonne infirmière directement de New York, disait-elle, et Roger lui-même l'y emmenait, laissant le médecin avec Margarita, dès qu'il l'osait. Il a ramené l'autre infirmière, m'a télégraphié pour m'occuper d'Harriet et l'a laissée confortablement dans le petit appartement d'un de ses bons amis, avec la promesse d'un retour rapide. Il ne l'a jamais revue vivante.

Le Dr McGee, déjà alors médecin célèbre et dévoué à elle, travaillait jour et nuit sur elle, mais cela ne servait à rien ; le cœur trop fatigué et occupé avait cédé et elle ne vécut que trois jours, s'affaiblissant d'heure en heure.

J'étais assis à côté d'elle dans l'après-midi, essayant d'être joyeux, essayant de lui remonter le moral avec ces futiles subterfuges auxquels nous sommes obligés, essayant de tout comprendre dans mon propre esprit troublé, quand elle m'a souri d'un air fantaisiste et m'a supplié d'épargner. moi-même une telle douleur.

"Une infirmière est la dernière personne à avoir besoin de tels propos, cher M. Jerrolds", me murmura-t-elle, et alors que la bonne diaconesse qui avait été sa première aide dans le travail qu'elle avait choisi fondit en larmes et sortit en trébuchant de la pièce, elle éteignit : sa main et je la pris silencieusement.

« Ce que tu as été – ce que tu as été, Harriet ! » Marmonnai-je de manière incertaine, puis ses yeux rencontrèrent les miens.

"Qu'ai-je été?" ses lèvres formaient à peine les mots "tu sais?"

Là, dans ses doux yeux bruns, j'ai enfin vu – tout de suite. Dieu sait que je ne l'avais jamais deviné auparavant. Ils ont rencontré les miens si calmement, si honnêtement, si sans peur – hélas, ils pourraient l'être maintenant !

"Et j'ai été tellement idiot, tellement brutal !"

"Chut ! tu ne l'as jamais su," murmura-t-elle, "tu n'as pas pu t'en empêcher, ma chère. Il en a été ainsi dès le début, quand tu as vu mon journal."

"Mais je pourrais—j'aurais peut-être——"

Elle sourit à nouveau d'un air fantaisiste.

"Oh non," dit-elle doucement, "il n'y avait aucune chance pour moi, bien sûr. Je n'en ai jamais rêvé, ma chère. Mais... mais je voulais que tu le saches. Il n'y a jamais eu personne d'autre que toi."

J'ai essayé de parler, mais je n'y suis pas parvenu, et encore une fois, mais les mots ont séché sur mes lèvres. Puis j'ai vu qu'elle dormait – d'épuisement, probablement, et je suis resté assis à côté d'elle en silence jusqu'à ce que la diaconesse revienne, les yeux rouges, et me renvoie. Je me suis penché sur elle et je l'ai embrassée sur la joue avant de partir, et je suis sûr que ses lèvres ont bougé et que la main que j'avais tenue pendant son sommeil a légèrement pressé la mienne. Mais elle n'ouvrit pas les yeux et, le matin, le message arriva qu'elle s'était éloignée facilement, dans ce même sommeil, avant l'aube.

Parti – et je ne l'ai jamais su, jamais vaguement supposé, jamais envisagé !

Parti – et il n'y avait jamais eu personne d'autre que moi !

Ah, Peggy, il fallait *quelqu'un* qui sache, pour réparer la pitié, la cruauté, le gaspillage insensé !

Mais nous trois, qu'elle s'est donné si généreusement l'un à l'autre, qu'elle a à son tour ramené à la vie, dans la vie desquels elle a grandi comme pousse un arbre, pouvons-nous appeler son amour gaspillé ?

Et ce n'est pas seulement parmi nous que sa mémoire s'épanouit. Aucune femme dans toutes ces paroisses de montagne qu'elle aimait tant n'affronte ses heures sombres de travail sans bénir son nom et celui de ses messagers que, dans la dotation appelée en mémoire d'elle, Marguerite leur envoie pour s'occuper d'elles et de leurs enfants. ils le supportent, alors qu'Harriet l'a aidée, elle et les siens. Elle repose parmi eux, à quelques pas de la pierre angulaire qu'elle a posée il y a près de vingt ans, et de nombreux visiteurs n'ont jamais vu la tablette qui repose le long de sa tombe, si épaisse que les fleurs y sont toujours posées.

"Mère dit que tu ne dois pas avoir l'air si triste, Jerry cher, parce que ce n'est pas moi que Freddy va épouser !" dit doucement Peggy, derrière moi, et je reviens au présent, d'un coup sec.

"Pas Freddy, peut-être", je réponds avec une prétendue sévérité, "mais un autre jeune brin pas meilleur que Freddy, et alors le pauvre vieux Jerry pourrait être pendu!"

Elle glisse timidement sa petite main ferme – celle de Margarita – dans la mienne.

"Maintenant, Jerry, comme tu es idiot!" dit-elle en regardant attentivement pour voir si je la taquine ou si par hasard je la taquine sérieusement.

"Comment puis-je épouser un jeune brin, alors que je vais t'épouser ?"

"Depuis quand?" Je demande sardoniquement.

"Pourquoi, Jerry !"

Ses grands yeux grands ouverts, elle se plante devant moi et me regarde d'un air accusateur.

"Vous le savez très bien, vous ne pouvez pas avoir oublié ? Vous et moi, ainsi que le petit Jerry et Miss Jencks, ferons le tour du monde quand j'aurai seize ans ! Au Japon, et voir la glycine, les fleurs de cerisier et les cinq cents petits Bouddhas de pierre. -des dieux qui sont tout mouillés d'embruns et le pont rouge sur lequel personne ne peut marcher !"

"N'importe où ailleurs?"

"Oui, à Vevay et voir où habitait M. Boffin et le vieux Joseph qui vous l'a dit quand vous étiez tous grands et que vous êtes rentrés,

" *C'est moi, Monsieur, qui suis Joseph : j'ai nettoyé les premières bottes de Monsieur !* "

Comme je me souviens bien de ces premières bottes redoutables et de mes sentiments virils lorsque je les ai rangées dans le couloir devant ma porte pour que Joseph les nettoie ! Jerry, Peggy et moi parcourons chaque centimètre du vieux terrain : l'école, où les petits camarades arborent encore leurs confortables capes rondes ; le chemin, encore parcouru, je parie, vers la vieille *pâtisserie* avec ses vitrines alléchantes de joies indigestes ; le natatorium où nous plongions comme des grenouilles ; l'église anglaise où nous avons appris les Collectes et où nous avons regardé l'école des jeunes filles avec gravité jusqu'à ce qu'elles rougir individuellement et collectivement ; le fameux champ où j'ai combattu le garçon d'épicier qui criait « *à bas les Anglais !* » trois jours de suite. (Il m'a battu, d'ailleurs.)

Je trouve que tous les vieux souvenirs reviennent avec beaucoup de douceur : j'ai eu une enfance heureuse, dans l'ensemble, qui n'a jamais manqué d'amour et de sympathie. Croyez-moi, vous parents, qui pensez que ces jours seront bientôt oubliés, qu'ils font la différence, ces souvenirs vains, et que la vie est indiciblement plus riche si ces premiers jours sont riches en petites aventures agréables et en petites expériences joyeuses, joyeusement partagées ! J'ai plus de souvenirs à retenir que Roger, dont la petite enfance était, bien que bien plus riche que la mienne, étrangement plus pauvre en raison de l'absence de cette douce lueur qui la traversait.

Et celui de Margarita ? Nous ne saurons jamais ce qui remplissait ses heures silencieuses et enfantines, seule avec les chiens et les mouettes. Ses jeux solitaires et pittoresques, ses tours de sable et de coquillages, ses rêveries au bord de la marée, ses rêves sur les rochers chauffés par le soleil, j'ai l'impression de les voir tous en regardant Peggy. Elle ne peut pas se le dire.

"J'ai commencé à vivre", dit-elle, "quand j'ai rencontré Roger".

« Vous avez beaucoup vécu depuis, n'est-ce pas, Margarita ? Je dis, avec un peu de nostalgie peut-être, qu'elle est si splendide et si complète, et qu'à côté d'elle on semble si brisé, si incolore et si d'âge moyen.

"Beaucoup. Oui, je suppose", répond-elle, et son regard se pose vite mais sûrement sur Roger, sur chacune des têtes jaunes, puis sur la brune, et enfin, sur moi.

« Vous avez beaucoup donné pour ces belles têtes, Margarita, continuai-je sous l'impulsion d'une curieuse impulsion, ne l'avez-vous jamais regretté ? Vous aviez le monde à vos pieds, disait Madame, et vous j'ai abandonné..."

Elle me regarde avec les seuls yeux au monde qui peuvent me faire oublier ceux de Peggy et me tend ses deux mains (l'une sur laquelle brûle un saphir étoilé nuageux et clignotant) dans ce geste libre et charmant qui la caractérise.

"Ne le fais pas, Jerry !" dit-elle de sa voix douce et rauque, et Roger l'entendant, se détourne légèrement de ses invités et lui lance un regard rapide et fort. La foule des noces gays fond, le cliquetis des verres à vin est le bruit des cailloux sur la plage, sa main dans la mienne semble mouillée d'embruns volants, alors qu'elle parle de cette voix riche et vibrante, pour moi seul :

"J'avais le monde à mes pieds - oui, cher Jerry, et je l'ai presque perdu, n'est-ce pas ? Je ne savais pas, tu vois. Et je l'ai maintenant, Jerry, je l'ai maintenant

!" (Ô Susan du compte en banque, qui n'as pas besoin de se marier pour quitter la maison, ce regard viendra-t-il à tes yeux et brillera-t-il jusqu'à ce que ton visage devienne trop brillant pour qu'un vieux célibataire puisse le supporter ? En effet, j'espère que ce sera le cas !)

« Il n'y a qu'un seul monde pour une femme, Jerry, » dit doucement Margarita, « et personne ne peut être heureux, comme moi, tant qu'elle n'y vit pas – les cœurs qui l'aiment. Le sien et le leur – et le vôtre, cher Jerry, Ô toujours à toi!"

Le sien, le leur et le mien !

Amen à cela, ma chère, et sûrement s'il y a *quelqu'un* qui le sait, il sait que ce que vous dites est vrai !